高等职业教育轨道交通类校企合作系列教材

车站作业计划与统计

主　编　刘婉玲
副主编　刘　佳　石　瑛
主　审　佟　罡

西南交通大学出版社
·成　都·

图书在版编目（C I P）数据

车站作业计划与统计 / 刘婉玲主编. —成都：西南交通大学出版社，2017.8（2020.8 重印）
高等职业教育轨道交通类校企合作系列教材
ISBN 978-7-5643-5688-0

Ⅰ. ①车… Ⅱ. ①刘… Ⅲ. ①铁路车站 – 车站作业 – 计划 – 高等职业教育 – 教材②铁路车站 – 车站作业 – 统计 – 高等职业教育 – 教材 Ⅳ. ①U292.13②U292.14

中国版本图书馆 CIP 数据核字（2017）第 208300 号

高等职业教育轨道交通类校企合作系列教材

车站作业计划与统计

主　　编 / 刘婉玲
责任编辑 / 李芳芳
特邀编辑 / 张玉蕾
封面设计 / 何东琳设计工作室

西南交通大学出版社出版发行
（四川省成都市金牛区二环路北一段 111 号西南交通大学创新大厦 21 楼　610031）
发行部电话：028-87600564
网址：http://www.xnjdcbs.com
印刷：四川森林印务有限责任公司

成品尺寸　185 mm × 260 mm
印张　18　　字数　411 千
版次　2017 年 8 月第 1 版　　印次　2020 年 8 月第 2 次

书号　ISBN 978-7-5643-5688-0
定价　46.00 元

课件咨询电话：028-81435775
图书如有印装质量问题　本社负责退换

前　言

铁道交通运营管理专业的培养目标，是面向铁路及相关企业的客运、货运、接发列车、车站作业计划、列车调度五大岗位群的高技能实用型人才，以此为依据，在研究各岗位职业能力要求的基础上，构建了本专业的课程体系，以接发列车、车站作业计划、列车调度三大岗位群为例，开设了"铁路行车规章""车站作业计划与统计""铁路运输调度工作"三门核心专业课。"车站作业计划与统计"对应的岗位主要包括：车站调度员、调车区长、统计员。"车站作业计划与统计"课程的主要任务是培养学生将来从事这些工种所需要的职业能力和职业素养，而职业能力不可能"背"出来，必须通过实际动手"做"获得。

任务驱动教学法是在教学过程中，以完成一个个具体的根据教学需要设计的工作任务为载体，把教学内容巧妙地隐含在每个任务之中，在完成任务的过程中，让学生分析完成任务需要掌握哪些知识，带着问题进行学习，通过独立思考、同伴交流和老师讲解，找到完成任务的方法并最终完成任务。这种教学模式使学生在完成任务的过程中掌握知识，获得分析问题和解决问题的能力。因此，任务驱动教学法特别适用于实践性强的课程，而"车站作业计划与统计"恰恰就是这样的课程。本教材专门为实施任务驱动教学法而编写。

作者在编写教材时，根据国家职业标准对本课程对应的各岗位的技能要求和相关知识要求，精心选取了教学内容，并对技能要求进行了深入的分析和归纳，提炼出与技能要求对应的典型工作任务，然后根据校内教学的实际需要，精心设计了具体的工作任务，科学序化了教材内容，最后以项目的形式编写而成。

本教材适用于高职院校铁道交通运营管理专业的教师和学生使用，并具有以下几方面特点：

（1）突出了职业教育"做"的特点，以培养学生职业能力为主导，使学生在完成各种任务的"做"的过程中掌握相关理论知识，并获得岗位能力；

（2）突出了学生"学"的特点，以学生自主学习为主导，从学生视角入手，重点编写了任务实施的详细步骤和具体做法，使学生离开老师也能跟着教材学着"做"，让教材成为学生的随身老师；

（3）突出了与企业"同步"的特点，最大限度做到企业需要什么能力要求，教材里就有什么样的能力训练，使学生在校内训练所获得的能力与将来工作需要的能力接轨。

本教材由 7 个项目组成，参加编写的有辽宁铁道职业技术学院刘婉玲（负责编写项目二的任务二和任务三、项目四、项目五、项目六、项目七）、辽宁铁道职业技术学院刘佳（负责编写项目一、项目二的任务一、项目三）、黑龙江交通职业技术学院石瑛（负责编写项目二的任务四）。全书由辽宁铁道职业技术学院运输系客座教授、沈阳铁路局调度所佟罡主审。

另外，本教材还聘请了沈阳铁路局运输处张伟、锦州车务段高律、锦州车站技术科黄雪辉和锦州车站统计室刘艳丽作为编写顾问，他们对本教材的编写工作非常关心，提出了许多有益的建议，给予了许多无私的帮助，在此谨向他们表示深深的敬意和衷心的感谢！

由于作者的理论和业务水平有限，书中难免有不妥之处，敬请所有关注和使用本书的专家、同仁、学生给予批评指正。

编　者

2017年6月

目　录

项目一　货物列车及货车技术作业过程

【项目概述】

铁路运输是以列车为单位进行的，为了保证列车运行的安全及所运货物的完整，在有关车站必须进行规定的技术作业。

本项目主要介绍货物列车的种类；货车按在车站办理的技术作业的分类；货物列车技术作业的种类；各种货物列车及各种货车在站的技术作业过程。

【教学目标】

1. 技能目标

具备判断货物列车种类及货物列车技术作业种类的能力，具备编制各种货物列车及各种货车技术作业过程的能力。

2. 知识目标

掌握货物列车的分类方法及具体种类，了解列车车次的有关规定，明确货物列车技术作业的种类及内容，掌握按技术作业对货车进行分类的方法及具体种类；熟悉各种货物列车及各种货车的技术作业过程，了解列车编组顺序表的格式及填记方法，了解货车集结的有关知识。

任务一　判断货物列车的种类

【任务介绍】

已知：

（1）某铁路线路情况如图 1.1.1 所示（◎表示编组站，○表示区段站，｜表示中间站）。

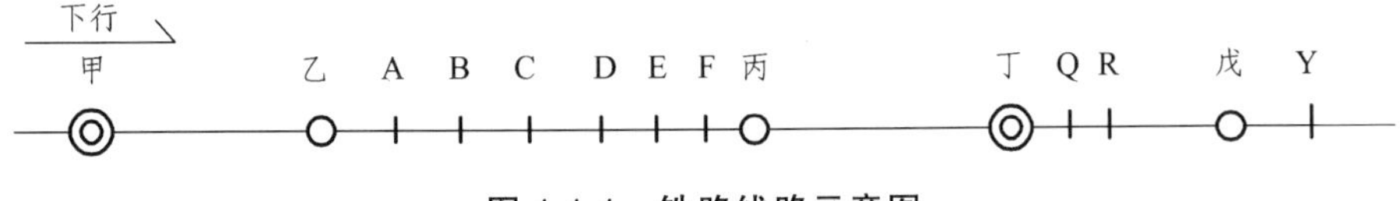

图 1.1.1　铁路线路示意图

（2）有关站列车编组计划部分内容摘录如表 1.1.1 所示。

表 1.1.1 有关站列车编组计划摘录

序号	发站	到站	编组内容	列车种类	附 注
1	甲	戊	戊及其以远		
2	甲	丁	丁及其以远（不包括戊及其以远）		
3	甲	乙	乙及其以远（不包括丁及其以远）		
4	乙	丙	乙—丙中间站按站顺		
5	乙	R	R 站卸		乙站装
6	C	丁	丁及其以远（不包括戊及其以远）		C 站装
7	丁	R	R 站卸		

要求：

（1）判断列车的种类，并填在表 1.1.1 中；

（2）根据货物列车编组计划的规定，绘制开行列车示意图；

（3）在绘制的开行列车示意图中按规定给每个到达站的列车确定一个车次。

【任务分析】

完成该项任务，需要解决以下问题：

（1）什么是列车？列车应具备哪些条件？

（2）列车按运输性质分为哪些种类？

（3）货物列车是如何分类的？货物列车包括哪些种类？

（4）货物列车编组计划包括哪些内容？如何根据列车编组计划确定列车的种类？

（5）列车车次是如何规定的？

（6）怎样表示开行的各种货物列车？

【相关知识】

1. 列车应具备的条件

铁路完成旅客和货物运输是以列车的形式进行的，而列车必须具备三个条件：

（1）具有按列车编组计划、列车运行图及有关规定编成的车列；

（2）挂有牵引本次列车的机车；

（3）具有规定的列车头部及尾部标志。

单机（包括单机挂车）、动车及重型轨道车虽然未完全具备列车的三个条件，但是当指定有列车车次时，也应按列车办理。

2. 列车的分类

按照列车的运输性质不同，列车可分为以下几种：

（1）旅客列车。

旅客列车是以客车（包括代用客车）编组的，专门运送旅客、行李、包裹、邮件的列车。

（2）特快货物班列。

特快货物班列是指使用行李车或邮政车等客车车辆，根据需要编组，整列装载行李、包裹和邮件等的列车。

（3）军用列车。

军用列车是专门运送军队人员或物资的列车。

（4）货物列车。

货物列车是以货车编组的，专门为运送各种货物以及排送空货车开行的列车。

（5）路用列车。

路用列车是不以营业为目的，专为完成铁路本身任务而开行的列车。如试验列车，运送铁路器材、路料的列车，因施工、检修需要开行的轨道车，接触网作业车、大型养路机械车组等。

除上述五种列车以外，还有为执行任务而开行的特殊用途列车，如专运、救援列车等。

3. 货物列车的分类

货物列车按始发地点不同可分为在装车站始发的列车和在技术站始发的列车。

（1）在装车站始发的列车。

装车站始发的列车是由装车站本站所装的车辆组成的列车，主要是各种形式的直达列车。所谓直达列车是指经过一个及其以上编组站不解体的货物列车。

在装车站始发的列车主要包括以下几种：

① 始发直达列车——在同一车站的一个或几个装车地点，由一个或几个发货单位所装的车辆组成的直达列车。

② 阶梯直达列车——由同一区段内（包括衔接的支线）或同一枢纽内的几个车站所装的车辆组成的直达列车。到达同一区段内几个邻近车站卸车的直达列车，称为反阶梯直达列车。

③ 循环直达列车——以一定类型和数量的货车组成，在固定的装（卸）站间不拆散、循环往返运行的直达列车。

④ 整列短途列车——具有上述直达列车的特征，但是途中不经过编组站即终到的列车。

（2）在技术站始发的列车。

在技术站始发的列车是由技术站本站所装的车辆和其他站所装、在本站进行中转的车辆组成的列车，或完全由其他站所装、在本站进行中转的车辆组成的列车。

在技术站始发的列车主要包括以下几种：

① 技术直达列车——在技术站编成的、经过一个及其以上编组站不解体的列车。

② 直通列车——在技术站编成的、经过一个及其以上区段站不解体的货物列车。

③ 区段列车——在技术站编成的、在两相邻技术站间开行、且在区段内的中间站不进行车辆摘挂作业的货物列车。

④ 摘挂列车——在技术站编成的、在两相邻技术站间开行、且在区段内的中间站需进行车辆摘挂作业的货物列车。

⑤ 小运转列车——在技术站与邻接区段规定范围内的几个中间站间开行（运行距离不足一个区段），或在枢纽内各站间开行的货物列车，前者为区段小运转，后者为枢纽小运转。

此外，货物列车按列车中所挂车辆的空重状态可分为重车列车、空车列车和空重混编列车；按列车中所挂车组数目及在途中站是否进行车组换挂作业可分为单组列车和分组列车；

按列车质量可分为重载货物列车（列车质量≥5 000 吨）和普通货物列车。

4. 列车车次

列车运行原则上以开往北京方向为上行，车次编为偶数；相反方向为下行，车次编为奇数。全国各线的列车运行方向，以中国铁路总公司规定为准，但枢纽地区的列车运行方向由各铁路局规定；在铁路支线上，一般由连接干线的车站开往支线方向为下行，相反方向为上行；个别区间使用直通车次时，可与上述规定方向不符。

列车必须按有关规定编定车次，现行列车车次如表 1.1.2 所示。

表 1.1.2　列车车次编定表

顺号	列车分类		车次范围
一	**旅客列车**		
1	高速动车组旅客列车		G1 ~ G9998
	其中	直通	G1 ~ G4998
		管内	G5001 ~ G9998
2	城际动车组旅客列车		C1 ~ C9998
3	动车组旅客列车		D1 ~ D9998
	其中	直通	D1 ~ D4998
		管内	D5001 ~ D9998
4	直达特快旅客列车（160 km/h）		Z1 ~ Z9998
	其中	直通	Z1 ~ Z4998
		管内	Z5001 ~ Z9998
5	特快旅客列车（140 km/h）		T1 ~ T9998
	其中	直通	T1 ~ T3998
		管内	T4001 ~ T9998
6	快速旅客列车（120 km/h）		K1 ~ K9998
	其中	直通	K1 ~ K4998
		管内	K5001 ~ K9998
7	普通旅客列车		1001 ~ 7598
	（1）普通旅客快车（120 km/h）		1001 ~ 5998
	其中	直通	1001 ~ 3998
		管内	4001 ~ 5998
	（2）普通旅客慢车		6001 ~ 7598
	其中	直通	6001 ~ 6198
		管内	6201 ~ 7598
8	通勤列车		7601 ~ 8998
9	临时旅客列车（100 km/h）		L1 ~ L9998
	其中	直通	L1 ~ L6998
		管内	L7001 ~ L9998

顺号	列车分类		车次范围
10	旅游列车（120 km/h）		Y1 ~ Y998
	其中	直通	Y1 ~ Y498
		管内	Y501 ~ Y998
二	**特快货物班列（160 km/h）**		X1 ~ X198
三	**货物列车**		
1	快运货物列车		
	（1）快速货物班列（120 km/h）		X201 ~ X398
	（2）货物快运列车（120 km/h）		X2401 ~ X2998 X401 ~ X998 注 1
	其中	直通	X2401 ~ X2998
		管内	X401 ~ X998
	（3）中欧、中亚集装箱班列，铁水联运班列		X8001 ~ X9998
	其中	中欧、中亚集装箱班列（120 km/h）	X8001 ~ X8998
		中亚集装箱班列（普通货车标尺）	X9001 ~ X9500
		铁水联运班列（普通货车标尺）	X9501 ~ X9998
	（4）	普通货物班列（普通货车标尺）	80001 ~ 81998
2	煤炭直达列车		82001 ~ 84998
3	石油直达列车		85001 ~ 85998
4	始发直达列车		86001 ~ 86998
5	空车直达列车		87001 ~ 87998
6	技术直达列车		10001 ~ 19998
7	直通货物列车		20001 ~ 29998

续表

顺号	列车分类			车次范围
8	区段货物列车			30001 ~ 39998
9	摘挂列车			40001 ~ 44998
10	小运转列车			45001 ~ 49998
11	重载货物列车			71001 ~ 77998
12	自备车列车			60001 ~ 69998
13	超限货物列车			70001 ~ 70998
14	保温列车			78001 ~ 78998
四	**军用列车**			90001 ~ 91998
五	**单机和路用列车**			
1	单机			
	其中	客车单机		50001 ~ 50998
		货车单机		51001 ~ 51998
		小运转单机		52001 ~ 52998
2	补机			53001 ~ 54998
3	动车组检测、确认列车			
	（1）动车组检测列车			DJ1 ~ DJ8998
	其中	300 km/h 检测列车		DJ1 ~ DJ998
		其中	直通	DJ1 ~ DJ400
			管内	DJ401 ~ DJ998
		250 km/h 检测列车		DJ1001 ~ DJ1998
		其中	直通	DJ1001 ~ DJ1400
			管内	DJ1401 ~ DJ1998
	（2）动车组确认列车			DJ5001 ~ DJ8998
	其中	直通		DJ5001 ~ DJ6998
		管内		DJ7001 ~ DJ8998

顺号	列车分类		车次范围
4	试运转列车		55001 ~ 55998
	其中	普通客、货列车	55001 ~ 55300
		300 km/h 以上动车组	55301 ~ 55500
		250 km/h 动车组	55501 ~ 55998
5	轻油动车、轨道车		56001 ~ 56998
6	路用列车		57001 ~ 57998
7	救援列车		58101 ~ 58998
8	回送客车底列车		
	其中	有火回送动车组车底	001 ~ 00100
		无火回送动车组车底	00101 ~ 00298
		无火回送普速客车底	00301 ~ 00498
		回送图定客车底	图定车次前冠以数字“0”
9	因故折返旅客列车		原车次前冠以“F”
表中字母 G、C、Z、D、T、K、L、Y、X、DJ、F 分别读作“高”“城”“直”“动”“特”“快”“临”“游”“行”“动检”“返”			

注1：货物快运列车车次范围规定：

直通（X2401 ~ X2998次），其中：哈尔滨局X2401 ~ X2430，沈阳局X2431 ~ X2480，北京局X2481 ~ X2510，太原局X2511 ~ X2540，呼和浩特局X2541 ~ X2570，郑州局X2571 ~ X2600，武汉局X2601 ~ X2630，西安局X2631 ~ X2660，济南局X2661 ~ X2690，上海局X2691 ~ X2740，南昌局X2741 ~ X2770，广铁集团X2771 ~ X2810，南宁局X2811 ~ X2840，成都局X2841 ~ X2890，昆明局X2891 ~ X2920，兰州局X2921 ~ X2950，乌鲁木齐局X2951 ~ X2970，青藏公司X2971 ~ X2990。

管内（X401 – X998次），其中：哈尔滨局X401 ~ X430，沈阳局X431 ~ X480，北京局X481 ~ X510，太原局X511 ~ X540，呼和浩特局X541 ~ X570，郑州局X571 ~ X600，武汉局X601 ~ X630，西安局X631 ~ X660，济南局X661 ~ X690，上海局X691 ~ X740，南昌局X741 ~ X770，广铁集团X771 ~ X810，南宁局X811 ~ X840，成都局X841 ~ X890，昆明局X891 ~ X920，兰州局X921 ~ X950，乌鲁木齐局X951 ~ X970，青藏公司X971 ~ X990。

注2：各局的零散货物车辆，可挂入直达、直通、区段货物列车中。挂有装运跨局零散货物快运车辆的列车，在基本车次前加字母“X”，如：X28002次。

注3：旅客列车车次在全路范围内、货物列车车次在各铁路局范围内不得重复，旅客列车车次由铁路总公司确定。

注4：各铁路局管内车次不足时，需向铁路总公司申请，不得自行确定；不得超出表中规定范围擅自编造、自造使用车次。

表中快速货物班列为使用专用货车（如 P65 等）运送行包等的列车；快运货物列车为采用运行速度 120 km/h 的专用车辆，以高附加值货物为重要运输对象的快速列车；保温货物列车为利用机械冷藏车专门运送鲜活、易腐等需要保持特定温度的货物的列车；自备车列车为全部用企业自备车编组而成的列车；超限货物列车为编挂有装载超限货物车辆的、且具有超限货物列车车次的列车。

5. 货物列车编组计划简介

货物列车编组必须符合货物列车编组计划的要求，货物列车编组计划是全路的车流组织计划，它主要解决以下问题：

（1）列车在哪个站编组（列车的始发站）；

（2）列车到哪个站解体（列车的终到站）；

（3）哪些到站的重车及哪种类型的空车允许编入该列车中，以及是否分组、怎样分组等（编组内容）；

（4）允许编入列车中的车辆应如何编挂。

假设表 1.1.3 为图 1.1.1 中甲站下行方向的部分货物列车编组计划的主要内容。

表 1.1.3 甲站下行列车编组计划

序号	发站	到站	编组内容	列车种类	定期车次	附 注
1	甲	戊	戊及其以远	技术直达列车		
2	甲	丙	1. 丙及其以远（不包括戊及其以远）； 2. 空敞车	直通列车		
3	乙	丙	丙及其以远（不包括丁及其以远）	区段列车		
4	乙	丙	1. A～C 按站顺； 2. D～F 按到站成组	摘挂列车		按组顺编挂

① 发站指列车的始发站即列车的编组站，到站指列车的终到站即列车的解体站。

如第 1 个列车由甲站始发至戊站终到；第 2 个列车由甲站始发至丙站终到；第 3、第 4 个列车均由乙站始发至丙站终到。

② 编组内容指允许编入列车的重车的去向或空车的种类等规定。

如第 1 个列车允许编入一种货车，即到达戊站及其以远的车站卸车的重车；第 2 个列车则允许编入两种货车：一种是到达丙站及到达丙—戊中间站卸车的重车，另一种是空敞车，而且这两种车辆应分开编成两大组；第 3 个列车允许编入一种货车，即到达丙站及到达丙—丁中间站卸车的重车；第 4 个列车允许编入的全部是到达乙—丙中间站的货车，但需分开编成两大组，一组是到达 A、B、C 三个中间站的货车，另一组是到达 D、E、F 三个中间站的货车，而且第一组车必须按到站 ABC 的顺序编在一起（即到达 A 站的车辆必须编挂在牵引机车后部，其后是到达 B 站的车辆，再后是到达 C 站的车辆，此为按站顺），第二组车则只要将到达同一个中间站的车辆编在一起，并不需要按到站 DEF 的顺序编挂。

③ 根据列车的发站、到站以及编组内容的规定即可知列车的种类。

如第 1 个列车经过丁编组站不解体应为直达列车，同时并未说明是由甲站自装的车辆组成，因此不是在装车地组织的，而是属于在技术站组织的列车，故该列车为技术直达列车；第 2 个列车经过乙区段站不解体且未说明是由甲站自装车辆组成，故该列车应为直通列车；第 3、第 4 两个列车的发站、到站均相同，即这两个列车都在两个相邻的技术站之间开行，但是根据编组内容可知，第 3 个列车不能编入到达区段内中间站的车辆，因此在中间站没有车辆摘挂作业，而第 4 个列车则全部编入到达区段内中间站的车辆，因此在中间站有车辆摘挂作业，所以，第 3 个列车为区段列车，第 4 个列车为摘挂列车。

④ 附注栏是其他需说明的事项。

如第 2 个列车和第 4 个列车均为分组列车，即编入列车中的车辆必须按规定分开编成两大组，最后再把这两大组车联挂在一起，第 2 个列车的附注栏没有任何说明，那么在把两大组车编挂在一起时，这两组车没有前后顺序要求；而第 4 个列车附注栏内注明“按组顺编挂”，即在把两大组车挂在一起时，必须第一组车挂在前，第二组车挂在第一组车之后。

6. 开行列车示意图的画法

（1）从列车的始发站至列车的终到站画一条直线，对应列车始发站画垂直小短线，对应列车终到站画箭头，箭头指向为列车开行方向。

（2）若列车在中间站有车辆摘挂作业时，将直线改为折线。

【任务实施】

（1）根据列车编组计划规定的列车的发站和到站，画出开行列车示意图，如图 1.1.2 所示。

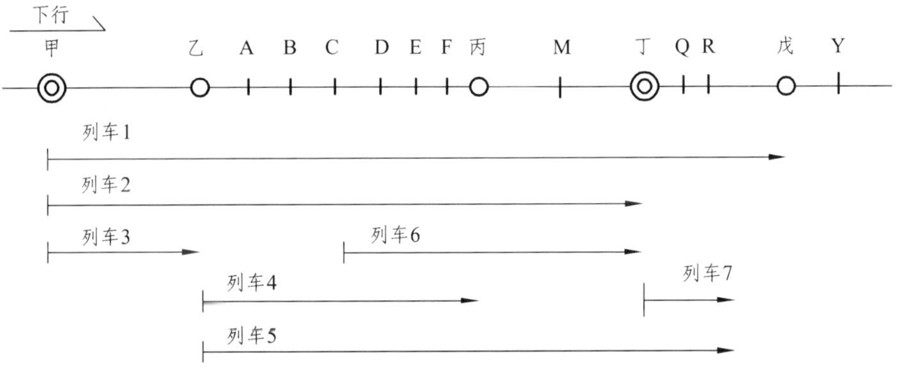

图 1.1.2　开行列车示意图（1）

（2）根据发站、到站、编组内容及各种列车的定义，判断列车的种类并填入表 1.1.4 中。

表 1.1.4　有关站列车编组计划摘录

序号	发站	到站	编组内容	列车种类	附　注
1	甲	戊	戊及其以远	技术直达	
2	甲	丁	丁及其以远 （不包括戊及其以远）	直通列车	
3	甲	乙	乙及其以远 （不包括丁及其以远）	区段列车	
4	乙	丙	乙—丙中间站按站顺	摘挂列车	
5	乙	R	R 站卸	始发直达	乙站装
6	C	丁	丁及其以远 （不包括戊及其以远）	整列短途	C 站装
7	丁	R	R 站卸	区段小运转	

（3）经判断，列车 4 的种类为摘挂列车，列车 7 的种类为区段小运转列车，均可视为在中间站有摘挂作业，因此对开行列车示意图进行修改，如图 1.1.3 所示。

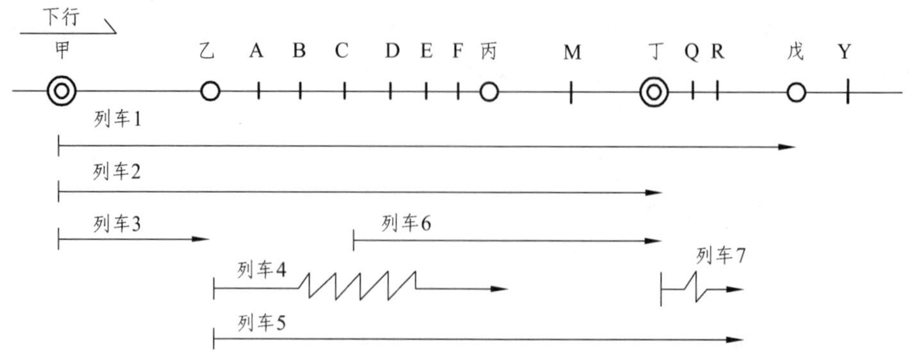

图 1.1.3　开行列车示意图（2）

（4）根据列车车次的有关规定，对每个列车给定一个车次，如图 1.1.4 所示。

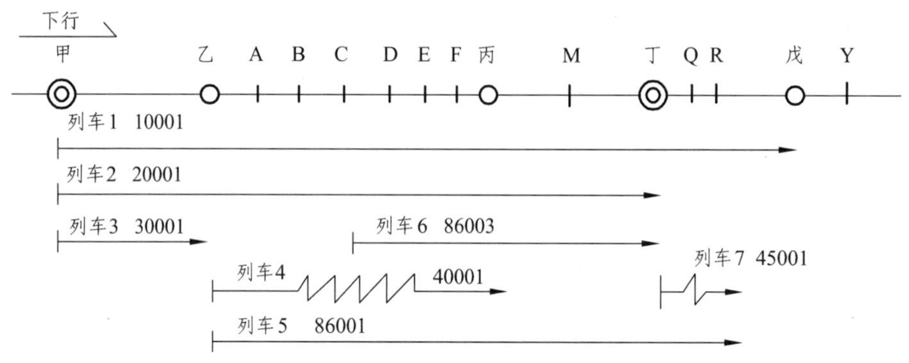

图 1.1.4　开行列车示意图（3）

任务二　判断货物列车技术作业的种类

【任务介绍】

已知：

（1）甲—丁方向各区段列车牵引质量标准如图 1.2.1 所示。

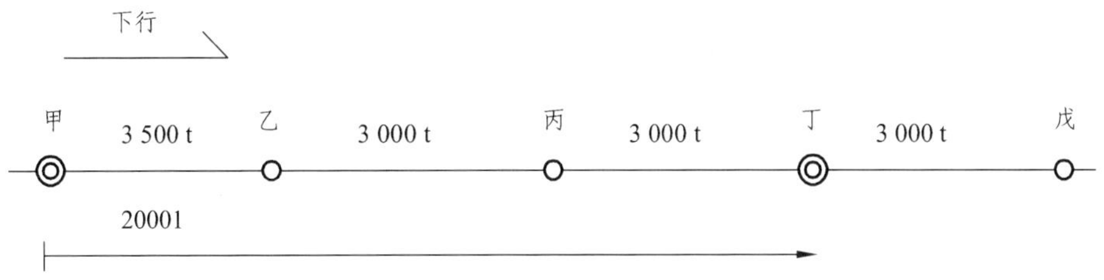

图 1.2.1 区段及列车质量标准示意图

（2）某日甲站编开 20001 次列车，全列由 50 辆货车编成，具体编组内容如图 1.2.2 所示。

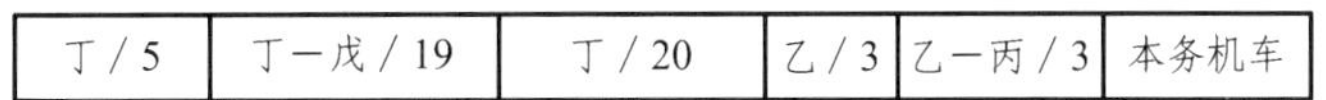

图 1.2.2 20001 次列车编组内容示意图

要求：

判断 20001 次列车在甲、乙、丙、丁四个技术站所办理的货物列车技术作业的种类。

【任务分析】

完成该项任务，需要解决以下问题：

（1）什么是货物列车技术作业？

（2）技术站办理的货物列车技术作业包括哪些种类？

【相关知识】

1. 货物列车技术作业

为了保证列车运行的安全及货物的完整，货物列车在其始发站、终到站、运行途中经过的技术站的到发线上所办理的各项技术作业，以及摘挂列车在中间站所办理的各项技术作业，统称为货物列车技术作业。

2. 技术站货物列车技术作业的种类

技术站办理的货物列车技术作业种类取决于货物列车的种类。

按照在技术站所办理的技术作业不同，货物列车可分为编组始发列车、无调中转列车、部分改编中转列车和到达解体列车四种。

以图 1.2.3 中甲站始发至丁站解体的货物列车为例：

图 1.2.3 技术站货物列车作业种类示意图

该列车在甲站始发，需在甲站进行编组，这种列车称为编组始发列车。该列车在丁站终到，需在丁站进行解体，这种列车称为到达解体列车。该列车在乙站不需解体和重新编组，但是由于列车运行图规定的甲—乙、乙—丙和丙—丁区段的列车质量标准分别为 3 200 t、2 600 t 和 2 600 t，因此该列车在乙站需要减少 600 t 质量，即需要摘下部分车辆，为此应对列车进行摘车调车作业，这种列车称为部分改编中转列车。该列车在丙站时上述三种作业都没有，这种列车称为无调中转列车。

不同种类的列车在技术站办理的技术作业种类也不相同，技术站办理的货物列车作业种类主要包括以下几种：

（1）始发列车的出发作业。

编组始发的货物列车，在始发站编组完毕转往列车出发线上后，在出发线上所进行的技术作业，称为始发列车的出发作业，简称出发作业。

（2）解体列车的到达作业。

解体列车到达终到站后，解体前在到达线上办理的技术作业，称为解体列车的到达作业，简称到达作业。

（3）部分改编中转列车作业。

部分改编中转列车在技术站到发线上办理的技术作业，称为部分改编中转列车作业。

根据作业内容的不同，部分改编中转列车作业包括以下三种：

① 变更列车质量。

当相邻区段列车质量标准不同时，列车在技术站需进行减轴或补轴作业。如图 1.2.3 所示，由甲站始发开往丁站的直通列车，在乙站需进行减轴作业，甩掉 600 t 质量，即摘下一组车；反之，由丁站始发开往甲站的直通列车，在乙站则需进行补轴作业，增加 600 t 质量，即挂上一组车。

② 换挂车组（车组换挂）。

如图 1.2.4 所示，假设列车编组计划规定：甲站开往丁站的直通货物列车，在甲站始发时的编组内容包括乙、丙、丁三个车组，列车运行至乙站时，乙站的车组已到达卸车站需摘下，丙站的车组不能再随列车往丁站运行，也需摘下重新编入开往丙方向的列车继续运送，因此在乙站必须把到达乙站和到达丙站的车组摘下，同时为了保证列车的重量不变，还需挂上一组到丁站的车组，即在乙站需甩一组车再挂一组车，称为车组换挂。

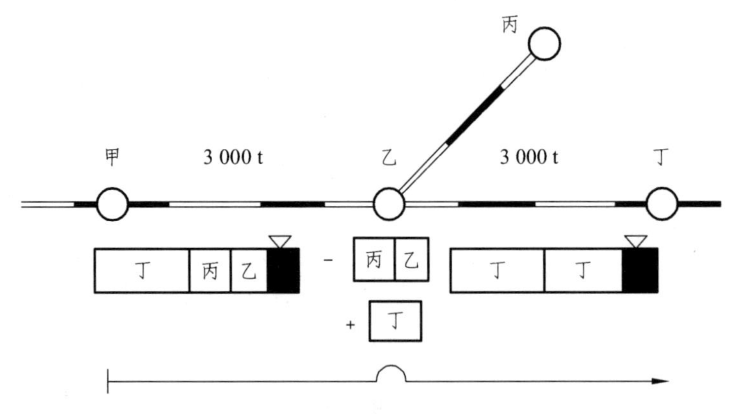

图 1.2.4　车组换挂示意图

③ 变更列车运行方向。

当列车经过有分歧方向的技术站时，由于车场进路的原因，有时需变更运行方向后才能继续运行。如图 1.2.5 所示，由甲站始发开往丙站的货物列车，在乙站虽不改变编组内容，但需调换列车首尾，即改变运行方向后，才能继续向丙站运行。若列车挂有列车尾部安全监控装置，此时则会产生列尾主机的摘解和重新安装作业；若列车尾部挂有关门车时，还可能会产生为满足关门车编挂位置要求的少量调车作业。

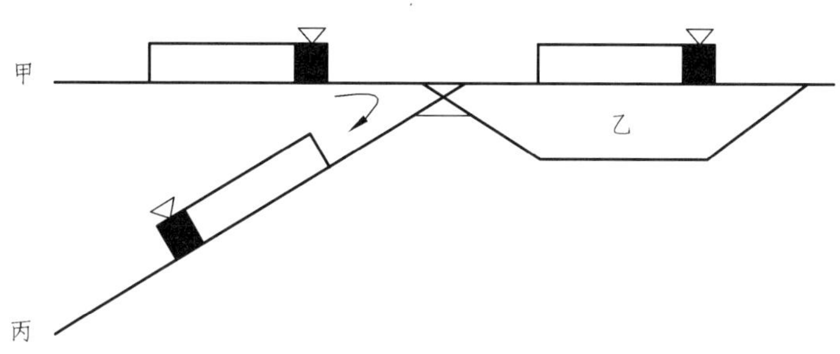

图 1.2.5　变更列车运行方向示意图

（4）无调中转列车作业。

无调中转列车虽然在技术站不需解体和重新编组，也不需进行部分改编的调车作业，但是为了列车继续运行的安全和货物的完整，在到发线上对列车也需进行相关的中转技术作业，称为无调中转列车作业。

【任务实施】

（1）首先确定 20001 次列车对甲、乙、丙、丁四个技术站而言的列车种类。

① 20001 次列车在甲站始发，因此在甲站需要进行编组作业后出发，对甲站而言是编组始发列车。

② 由于甲—乙区段和乙—丙区段的列车重量标准不同，20001 次列车在乙站需要改变重量摘下一组车，但不需要解体和重新编组，对乙站而言是部分改编中转列车。

③ 20001 次列车在丙站不需解体和重新编组，也不需变更质量、改变方向及换挂车组，对丙站而言是无调中转列车。

④ 20001 次列车在丁站终到，因此在丁站需要解体，对丁站而言是到达解体列车。

（2）根据货物列车的种类，即可确定该列车在技术站所办理的列车技术作业种类。

20001 次列车：

① 在甲站办理始发列车的出发作业。

② 在乙站办理部分改编中转列车作业。

③ 在丙站办理无调中转列车作业。

④ 在丁站办理解体列车的到达作业。

【拓展提高】

1. 技术站货物列车技术作业的内容

出发作业、到达作业、部分改编中转列车作业及无调中转列车作业的作业内容和要求并不完全相同，但是基本包括下列部分或全部作业项目：

（1）车辆技术检修作业。

车辆技术检修作业通常称为列检作业，由车辆段驻站列检所（或 5 T 检测中心）的检车员完成。列检作业的目的是使列车中的车辆保持良好的技术状态，保证发出的列车符合规定的质量要求。列检作业应按规定的检修范围和技术作业过程进行，并保证列车按列车运行图规定的时间正点发车，因此列检作业必须在规定的时间内完成，发现故障车辆时，应尽量组织不摘车修理，对于必须摘车修理的车辆，应按规定插上扣修色票，注明故障内容和送修地点，填发车辆检修通知单，通知车站及时甩车。

（2）货运检查及整理。

列车在运行过程中会产生振动、摇晃，有可能使货物的装载状态发生变化，如倾斜、松散、移位、货物丢失等，因此为了货物继续运送时的完整和安全，应在指定的车站对货物装载情况进行检查及整理，即货运检查及整理（通常称为货检、商检）。这项作业由车站的货运检查员（商务检查员）负责进行，主要检查货物的装载有无倾斜偏载、篷布苫盖及捆绑是否牢固、车门车窗及铅封有无异状等，发现问题应及时处理，并根据需要编制货运记录。

（3）车号员检查核对现车。

这项作业是为了保证货物列车中实际编挂的车辆与该列车的编组顺序表的记载内容以及每辆车的货运单据三者一致，防止出现车、票分离等情况。遇有车无票、有票无车时，应逐车、逐票登记，按规定处理，交接班时须交接清楚。

对无调中转列车、部分改编中转列车和到达解体列车，车号员应根据作为到达列车确报的该列车的编组顺序表检查核对现车，发现问题及时修改，确保相关调车作业计划的正确性；而对自编始发的列车则应根据事先编制的该列车的编组顺序表检查列车编组是否符合列车编组计划、列车运行图和《铁路技术管理规程》（简称《技规》）的有关规定，核对列车编组顺序表、货运单据、现车是否一致，发现问题应及时报告有关人员进行处理，确保出发列车质量。

（4）车列及票据交接。

对出发列车，车号员按规定检查核对现车无误后，将列车编组顺序表、列车编组通知单和货运票据传递到站车交接岗位，负责交接票据时，在规定地点、时间内，将上述单据交与司机，办理交接签认。

对到达列车，车号员应与到达列车司机办理列车编组顺序表、列车编组通知单和货运票据签收手续，接收司机捎来的票据。

（5）列尾作业员技术作业。

列车尾部安全监控装置，由固定在司机室的司机控制盒和安装在列车尾部的列尾主机及附属设备组成。当列车按规定需要挂列车尾部安全监控装置时，列尾主机的摘下和安装应由列尾作业员负责完成。

出发的列车，列尾作业员应到指定地点领取设备，按规定将牵引机车的号码及其他有关内容填记在规定的表簿册内，并根据车站值班员的通知，将本务机车号码用机车号确认仪输入列尾主机，并按《车站行车工作细则》(简称《站细》)规定的时机，将列尾主机安装在列车尾部；终到的列车则应将列尾主机摘下，销掉机车号码，设备送回指定地点充电、检修。

(6) 更换机车或机车乘务组换班。

按照机车交路的类型和乘务组连续工作时间的要求，有些无调中转列车在技术站需要更换机车或机车乘务组换班。此时，到达的机车应从列车中摘下，安排入段；出发的机车应安排出段，连挂车列，按列车运行图规定时刻按时发车。

(7) 其他作业。

对需出发的列车还应进行准备发车及发车作业，对到达解体列车还包括解体前的准备工作等作业。

2. 货物列车技术作业过程

货物列车在站所办理的作业项目、作业程序和作业时间标准，统称为货物列车技术作业过程。

车站技术作业过程是充分合理地运用现有技术设备，采用先进的技术作业组织方法，在保证安全、质量的前提下，完成车站运输任务的各项作业程序的衔接、时间标准和劳动组织方法。

车站技术作业过程是《站细》的重要组成部分，它不但是加强车站基础工作、指导车站日常生产活动的重要技术文件，而且也是编制列车编组计划、列车运行图、技术计划和运输方案的重要依据，同时也是车站技术设备改扩建的重要依据。因此，查定车站技术作业过程是技术站必须进行的一项基础工作。当出现车站进行较大技术改造、列车牵引定数发生变化、车站作业组织方法发生改变等情况时，都必须重新进行查定。例如，当车辆运行安全监控系统——5 T 系统投入运用后，列检作业的组织方法及作业时间都将发生很大变化，应对列检作业的时间标准重新查定。查定车站技术作业过程就是针对车站现行各工种在技术作业过程中的作业方法、程序进行认真研究，剔除不合理的程序，改进不科学的方法，确定先进合理的作业程序和各项技术作业的时间标准。

3. 各种货物列车的技术作业过程及作业组织方法

(1) 解体列车的到达技术作业过程。

解体列车的到达技术作业过程如表 1.2.1 所示。

解体列车到达技术作业的组织方法及作业组织注意事项主要有：

① 加速到达列检。一般情况下，车辆的技术检修是用时最长的作业环节，必须加强和优化检车人员的作业组织，同时注重各种先进技术设备和先进作业经验的采用和推广。

表 1.2.1　解体列车到达技术作业过程

序号	作业项目	时间 / min				
		0	10	20	30	40
1	检车员、车号员、货运检查员、列尾作业员等出动					
2	车辆技术检修作业（包括摘机车和试风）					
3	列尾作业员技术作业					
4	车号员检查核对现车					
5	货运检查					
6	有关人员与到达司机办理运统 1和货运票据交接					
7	准备解体					
	作业总时分					

② 认真检查核对现车。列车到达后，车号员应根据列车确报认真核对现车，防止票、车分离，确保列车编组顺序表、货运单据、现车一致，对关门车、禁溜车、禁止过峰车、限速车等特殊车辆，应填记清楚。

③ 做好解体前的准备工作。调车领导人应根据列车确报提前编制解体调车作业计划，如有必要应在车号员检查核对现车后及时对计划进行修改，调车组应根据解体调车作业计划及时进行车列解体前的准备工作。

（2）始发列车的出发技术作业过程。

始发列车的出发技术作业是列车出发前在站内进行技术作业的最后一道工序，对于保证始发列车的质量与运行安全具有重要作用。始发列车的出发技术作业过程如表 1.2.2 所示。

表 1.2.2　始发列车出发技术作业过程

序号	作业项目	时间 / min				
		0	10	20	30	40
1	检车员、车号员、货运检查员、列尾作业员等出动					
2	车辆技术检修作业（包括挂机车和试风）					
3	列尾作业员技术作业					
4	车号员检查核对现车					
5	货运检查					
6	有关人员与出发司机办理运统 1和货运票据交接					
7	准备发车及发车					
	作业总时分					

对始发列车出发作业的组织方法及作业组织注意事项主要有：

① 通知有关人员做好准备工作。车站值班员应将列车车次、编成时间、转入到发场股道、编成辆数、出发时间及时通知给机务段和列检所值班员，以便组织机车按时出段、列检人员及时出动；按规定时间将机车号码通知给列尾作业员，做好列尾装置与出发机车的对号检测工作，待车列编好后及时安装；车号员根据编组调车作业计划，在编组列车的同时，挑选票据、编制列车编组顺序表，检查列车编组是否符合列车编组计划、列车运行图和《技规》的有关规定。

② 组织车号员及时核对现车和进行车列及票据交接。车列编好后，应组织车号员及时核对现车，做到列车编组顺序表、货运票据、现车相一致，及时与担当该列车乘务的司机按规定办理交接。

（3）无调中转列车技术作业过程及组织方法。

无调中转列车技术作业过程如表 1.2.3 所示。

表 1.2.3　无调中转列车技术作业过程

序号	作业项目	时间 / min				
		0	10	20	30	40
1	检车员、车号员、货运检查员、列尾作业员等出动					
2	车辆技术检修作业（包括摘挂机车和试风）					
3	列尾作业员技术作业					
4	车号员检查核对现车					
5	货运检查					
6	有关人员与司机办理运统 1和货运票据交接					
7	准备发车与发车					
	作业总时分					

无调中转列车技术作业实际上是到达作业与出发作业结合起来进行的，但是没有准备解体、编制列车编组顺序表等有关作业，若更换机车则车列与票据的交接可由到达列车的机车乘务组与出发列车的机车乘务组直接在现场办理。

无调中转列车技术作业的组织方法：

① 充分利用各种车辆检测设备，加强检修预报；

② 组织检车员提前到达现场。

（4）部分改编中转列车技术作业过程及组织方法。

部分改编中转列车的技术作业过程如表 1.2.4 所示。

表 1.2.4　部分改编中转列车技术作业过程

序号	作业项目	时间 / min					
		0	10	20	30	40	
1	检车员、车号员、货运检查员、列尾作业员等出动						
2	车辆技术检修作业（包括摘挂机车和试风）						
3	列尾作业员技术作业						
4	车号员检查核对现车						
5	货运检查						
6	摘挂车辆						
7	有关人员与司机办理运统 1和货运票据交接						
8	准备发车与发车						
	作业总时分						

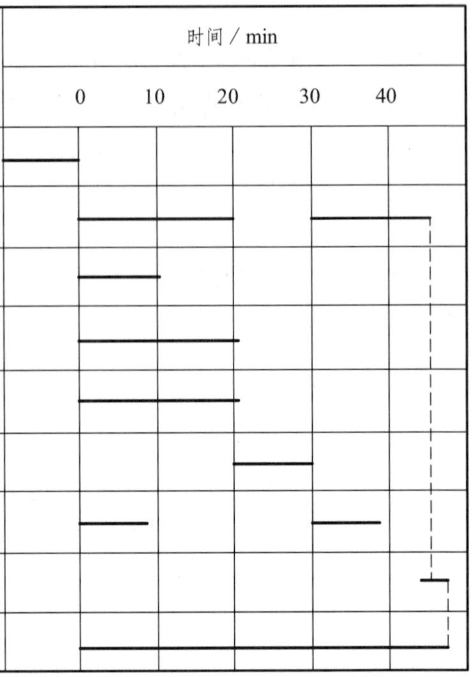

部分改编中转列车与无调中转列车相比，在站的技术作业内容增加了调车作业环节，其具体的组织方法包括：

① 减轴时，对摘下的车辆可采取先摘下后检修的做法，在调车机车甩车的同时，检车人员集中力量检修基本车组，这种做法能有效地缩短列车的技术作业时间。

② 补轴时，对补轴车组可采取先检修后挂车的方法，事先检修好的车组由调车机车挂好在邻线等候，等车列检修结束后立即挂上。在列车前部补轴或减轴时，如能利用到达机车减轴、出发机车补轴，还能进一步缩短甩挂车组的作业时间。

③ 换挂车组的作业组织方法，甩车时与减轴方法相同，挂车时与补轴方法相同。换挂车组的作业组织中，为缩短列车在站停留时间，车站应根据列车的到达确报，在列车到达前，准备好需要加挂的车组，并调移至靠近列车到达线的线路上，以便到达列车技术检查结束后，立即进行调车作业。

4．列车编组顺序表的作用

列车编组顺序表（运统 1）是记载列车实际组成情况，作为车站与列车间、铁路局与铁路局间交接车辆的依据，也是运输统计和财务清算工作的主要原始资料。

凡是由技术站及列车始发站发出的一切列车（包括挂有车辆的单机、轨道车附挂路用车），均由车站按列车实际组成情况编制运统 1。除留存一份外，一份交值乘司机（长交路途中更换司机的列车，应保证途中每班司机一份），一份由司机带到下一区段站、终到站，并按规定及时传输上报确报库。经由铁路局分界站交出的列车，需增加一份由司机负责交给分界站统计人员。

列车编组顺序表的主要格式见表 1.2.5。

表 1.2.5 列车编组顺序表（运统 1）

_____站编组_____站终到 经由站______ ______年___月___日___时___分 ______次列车

自首尾（不用字抹销） 制表者： 检查者：

序号	车种	罐车油种	车号	自重	换长	载重	到站	货物名称	发站	篷布	收货人或卸线、票据号	车辆使用属性	记事
1													
2													
3													
4													
⋮													
自编组站出发及在途中站摘挂后列车编组													

<table>
<tr><th rowspan="3">站名</th><th colspan="2">客 车</th><th colspan="6">货 车</th><th rowspan="3">其他</th><th rowspan="3">合计</th><th rowspan="3">自重</th><th rowspan="3">载重</th><th rowspan="3">总重</th><th rowspan="3">换长</th><th rowspan="3">铁路篷布合计</th></tr>
<tr><th rowspan="2">合计</th><th rowspan="2">其中行李车</th><th rowspan="2">重车</th><th rowspan="2">其中租用车</th><th rowspan="2">空车</th><th rowspan="2">非运用车</th><th colspan="2">其 中</th></tr>
<tr><th>代客</th><th>其中 P_{65}</th></tr>
<tr><td>合计</td><td></td><td></td><td></td><td></td><td></td><td></td><td></td><td></td><td></td><td></td><td></td><td></td><td></td><td></td><td></td></tr>
<tr><td>—企</td><td></td><td></td><td></td><td></td><td></td><td></td><td></td><td></td><td></td><td></td><td></td><td></td><td></td><td></td><td></td></tr>
<tr><td>—部</td><td></td><td></td><td></td><td></td><td></td><td></td><td></td><td></td><td></td><td></td><td></td><td></td><td></td><td></td><td></td></tr>
<tr><td>—集</td><td></td><td></td><td></td><td></td><td></td><td></td><td></td><td></td><td></td><td></td><td></td><td></td><td></td><td></td><td></td></tr>
<tr><td>—特</td><td></td><td></td><td></td><td></td><td></td><td></td><td></td><td></td><td></td><td></td><td></td><td></td><td></td><td></td><td></td></tr>
<tr><td>—行</td><td></td><td></td><td></td><td></td><td></td><td></td><td></td><td></td><td></td><td></td><td></td><td></td><td></td><td></td><td></td></tr>
</table>

5. 列车编组顺序表的填记方法

（1）表头部分的填记方法。

① 编组站名：填记列车始发站站名。列车在分界站或运行途中的技术站更换列车编组顺序表时，表头仍应填记列车原定编组始发站站名。

② 年、月、日、时、分：按日历填记列车计划发车时间。

③ 列车车次：填记实际开行车次。

④ 自首尾：若从列车头部第一辆填记为自首，从列车最后一辆填记则为自尾，根据填记的情况将不用的字抹销。

⑤ 制表者、检查者：制表者、检查者的签字（代号）或盖章。

（2）表内各栏的填记方法。

① 车种栏：填记货车基本记号及辅助记号。

② 罐车油种栏：对于罐车应根据罐车车体标记以简字填。轻油：填“Q”；黏油：填“L”。车体上的油种涂有代用字样时，按所代用的油种填记。

③ 车号栏：根据车体上的大号码填记。如发现双号码时，则以车底架侧梁上的号码为准。

④ 自重及换长栏：车辆的自重及换长，根据《技规》中“机车重量及长度表”“车辆重量及长度表”的规定填记。无规定时按车体标记的自重及换长填记。

⑤ 载重栏：根据货运票据记载的货物实际重量（无实际重量按计费重量）填记。一票多车只有合计载重吨数时，成组中的第一辆和最后一辆用“-”表示，中间的用“+”表示。本栏按辆以吨为单位填记，吨以下四舍五入。

对下列货车的装载重量，按以下规定填记：

a. 重客车：按客车车体外部标记载重填记。

b. 代客重车：每辆按 10 t 填记。

c. 行包专列重车：按《铁路行包快运专列管理办法》有关规定填记。如第五十二条：行包专列发站根据货运票据封套填制“列车编组顺序表”，其中载重栏填写车辆货物实际重量，监装单位未提供实际重量时填记车辆标记载重。

d. 货车上装载空集装箱：按《铁路货车统计规则》（简称《统规》）附件十五“集装箱技术参数表”（见表 1.2.6）中规定的自重填记。

表 1.2.6 集装箱技术参数表

箱 型	箱 类	箱主代码	起始箱号	截止箱号	自重/t	箱体标记最大允许总重/t	换算箱数（装卸车）
20 英尺*	通用集装箱	TBJ	510001	575000	2.21	24.00	2.0
			300011	301710	2.24	30.48	3.0
			400001	400500	2.98	30.48	3.0
			580000	629999	2.24	30.48	3.0
	板架式汽车集装箱	TBP	100000	100831	4.30	28.30	2.8
			000087	000088	4.30	28.30	2.8
	弧形罐式集装箱	TBG	500000	500001	6.30	30.48	3.0
			500052	501999	6.30	30.48	3.0
	双层汽车集装箱	TBQ	600003	600004	3.70	15.00	1.5
			500000	500229	3.70	15.00	1.5
	干散货集装箱	TBB	500000	509149	3.10	30.48	3.0
	散装水泥罐式集装箱	TBG	540001	541050	4.95	30.48	3.0
	水煤浆罐式集装箱	TBG	520001	520100	4.25	30.48	3.0
	折叠式台架集装箱	TBP	200001	210000	2.50	30.00	3.0
	框架罐式集装箱	TBG	510001	511000	4.15	30.48	3.0
40 英尺	通用集装箱	TBJ	300003	300005	3.88	30.48	3.0
			700000	700119	3.79	30.48	3.0
			710000	715999	3.88	30.48	3.0
48 英尺	通用集装箱	TBJ	800001	800404	4.65	30.48	3.0
50 英尺	双层汽车集装箱	TBQ	800000	801599	10.53	30.48	3.0
			801600	801899	11.61	30.48	3.0

*注：1 英尺 = 0.305 米。

e. 货车上装载重集装箱：按“货重＋箱重”的合计重量填记。

f. 整车回送铁路篷布：每张按 60 kg 计算。

g. 回送其他铁路货车用具（加固材料、军用备品等）：按实际重量填记；整车回送无实际重量时，按货车标记载重的 1/3 填记。

⑥ 到站栏：按货运票据填记重车的到达站站名。整车分卸应分别填记第一及最终到达站站名；其他有指定到站的车辆亦在此栏填记指定到达站的站名。

⑦ 货物名称栏：按货运票据记载的货物名称填记。

对下列车辆按规定的字样填记：

a. 运用空车填记：“空”。

b. 非运用车填记非运用车种别：如“检修”“代客”“路用”“租用”等。

c. 企业自备车空车、企业租用空车填记“自备”“租用”；军运货票填记军运号码。

d. 整车运送铁路集装箱时按实际状态填记“箱型、重（或空）、箱数”；汽车箱填记“汽、箱型、重（或空）、箱数”（其中，25 英尺归入 20 英尺填记，50 英尺归入 40 英尺填记）。

e. 机械冷藏车组中的机械车在运用状态时填记：“空”。

f. 一车货物有数种品名时，按其中重量最多的货物品名填记；如只有一个重量时，则按第一个品名填记，并在品名之后增填“等”字。

⑧ 发站栏：重车按货运票据填记发站名，空车填记空车始发站名。

⑨ 篷布栏：按货运票据和“特殊货车及运送用具回送清单”填记铁路篷布的张数。

⑩ 收货人或卸线、票据号栏：按货票记载的收货人和货票号码填记。

⑪ 车辆使用属性栏。

a. 车辆使用属性反映专业运输公司使用车辆情况（包括其所属和所用非所属车辆），其中集装箱、特货、快运公司使用的车辆的属性分别填记“集”“特”“行”（代码分别为“01”“02”“03”）。

b. 集装箱公司所属车辆指部属集装箱车（X）；特货公司所属车辆指部属长大货物车（D）、冷藏车（B）、家畜车（J）、汽车运输专用车（SQ、JSQ）；快运公司所属车辆指部属行李车（XL）、邮政车（XU、UZ）、行包专列上的 PB 车。

Ⅰ. 集装箱公司租用车包括：使用非集装箱公司所属的部属货车运送集装箱（不含特货公司汽车箱）和使用非集装箱公司所属的部属货车整车回送铁路篷布时。

Ⅱ. 特货公司租用车包括：特货公司跨装货物运输中使用的游车和特货公司汽车箱运输所使用的部属车（含租用集装箱公司所属车辆）。

Ⅲ. 快运公司租用车包括：使用非快运公司的部属车辆装运行李或包裹时。

c. 专业运输公司租用车指为专业运输公司所用，而非其所属的部属货车（包括特货公司租用的集装箱公司所属货车）。

⑫ 记事栏。

a. 对装载危险、易燃货物的车辆，按《铁路危险货物运输管理规则》的规定填记隔离记号（三角隔离标记为“G1”～“G9”）。

b. 对外国车辆填记国名；对企业自备车填记企业简称；对军方自备车填记“军方自备”。

除以上规定外，其他按铁路局的规定填记，如沈阳铁路局规定：关门车填记“M”，施封车填记“F”，有押运人的车辆填记“R”，禁止溜放的车辆填记“J”等。

（3）“自编组站出发及在途中站摘挂后列车编组”各栏的填记方法。

① 站名栏：编组始发列车填记始发站名。如列车在分界站或在运行途中的区段站更换本

表时，则填记更换站的站名。

② 客车栏：填记列车中所挂客车的辆数。

③ 货车栏：分别按合计、企业自备车、部属车和集、特、行六行填记各自的运用重车、运用空车和非运用车的辆数。专业公司租用车除在各专业公司行表示外，还要以负数在部属车、合计行分别列示。

④ 其他栏：填记不属于客车及货车范围的机械车辆、架桥机、起重机、无动力机车等的合计辆数。

⑤ 合计栏：合计栏包括客车合计栏、重车栏、空车栏、非运用车栏、其他栏。

⑥ 自重栏：填记表内各行自重的合计数（吨以下四舍五入）。

⑦ 载重栏：填记表内各行载重的合计数。

⑧ 总重栏：填记“自重栏＋载重栏”的合计总吨数。

⑨ 换长栏：填记表内各行换长的合计数。

⑩ 铁路篷布合计：填记表内各行铁路篷布的合计张数。

6. 车辆运行安全监控系统——5 T 系统简介

近年来，在铁路许多地方安装了车辆运行安全监控系统，即 5 T 系统，5 T 系统采用智能化、网络化、信息化技术，实现地面设备对客货车辆运行安全的动态检测、数据集中、联网运行、远程监控、信息共享，提高了铁路运输安全防范能力，大大缩短了列车在车站进行列检作业的时间。

5 T 系统是指 THDS（红外线轴温探测系统）、TFDS（货车运行故障动态图像检测系统）、TPDS（货车运行状态地面安全监测系统）、TADS（货车滚动轴承早期故障轨边声学诊断系统）和 TCDS（客车运行状态安全监测系统）。

THDS（Trace Hotbox Detection System）利用安装在轨边的红外线探头，对通过车辆的每个轴承的温度进行实时检测，并通过配套的故障智能跟踪装置，对热轴车辆进行车次、车号跟踪，并将检测信息实时上传到铁路局车辆安全监控中心，对热轴车辆进行实时报警。THDS 已联网运行，每个探测站过车和轴温探测信息可直观显示，并实现跟踪报警，重点防范热、切轴事故。

TFDS（Trouble of Moving Freight Car Detection System）是辅助列检作业的在线图像检测系统。利用设在轨边的高速摄像头，对运行中的货车进行动态检测，重点检测货车走行部、制动梁、悬吊件、枕簧、大部件、车钩缓冲装置等安全关键部位，及时发现货车运行故障，防范制动梁脱落和摇枕、侧架、钩缓大部件裂损、折断，防止枕簧丢失和窜出等危及行车安全的隐患。

TPDS（Truck Performance Detection System）利用轨道测试平台对车辆安全指标进行动态检测，重点检测货车运行安全指标脱轨系数、轮重减载率，并检测车轮踏面擦伤、剥离以及货物超载、偏载等危及行车安全的情况，防范货车脱轨和车轮踏面擦伤、剥离及货物超载、偏载等安全隐患，加大货车运行安全监控力度，实现货车运行安全质量互控。

TADS（Trackside Acoustic Detection System）采用声学技术及计算机技术，利用轨边噪声采集设备，实时采集运行货车滚动轴承噪声，通过数据分析，及早发现轴承早期故障。

重点检测货车滚动轴承内外圈滚道、滚子等故障，将安全防范关口前移，在发生热轴故障之前，对轴承故障进行早期预报，与红外线轴温监测系统互补，防止切轴事故发生，确保行车安全。

TCDS（Train Coach Running Safety Diagnosis System）通过车载系统对客车运行关键部件进行实时监测和诊断，通过无线、有线网络，将监控信息向地面传输、汇总，形成实时的客车安全监控运行图，使各级车辆管理部门及时掌控客车运行及安全情况，重点检测速度160 km/h及以上客车轴温、制动系统、转向架安全指标、火灾报警、客车供电、电器及空调系统运行安全状况，防范客车热轴事故、火灾事故及走行部、制动部、供电、电器、空调设备故障。

5 T系统的采用降低了列车技术作业中车辆技术检修（即列检）作业的劳动强度，减少了定员，压缩了列检作业的时间，从而使列车技术作业时间标准大大缩短。

【相关实训】

（1）甲、乙、丙、丁、戊站在铁路线路上的相互位置，以及相关货物列车和各列车的编组内容如图1.2.6所示。

要求：确定各列车在丙站办理的列车作业种类。

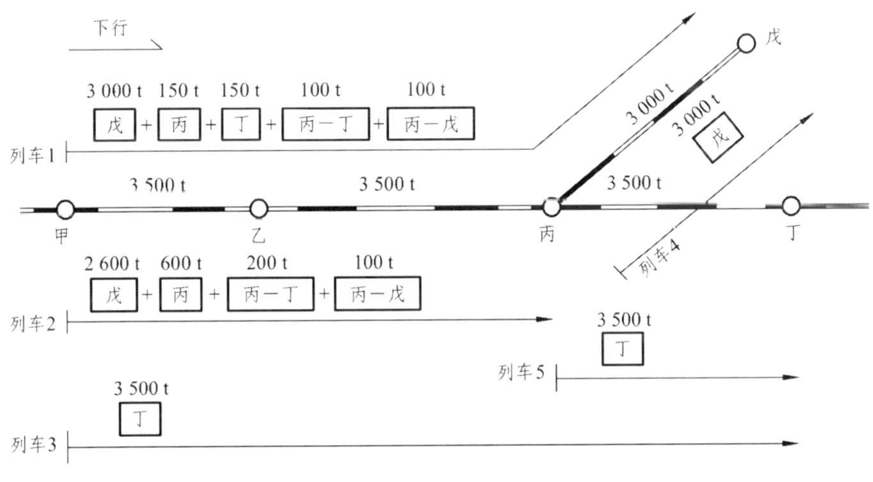

图1.2.6　列车编组内容示意图

（2）乙站在路网上的位置如图1.2.7所示。

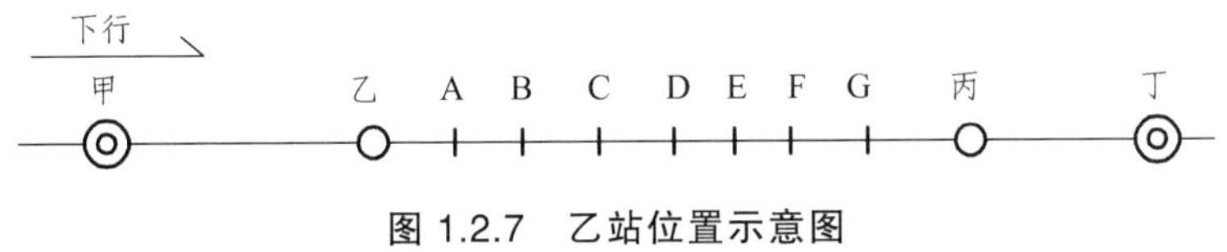

图1.2.7　乙站位置示意图

乙站编组始发的44001次摘挂列车的编组顺序及货运票据上摘录的有关内容如表1.2.7所示。

表 1.2.7　44001 次列车编组顺序表

_____站编组_____站终到　经由站______　_____年___月___日___时___分　______次列车

自首尾（不用字抹销）　　　　　　　　　　制表者：　　　　　　检查者：

序号	车种	罐车油种	车号	自重	换长	载重	到站	货物名称	发站	篷布	收货人或卸线、票据号	车辆使用属性	记事
1													
2													
3													
4													
5													
6													
7													
8													
9													
10													

自编组站出发及在途中站摘挂后列车编组															
站名	客车		货车						其他	合计	自重	载重	总重	换长	铁路篷布合计
	合计	其中行李车	重车	其中租用车	空车	非运用车	其中								
							代客	其中 P_{65}							
合计															
—企															
—部															
—集															
—特															
—行															

到达时间　　月　　日　　时　　分　　　交接时间　　时　　分　　　车长（司机）签章

① C_{61}　　0400231　　空车到 A 站，A 厂自备车；

② C_{61}　　0400232　　空车到 A 站，A 厂自备车；

③ P_{61}　　3130011　　甲站装 60 t 小麦，C 站卸，施封；

④ C_{62A}　　4532132　　甲站装 60 t 原木，B 站卸，关门车；

⑤ P_{63}　　3302729　　乙站装农药 40 t，D 站卸；

⑥ P_{64}　　3432131　　乙站装百货 50 t，D 站卸；

⑦ C_{61}　　4302475　　装 60 t 军品，代号为 859/86246，盖两张铁路篷布；

⑧ G_{60}（轻油）　6225472　空车到 E 站；

⑨ P_{65}　3534157　代客空车，到 F 站；

⑩ C_{62B}　4637288　乙站装空集装箱 4 个，自重 2.21 t，到 G 站。

货车重量及长度按《铁路技术管理规程》有关规定确定，在表 1.2.7 中编制 44001 次列车的列车编组顺序表。

任务三　判断货车的种类

【任务介绍】

已知：

（1）甲—丁方向各区段列车牵引重量标准及开行列车如图 1.3.1 所示。

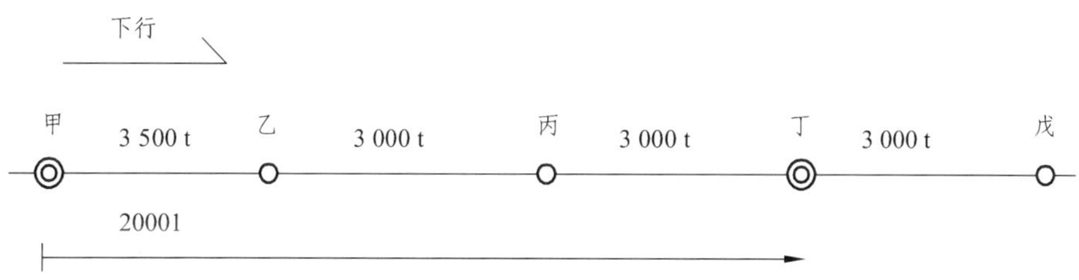

图 1.3.1　各区段列车重量标准及开行列车示意图

某日甲站编开到达丁站解体的 20001 次直通列车，全列由 50 辆运用货车编成，具体编组内容如图 1.3.2 所示（其中到丁站卸的 10 辆车为甲站自装）。

丁 / 5	丁一戊 / 19	丁 / 20	乙 / 3	乙一丙 / 3	本务机车

图 1.3.2　20001 次列车编组内容示意图

要求：

分别确定 20001 次列车对于甲、乙、丙、丁四个技术站而言的有调中转车、无调中转车及货物作业车的车数，并填入表 1.3.1 中。

表 1.3.1　车 数 表

项　目	站　名			
	甲	乙	丙	丁
有调中转车数				
无调中转车数				
货物作业车数				

【任务分析】

完成该项任务，需要解决以下问题：

（1）什么是有调中转车、无调中转车和货物作业车？

（2）中转车和货物作业车是如何进行分类的？各自可分成哪些种类？

【相关知识】

1. 货车按在站技术作业的分类

按货车在车站是否进行货物装卸作业，车站可将货车分为中转车和货物作业车两种类型，中转车是指不需在本站各货物作业地点进行货物装卸作业的运用货车，货物作业车则是指需在本站各货物作业地点进行货物装、卸或倒装作业的运用货车。

2. 中转车

根据在站是否进行调车作业，中转车可分为无调中转车和有调中转车两种。

（1）无调中转车。

无调中转车是指在本站不进行调车作业的运用货车。

无调中转车包括：

① 在技术站原列到开的无调中转列车上的全部运用货车；

② 在技术站进行补轴、减轴调车作业的部分改编中转列车上的、未经过甩挂调车作业的运用货车；

③ 停运列车上的全部运用货车；

④ 在中间站进行拆组或组合的长大重载列车上的全部运用货车。

（2）有调中转车。

有调中转车是指在本站经过一系列改编调车作业后，再编入其他列车中发出的运用货车。凡不符合无调中转车条件的中转货车均为有调中转车。

3. 货物作业车

根据在本站货物作业地点完成装卸作业的次数不同，货物作业车可分为一次货物作业车和双重货物作业车两种。

（1）一次货物作业车。

一次货物作业车是指在本站货物作业地点只进行装车或只进行卸车作业的货物作业车。

（2）双重货物作业车。

双重货物作业车是指在本站货物作业地点先进行卸车作业，然后利用卸完的空车再进行装车作业的货物作业车。

【任务实施】

（1）对甲站而言：

20001 次列车是编组始发列车，编入列车的所有车辆都要经过编组调车作业，所以，列车中没有无调中转车。根据已知资料，在全列 50 辆运用货车中，有 10 辆到丁站卸的车是甲站自装的，因此，这 10 辆车为货物作业车，其余 40 辆则是有调中转车。

（2）对乙站而言：

20001 次列车是部分改编中转列车，列车在乙站需要减重，即摘下一组车，根据 20001 次列车的编组内容，有 3 辆到达乙站卸的车应该摘下，这 3 辆车是乙站的货物作业车；另外还有 3 辆到达乙—丙中间站卸的车，这三辆车也应该摘下，摘下后在乙站再重新编入乙—丙的摘挂列车送到卸车的中间站，因此，这 3 辆车在乙站需经过摘车、编组等调车作业，但是在乙站并不进行装卸作业，是有调中转车；其余 44 辆车没有经过调车作业，是无调中转车。在乙站作业完毕后，20001 次列车的编组辆数还剩 44 辆。

（3）对丙站而言：

20001 次列车是无调中转列车，无调中转列车中的全部运用货车都是无调中转车，即 44 辆车全是无调中转车。

（4）对丁站而言：

20001 次列车是到达解体列车，到达解体列车中的所有车辆都要经过解体调车作业，所以，列车中没有无调中转车。根据 20001 次列车的编组内容，44 辆车中有 25 辆需要在丁站卸车，属于货物作业车；其余 19 辆车在丁站解体后还需编入丁—戊的摘挂列车中送到中间站卸车，因此这 19 辆车属于有调中转车。

将上述确定的车数填入表 1.3.1 中，如表 1.3.2 所示。

表 1.3.2　车 数 表

项　目	站　名			
	甲	乙	丙	丁
有调中转车数	40	3	0	19
无调中转车数	0	44	44	0
货物作业车数	10	3	0	25

【拓展提高】

1. 调车工作的定义

除列车在车站到达、出发、通过及在区间内的运行外，机车车辆所进行的一切有目的的移动，统称为调车。

调车工作是铁路运输过程的重要组成部分，也是车站行车工作的一项重要而复杂的内容，特别是对技术站来说，更是其日常运输生产的重要活动。从整个运输过程来看，车辆消耗在车站的停留时间，在车辆周转时间中占相当大的比重，而货车在一次周转过程中，一般要进行 5～6 次调车作业。因此，调车工作质量的好坏、效率的高低，不仅对完成车站的装卸任务，缩短车辆停留时间，加速车辆周转有很大影响，同时对实现列车编组计划、列车运行图和运输方案也有着直接的关系。车站能否按时接发列车，完成各种生产计划指标，在很大程度上取决于调车工作组织和调车作业的水平。

2. 调车工作的分类

（1）按调车作业目的不同可分为以下几种：

① 解体调车：将到达车列中的重车按其到站、空车按其车种，分解到调车场指定线路内的作业。

② 编组调车：根据列车编组计划、列车运行图、有关规章制度和特殊要求，将车辆选编成车列或车组的作业。

③ 取送调车：为装卸货物、车辆检修和洗刷消毒等作业目的，向指定地点送车或从指定地点取回车辆的作业。将调车线上的待卸车送到卸车地点，将调车线上的空车送到装车地点，将调车线上的待修车送到检修地点的调车作业，均为送车作业；将货物作业地点、车辆检修地点装卸完毕或修理完毕的车辆取回到相关调车线的调车作业均为取车作业。

④ 摘挂调车：从列车中摘下车辆或向列车中挂上车辆的作业。

⑤ 其他调车：包括车列转线、整理车场、对货位、机车转线、机车出入段等作业。

车站由于作业性质不同，完成各种调车工作的比重也不一样。例如，编组站要进行大量的解体和编组调车，而中间站一般只进行摘挂和取送调车。

（2）按调车作业所使用的固定设备不同可分为牵出线调车和驼峰调车两种。

任务四　货车在站技术作业过程的认知

【任务介绍】

已知：

（1）乙站在线路上的位置如图 1.4.1 所示。

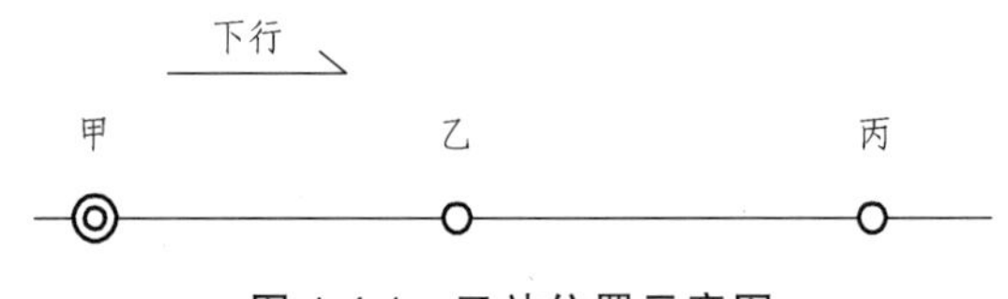

图 1.4.1　乙站位置示意图

（2）乙站《站细》规定的各项作业时间标准如下：

到达作业 35 min，解体作业 30 min，编组作业 30 min，出发作业 25 min，送车、取车及调移作业均为 40 min，卸车作业 60 min，装车作业 120 min。

（3）乙站始发的部分列车出发时刻及编组内容规定见表 1.4.1。

表 1.4.1　列车出发及编组内容情况

出发车次	44016	33202	44132	33204	33001	44101	33003
出发时刻	19:55	21:30	22:40	1:20	20:20	21:15	22:50
编组内容	乙—甲间	甲及其以远	乙—甲间	甲及其以远	1. 丙及其以远； 2. 空车	乙—丙间	1. 丙及其以远； 2. 空车

（4）到达货车的具体情况见表 1.4.2。

表 1.4.2　到达货车情况

到达时刻	12:50	14:30	15:40	16:10	18:20	19:45
空重状态	重车	空车	重车	空车	去丙重车	去甲重车
作业要求	卸后装乙—丙间	装甲	卸后排空	装乙—甲间	有调中转	有调中转
可编入的最早车次						

要求：

根据货车在站技术作业过程，按车流紧接续条件计算确定各组货车按规定作业完毕后，可编入的最早出发列车的车次（即挂运车次），填入表 1.4.2 中。

【任务分析】

完成该项任务，需要解决以下问题：

（1）什么是货车技术作业及货车技术作业过程？

（2）有调中转车、无调中转车、一次货物作业车和双重货物作业车在站需进行哪些作业？这些作业按什么程序进行？

（3）什么是车流紧接续？

【相关知识】

1. 货车技术作业及货车技术作业过程

货车自到达车站时起至由车站发出时止，在车站办理的各项技术作业，称为货车技术作业。

货车在站所办理的作业项目、作业程序和作业时间标准，统称为货车技术作业过程。

2. 货车在站技术作业过程

货车种类不同，其在站办理的作业项目及作业过程也不完全相同。

（1）有调中转车的技术作业过程。

有调中转车首先随到达的列车在到达线上进行到达作业，然后经解体作业进入指定的调车线，在调车线上进行集结作业，集结作业结束后参加编组作业编入新的列车，最后随编好的出发列车在出发线上办理出发作业，然后从车站发出。

因此，有调中转车在车站按顺序办理了到达、解体、集结、编组、出发 5 项作业，其在站平均停留时间（$t_{有调}$）为这 5 项作业平均时间之和，即

$$t_{有调}=t_{到}+t_{解}+t_{集}+t_{编}+t_{发}$$

式中，$t_{到}$、$t_{解}$、$t_{集}$、$t_{编}$、$t_{发}$ 分别为到达、解体、集结、编组、出发作业的平均停留时间。

有调中转车在站的技术作业过程如图 1.4.2 所示。

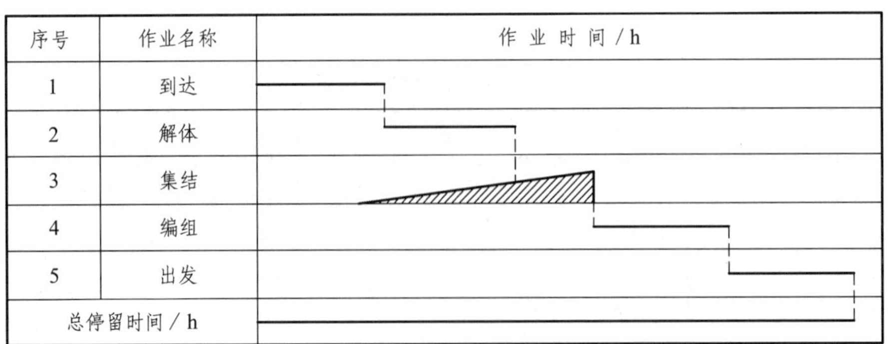

图 1.4.2　有调中转车技术作业过程图

若车辆解体后立刻参加编组作业，则对该车辆而言集结时间为零，此时该车辆称为紧接续作业。

（2）无调中转车的技术作业过程。

无调中转车技术作业过程及停留时间与其所在列车的技术作业过程及停留时间相同。

（3）一次货物作业车的技术作业过程。

一次货物作业车首先随到达解体列车在到达线上进行到达作业，然后经解体作业进入指定调车线，再由调车机车送到装车或卸车的作业地点，在作业地点进行装车或卸车作业，作业完毕后由调车机车将其取回到指定调车线上集结，集结完毕后参加编组作业，然后随编好的出发列车在出发线上进行出发作业后从车站发出。

因此，一次货物作业车在车站按顺序办理了到达、解体、送车、装车或卸车、取车、集结、编组、出发 8 项作业，其在站平均停留时间（$t_{一次}$）为 8 项作业平均时间之和，即

$$t_{一次}=t_{到}+t_{解}+t_{送}+t_{装(卸)}+t_{取}+t_{集}+t_{编}+t_{发}$$

式中，$t_{装(卸)}$、$t_{送}$、$t_{取}$ 分别为装车或卸车、送车、取车作业的平均停留时间。

一次货物作业车的技术作业过程如图 1.4.3 所示。

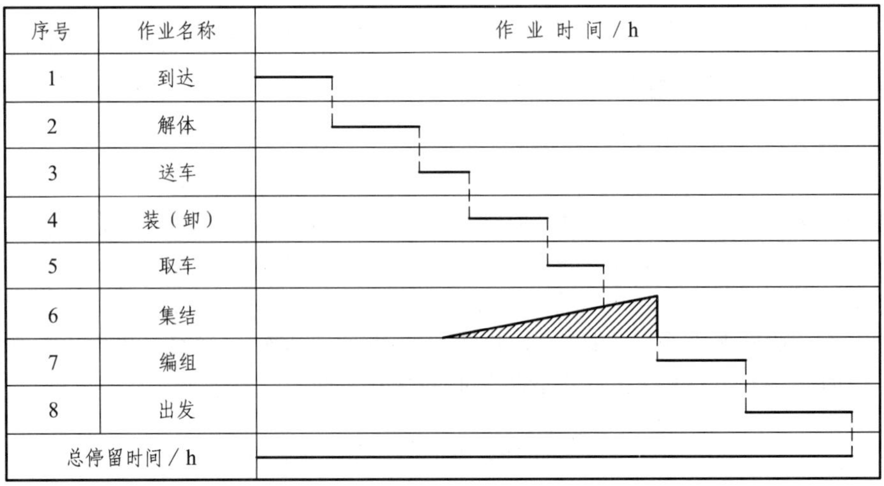

序号	作业名称	作业时间/h
1	到达	
2	解体	
3	送车	
4	装（卸）	
5	取车	
6	集结	
7	编组	
8	出发	
总停留时间/h		

图 1.4.3　一次货物作业车技术作业过程图

（4）双重货物作业车的技术作业过程。

双重货物作业车与一次货物作业车相比，增加了将卸后空车由卸车货位调送到装车货位的调移作业，并增加了一次货物作业，因此双重货物作业车在车站按顺序办理了到达、解体、送车、卸车、调移、装车、取车、集结、编组、出发 10 项作业，其在站平均停留时间（$t_{双重}$）为 10 项作业平均时间之和，即

$$t_{双重} = t_{到} + t_{解} + t_{送} + t_{卸} + t_{调移} + t_{装} + t_{取} + t_{集} + t_{编} + t_{发}$$

双重货物作业车的技术作业过程如图 1.4.4 所示。

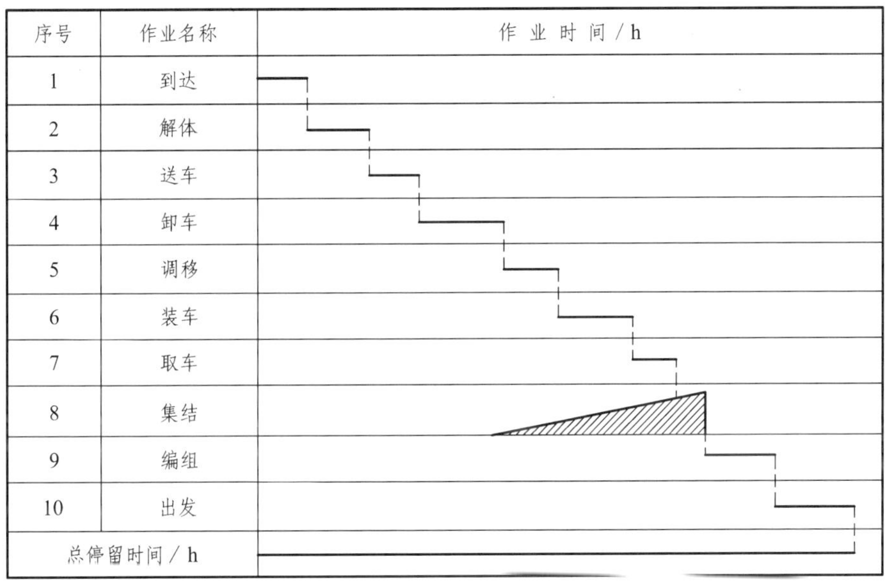

图 1.4.4　双重货物作业车技术作业过程图

单纯从时间长短看，双重货物作业车在站停留的时间比一次货物作业车在站停留的时间更长，但是在实际工作中，我们考核的是一次货物作业平均在站停留时间，因此，按货物作业次数平均，双重货物作业车比一次货物作业车的在站停留时间更短，货车运用效率更高。

为此，应充分利用本站卸后空车进行装车，并应尽可能扩大车种代用，提高双重作业系数，缩短一次货物作业平均停留时间。所谓双重作业系数（$K_{双}$）是指每一货物作业车平均摊到的装卸作业次数，可按下式计算：

$$K_{双} = \frac{u_{装} + u_{卸}}{N_{货车}}$$

式中　$u_{装}$、$u_{卸}$——车站装、卸作业次数；

$N_{货车}$——本站货物作业车车数。

从式中可看出，$K_{双}$ 最大为 2，最小为 1，其值变动在 1 ~ 2 之间。$K_{双}$ 越大，货车运用效率就越高。

【任务实施】

根据资料：

（1）12:50 到达的货车是双重货物作业车。

从其到达车站至从车站发出，按紧接续条件即集结时间为零，需要进行到达、解体、送车、卸车、调移、装车、取车、编组、出发 9 项作业，按照作业时间标准所需时间最少为这 9 项作业时间之和，即

$$35 + 30 + 40 + 60 + 40 + 120 + 40 + 30 + 25 = 420\text{（min）} = 7\text{（h）}$$

因此可以编入 19:50 及其以后出发的列车。

但是根据该车所装货物的去向和编组内容规定，该车所装的货物去向是乙—丙中间站，只能编入下行摘挂列车中，因此符合条件的出发列车是 21:15 出发的 44101 次。

（2）14:30 到达的空车是要在站进行装车的一次货物作业车。

从其到达至从车站发出需进行到达、解体、送车、装车、取车、编组、出发 7 项作业，按照作业时间标准所需时间最少为

$$35 + 30 + 40 + 120 + 40 + 30 + 25 = 320\text{（min）} = 5\text{（h）}20\text{（min）}$$

即可以编入 19:50 及其以后出发的列车。

该车所装的货物去向是甲，应编入上行区段列车中，符合条件的出发列车有 33202 次和 33204 次，其中最早出发的是 21:30 出发的 33202 次。

（3）15:40 到达的重车是在站只卸车不装车的一次货物作业车。

从其到达至从车站发出需进行到达、解体、送车、卸车、取车、编组、出发 7 项作业，按照作业时间标准所需时间最少为

$$35 + 30 + 40 + 60 + 40 + 30 + 25 = 240\text{（min）} = 4\text{（h）}20\text{（min）}$$

即可以编入 20:00 及其以后出发的列车。

根据编组内容要求，空车只能编入下行区段列车中，符合条件的出发列车有 33001 次和 33003 次，其中最早出发的是 20:20 出发的 33001 次。

（4）16:10 到达的空车是在站进行装车的一次货物作业车。

从其到达至从车站发出需进行到达、解体、送车、装车、取车、编组、出发 7 项作业，按照作业时间标准所需时间最少为

$$35 + 30 + 40 + 120 + 40 + 30 + 25 = 320\text{（min）} = 5\text{（h）}20\text{（min）}$$

即可以编入 21:30 及其以后出发的列车。

该车所装的货物去向是乙—甲中间站，应编入上行摘挂列车中，符合条件的出发列车只有 22:40 出发的 44132 次。

（5）18:20 到达的货车是有调中转车。

从其到达至从车站发出需进行到达、解体、编组、出发 4 项作业，按照作业时间标准所需时间最少为

$$35 + 30 + 30 + 25 = 120\text{（min）} = 2\text{（h）}$$

即可以编入 20:20 及其以后出发的列车。

该车所装货物的去向是丙，应编入下行区段列车中，符合条件的出发列车有 33001 次和 33003 次，其中最早出发的是 20:20 出发的 33001 次，而且是真正的紧接续。

（6）19:45 到达的货车也是有调中转车。

从其到达至从车站发出需进行到达、解体、编组、出发 4 项作业，按照作业时间标准所需时间最少为 2 小时，即可以编入 21:45 及其以后出发的列车。

该车所装货物的去向是甲，应编入上行区段列车中，符合条件的出发列车只有 1:20 出发的 33204 次。

将上述结果填入表 1.4.2 中，如表 1.4.3 所示。

表 1.4.3　到达货车情况

到达时刻	12:50	14:30	15:40	16:10	18:20	19:45
空重状态	重车	空车	重车	空车	去丙重车	去甲重车
作业要求	卸后装乙—丙间	装甲	卸后排空	装乙—甲间	有调中转	有调中转
可编入的最早车次	44101	33202	33001	44132	33001	33204

【拓展提高】

1. 货车的集结过程

由于列车在重量和长度上有一定的要求，技术站为编组某一个到达站的出发列车时，陆续进入调车场的货车存在先到等待后到凑集成车列、达到规定的重量或长度的过程，这个过程即为货车的集结过程。参加集结的所有货车在此过程中消耗的总时间，称为货车集结车小时。

2. 车列的集结过程

从组成某一到达站出发车列的第一组货车进入调车场之时起，至组成该车列的最后一组货车进入调车场之时止，为一个车列的集结过程。该过程的延续时间称为车列集结期间（$t_{列}$）。在车列的集结过程中，组成该车列的所有货车消耗的总车小时，称为车列的集结车小时（$T_{集}^{列}$）。

3. 集结车小时的计算

为了便于分析和研究货车的集结过程，假设组成车列的各个车组大小相等、各车组的到达间隔相同，则车列的集结过程如图 1.4.5 所示。

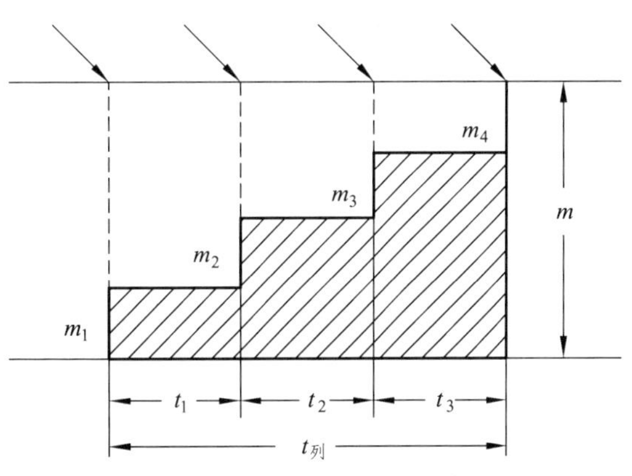

图 1.4.5　车组大小相等并均衡到达的车列集结过程图

从图中可以看出，一个车组的集结车小时可用车数与延续时间所形成的面积表示，即图中阴影部分的面积，将所有面积相加即可求出一个车列的集结车小时。其计算公式为

$$
\begin{aligned}
T_{集}^{列} &= m_1(t_1+t_2+t_3)+m_2(t_2+t_3)+m_3t_3+m_4\times 0 \\
&= \frac{1}{4}m\times\frac{3}{3}t_{列}+\frac{1}{4}m\times\frac{2}{3}t_{列}+\frac{1}{4}m\times\frac{1}{3}t_{列}+\frac{1}{4}\times 0 \\
&= \frac{1}{4}mt_{列}\left(\frac{3}{3}+\frac{2}{3}+\frac{1}{3}\right) \\
&= \frac{1}{2}mt_{列}\ \ (车小时)
\end{aligned}
$$

式中　$t_{列}$——车列的集结期间；

m——列车的编成辆数。

假设在集结的各车列之间不发生集结中断，且一昼夜刚好能集结够整个车列的情况下，编组一个到达站出发车列的所有货车，在一昼夜的集结过程如图 1.4.6 所示。

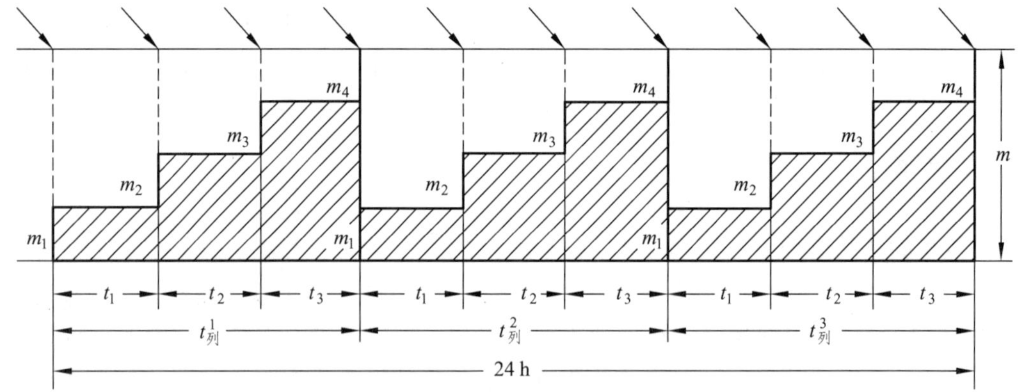

图 1.4.6　一个到达站的货车一昼夜均衡不间断的集结过程图

从图中可看出，编组一个到达站出发车列的货车一昼夜消耗的货车集结车小时 $T_{集}$ 为

$$
\begin{aligned}
T_{集} &= \frac{1}{2}mt_{列}^{1}+\frac{1}{2}mt_{列}^{2}+\frac{1}{2}mt_{列}^{3}=\frac{1}{2}m(t_{列}^{1}+t_{列}^{2}+t_{列}^{3}) \\
&= \frac{1}{2}m\times 24=12m\ \ (车小时)
\end{aligned}
$$

该去向每辆货车的平均集结时间为

$$
t_{集}=\frac{12m}{N}
$$

式中　N——该去向一昼夜参加集结的货车数。

在实际的运输生产过程中，进入调车场的车组大小是不相等的，车组到达的间隔时间也不相同，而且车列集结过程之间往往会出现中断的情况，也就是说车列集结够规定的重量或

长度后，没有残存该去向的货车，因此，一般情况下 $T_{集}$ 并不等于 $12m$，而是经常小于 $12m$，通常用下式表示：

$$T_{集}=cm$$

式中　c——货车集结系数。

每辆货车的平均集结时间则用下式表示：

$$t_{集}=\frac{cm}{N}$$

由此可得出以下结论：

① 编组一个到达站出发车列一昼夜消耗的货车集结车小时 $T_{集}$，取决于货车集结系数 c 和车列的编成辆数 m，而与该去向一昼夜的车流量 N 的大小无关。

② 每辆货车的平均集结时间 $t_{集}$ 与该去向一昼夜的车流量成反比关系。

③ 影响货车集结系数 c 的主要因素是车组（特别是结束车列集结的最后车组）大小的不均衡性、车组配合到达的程度及货车集结中断的次数与时间。

④ 整个车站的货车集结时间还与列车编组计划规定该站编组列车的到达站数及其车流强度有关。

4. 压缩货车集结时间的措施

根据上述因素对货车集结过程影响的规律，技术站日常运输生产中压缩货车集结时间应采取的主要措施包括：

① 组织货车按去向分阶段配合到达。通过调度所在合理制订日历装车计划的基础上，组织枢纽和邻接区段内的车站按去向分阶段装卸车，并使其配合送到技术站，加速车流集结和车流接续，并保证按列车运行图编发列车。

② 组织好本站自装重车或自卸空车的作业，并及时取回以扩大最后车组，提前结束车列集结过程。根据货车到达情况，有预见性地挂线装卸，配合车列的集结。

③ 组织超轴列车，将同去向的货车挂完，造成集结中断。采用此项措施必须征得列车司机同意并得到列车调度员的许可。

【相关实训】

（1）甲站编组 22013 次列车，编组辆数为 50 辆，参加集结的车组进入调车线的时间及车数见表 1.4.4，试绘制 22013 次车列集结过程图并计算所消耗的集结车小时。

表 1.4.4　车组进入调车线情况

编组 22013	第 1 组	第 2 组	第 3 组	第 4 组	第 5 组
进入车数	5	10	8	22	5
进入时间	10:00	10:30	10:50	11:20	11:30

（2）乙站编组丙到达站的列车，列车编成辆数为 50 辆，一昼夜集结 5 列，集结过程如图 1.4.7 所示，试计算丙到达站一昼夜的集结车小时。

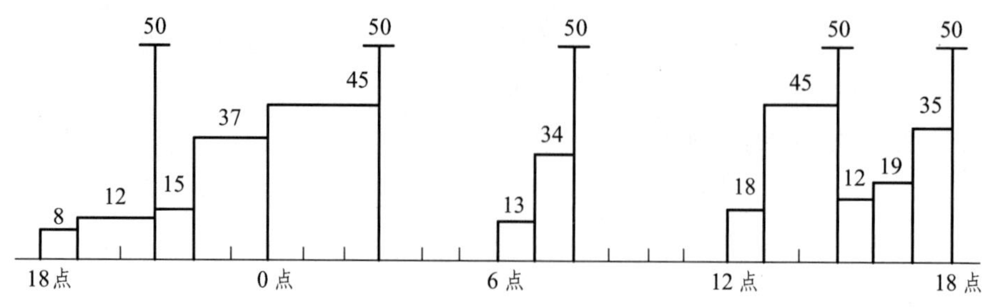

图 1.4.7 丙到达站一昼夜集结情况图

项目二 车站班计划

【项目概述】

车站作业计划包括车站班计划、阶段计划和调车作业计划。

车站作业计划是车站为保证完成铁路局日（班）计划，实现列车运行图、列车编组计划、月度货物运输计划和运输生产经营计划的行动计划。

铁路运输工作以当日 18:00 至次日 18:00 为一个工作日，一个工作日分为两个班，即当日 18:01 至次日 6:00 为第一班（夜班），次日 6:01 至次日 18:00 为第二班（白班）。车站必须根据铁路局调度所下达的日（班）计划，正确地编制本站的班计划，并在铁路局调度的指挥下组织实现。

本项目主要介绍车站班计划的内容、编制步骤和编制方法。

【教学目标】

1. 技能目标

具备收集编制车站班计划所需资料的能力，具备推算出发列车车流的能力，具备编制装卸排计划的能力，具备推算中、停时的能力。

2. 知识目标

了解车站班计划的主要内容，明确出发列车车流的来源，掌握装卸排计划的编制步骤和编制方法，掌握推算班计划中、停时的原理、步骤和方法。

任务一 抄收铁路局下达的调度日（班）计划

【任务介绍】

已知：

（1）乙站在路网上的位置及平面布置情况如图 2.1.1、图 2.1.2 所示。

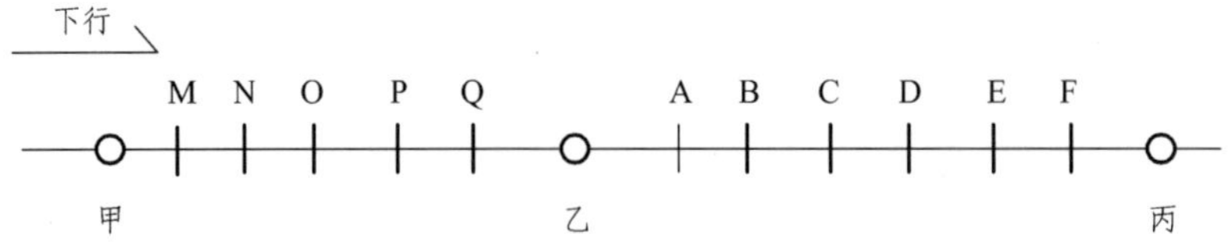

图 2.1.1 乙站在路网上的位置示意图

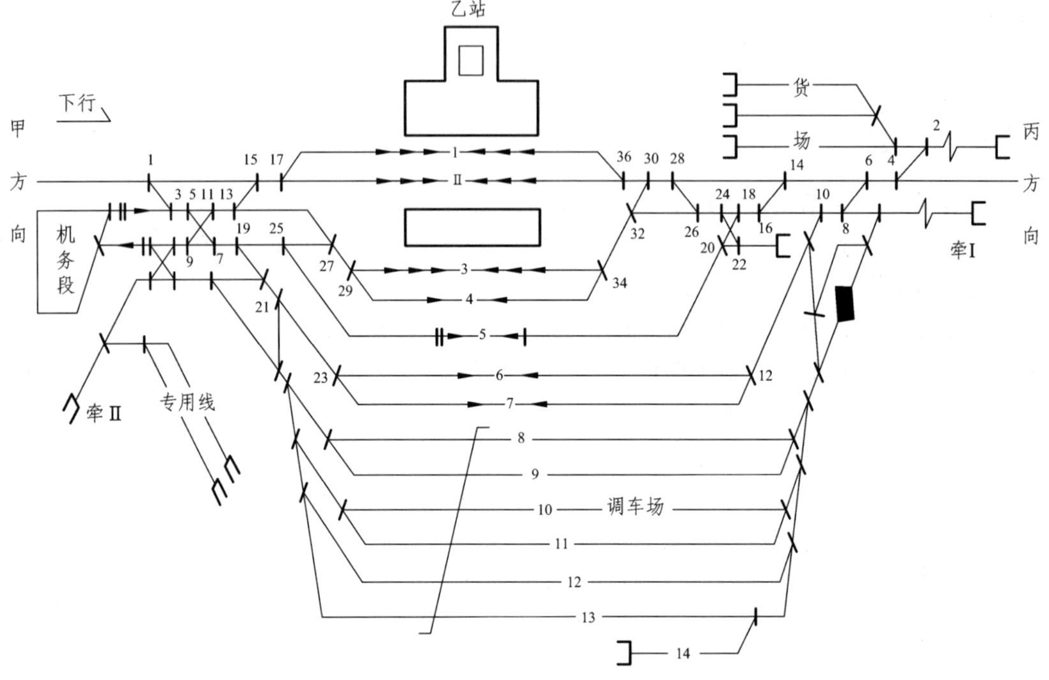

图 2.1.2 乙站平面布置示意图

（2）乙站线路固定使用方案如表 2.1.1 所示。

表 2.1.1 乙站线路固定使用方案

股道	容车数	固定用途	股道	容车数	固定用途
1	65	旅客列车到发	10	70	空车、丙及其以远
3、4	65	无调中转货物列车到发	11	70	乙—丙间
5		机车走行线	12	65	特种车
6、7	70	改编货物列车到发	13	60	到达本站卸车
8	75	甲及其以远	14	30	站修线
9	75	乙—甲间	I 牵	60	I 调解编

（3）预计上班（白班）结束、本班开始（18:00 点）时全站现在车数（即上班结存车数）及分布情况如下：

① 到发线。

6 道停有待发列车 40112 次，其编组内容及编成辆数为：乙—甲/43，其中 10 辆为本站自装车。

② 调车线。

8 道：甲及其以远 21 辆；9 道：乙—甲间 5 辆；10 道：丙及其以远 21 辆；11 道：乙—丙间 30 辆；13 道：待送货场卸的重敞车 10 辆。

③ 货场：正在装丙/P10 和乙—甲/C9，预计最迟 18:30 装完。

④ 专用线：正在卸 C20，预计 19:00 卸完。

（4）铁路局调度所下达的列车到达计划如表 2.1.2 所示。

表 2.1.2　调度所下达的列车到达计划

方向	车次	到达时刻	编组内容
甲方向	30051	18:20	丙/25　乙—丙/21　乙/C10（货场卸）
	20109	20:35	丙/56
	30053	21:05	丙/35　乙—丙/10　乙/C10（货场卸）
	20111	22:00	丙/56
	30055	1:15	丙/35　乙—丙/10　乙/P10（货场卸）
	20113	1:40	丙/56
	30057	3:30	丙/30　乙—丙/25
	20115	4:00	丙/56
丙方向	20110	18:58	甲/56
	30138	20:10	甲/45　乙—甲/11
	20112	22:10	甲/56
	30140	0:20	甲/30　乙—甲/15　乙/C10（货场卸）
	20114	1:10	甲/56
	30142	2:10	甲/36　乙—甲/20
	30144	4:30	甲/35　乙/C20（货场卸）
	20116	5:05	甲/56

（5）铁路局调度所下达的列车出发计划如表 2.1.3 所示。

表 2.1.3　调度所下达的列车出发计划

方向	车次	出发时刻	方向	车次	出发时刻
丙方向	40101	19:15	甲方向	40112	18:25
	30131	20:45		20110	19:48
	20109	21:25		30052	22:25
	20111	22:45		20112	23:00
	30133	0:25		20114	2:00
	40103	1:15		40114	2:30
	20113	2:25		30054	4:40
	20115	4:45		20116	5:50
	30135	5:25			

（6）铁路局调度所下达的装车、卸车及排空任务如下：

① 卸车任务：规定本班应完成卸车数 60 辆。

② 排空任务：指定本班由 30133 次排空敞车 20 辆。

③ 装车任务：调度所批准本班装车 39 辆，具体内容如表 2.1.4 所示。

表 2.1.4 装车任务

装车地点	车种车数	所装货物品名	装车去向
货场	P10	百货	丙
	C10	钢筋	丙
	C10	木材	丙
	C9	粮食	乙—甲

（7）铁路局调度所规定的本班工作总任务如表 2.1.5 所示。

表 2.1.5 班工作总任务

到达列数	出发列数	解体列数	编组列数	装车数	卸车数	排空车数	中时	停时	办理车数
16	17	8	9	39	60	20	2.2	6.8	1761

要求：

（1）利用“乙站班计划表”（见附页）抄收铁路局调度所下达的日（班）计划；

（2）在附页“乙站班计划表”中填记上班结存车数。

【任务分析】

完成该项任务，需解决以下问题：

（1）班计划表由哪些栏目组成？

（2）班计划包括哪些内容？

（3）如何利用班计划表抄收调度所下达的日（班）计划？

【相关知识】

1. 车站班计划的编制工具

编制车站班计划可利用“车站班计划表”（运站-2）进行，“车站班计划表”的栏目应包括车站班计划涉及的所有内容，由于各站具体作业内容并不完全相同，因此各站的“车站班计划表”的栏目也不尽相同，但是至少应包括附页“乙站班计划表”中所列的栏目。

2. 车站班计划的主要内容

车站班计划是车站完成一个班运输生产经营任务的作业组织计划。车站班计划主要包括以下内容：

（1）列车到达计划。

列车到达计划包括：各方向到达的列车车次（划分车场的车站要有场别）、时分、机车型号、机车号、编组内容（去向别的重车数、车种别的空车数、到达本站卸车的重车数）。

（2）列车出发计划。

列车出发计划包括发往各方向的列车车次（划分车场的车站要有场别）、时分、机车交路及型号、机车号、编组内容（去向别的重车数、车种别的空车数）、车流的来源。

（3）卸车计划。

卸车计划包括全站的卸车数、主要卸车点大宗货物的卸车数、卸车的来源、卸后空车的使用安排。

（4）装车计划。

装车计划包括全站的装车数，主要装车点大宗货物按品类、车种和去向别的装车数，装车所需空车的来源，装完后重车的挂运车次。

"货物"班列及直达、成组装车的各主要装车点按品类、车种和去向别的装车数，装车所需空车的来源，装完后重车的挂运车次。

（5）客车底取送、摘挂、调转的车次、时间、车种、辆数。

（6）班任务。

班工作总任务主要包括：

① 货车出入总数、阶段运用车计划、货车平均中转时间、一次货物作业平均停留时间。

② 全站及各场别的到、发列数，编、解列数，无调直通列数。

③ 各货物作业地点别的装、卸车数。

④ 检修车扣修及取送计划，站、段、厂修竣车数，货车备用及解除计划。

（7）厂、矿、港交接站和国境站货车交接次数、时间、车种、辆数。

（8）工务、电务、供电施工计划。

（9）其他临时重点任务。

3. 车站班计划的编制步骤

车站班计划由车站值班的站长或调度室主任、运转主任亲自编制。

车站班计划编制步骤如下：

（1）收集编制资料。

车站值班站长或有关人员每日按规定时间，将编制车站班计划所需的资料提供给班计划编制人，具体内容主要包括：

① 15:00（3:00）当时的有关资料，包括各车场现车分布情况；调车场各股道停留的重、空车数；各货物作业地点现车分布情况及取送、装卸作业进度；各车辆作业地点现车分布情况及作业进度。

② 15:00 ~ 18:00（3:00 ~ 6:00）的有关资料，包括到达列车的确报及占用股道情况；出发列车的车次、编组内容及占用股道。

③ 18:00（6:00）后陆续到达的列车确报。

④ 次日装车计划的货源组织情况及其装车所需空车的车种、车数。

⑤ 次日军运物资的到达卸车、配装和挂运计划。

⑥ 各台调车机车的计划作业进度、预计整备时间。

⑦ 其他资料，包括设备维修、施工要点、其他临时重点任务及调度命令、指示等。

（2）预计车站 18:00（6:00）现在车数（即班计划开始时的车数）。

根据 15:00（3:00）当时的有关现车资料和 15:00 ~ 18:00（3:00 ~ 6:00）列车到发、取送等资料，即可推算出 18:00（6:00）时到发场、调车场、货物作业地点和车辆作业地点按去向的重车数和按车种的空车数。

（3）接收铁路局批准的次日装车计划。

（4）向铁路局调度所报告有关资料。

为正确编制班计划，车站调度员、货运调度员和其他有关工种人员应按规定的内容和时间，向铁路局调度所有关工种调度人员提供编制铁路局调度日（班）计划的资料。

车站值班站长（调度室主任或车站调度员）每天将 15:00 ~ 18:00（3:00 ~ 6:00）本站出发列车计划、编组内容及预计的 18:00（6:00）时的全站现车数、去向别重车数（其中到本局和邻局管内摘挂车流分到站）、车种别空车数、本站作业车数按铁路局规定时间向铁路局调度所的计划调度员报告，并与其核对 15:00 ~ 18:00（3:00 ~ 6:00）本站到达列车计划，共同确定 18:00 ~ 21:00（6:00 ~ 9:00）车站到、发列车计划，提出编制班计划的建议。

（5）接收铁路局调度所下达的调度日（班）计划。

车站值班站长（调度室主任或车站调度员）每日按规定时间，抄收铁路局调度所下达的调度日（班）计划。内容主要包括：

① 各方向到达的列车车次、时分、编组内容（去向别重车数、车种别空车数、本站作业车数）。

② 发往各方向的列车车次、时分、机车交路及型号、机车号、编组要求、特种车辆的编挂限制。

③ 摘挂列车的装卸、甩挂作业计划。

④ 按发货单位、品名、到站别的装车（包括直达和成组装车）计划。

⑤ 卸车数（整列货物品名、收货人）及排空任务。

⑥ 施工日计划。

⑦ 重点任务、指示。

（6）编制车站班计划。

（7）审批车站班计划。

站长（或副站长）负责审批班计划，并部署重点任务和关键事项。

审批重点包括：

① 各方向到、开列车对数，全站和分场别的货车出入总数，编解任务及主要装卸点装卸任务与能力是否适应，核心列车能否保证按计划开行。

② 推定的中、停时能否完成月计划规定，累计不能完成时要向铁路局汇报，连续三天完不成，要找原因、定措施。

③ 各方向、各阶段的流线结合和车流接续情况，是否压流、欠车。

④ 军运、特运车辆及列车的到发、装卸、编解、零星甩挂的安排是否符合规章、命令、指示。

⑤ 安全及重点注意事项。

⑥ 施工、运输两不误的计划与措施是否落实。

车站班计划批准后，在交接班会上进行传达，并在具体工作中组织实现。

【任务实施】

1. 填记上班结存车数

根据所收集的资料可知上班结束时全站共有 169 辆车，其中在调车线上集结的车辆为甲/21，乙—甲/48，丙/21，乙—丙/30，共 120 辆；在调车线上还有待送货场卸的重车 10 辆；在货场有尚未装完的车 19 辆，根据规定这样的车应视为空车，其中 10 辆棚车，9 辆敞车；在专用线有尚未卸完的敞车 20 辆，这样的车按规定应视为重车。

将上述数字填入附页“乙站班计划表”对应栏目内。

2. 抄收铁路局调度所下达的班计划

根据铁路局调度所下达的调度日（班）计划，将列车到达计划、列车出发计划、装卸排计划、班工作总任务的有关内容直接填入附页“乙站班计划表”对应栏目内即可。

任务二　编制装、卸、排计划

【任务介绍】

已知：

（1）乙站在牵 I 上配备调车机车一台，车站各项技术作业时间标准（分钟）如表 2.2.1 所示。

表 2.2.1　乙站技术作业时间标准（分钟）

<table>
<tr><th>作业项目</th><th>时间标准</th><th colspan="2">作业项目</th><th>时间标准</th></tr>
<tr><td>到　达</td><td>35</td><td colspan="2">卸车（一批，不分辆数）</td><td>90</td></tr>
<tr><td>出　发</td><td>25</td><td colspan="2">装车（一批，不分辆数）</td><td>150</td></tr>
<tr><td>解　体</td><td>30</td><td rowspan="2">取　送</td><td>货　场</td><td>30</td></tr>
<tr><td>编　组</td><td>30（区段列车）
40（摘挂列车）</td><td>专用线</td><td>20</td></tr>
<tr><td>解编结合</td><td>40～50</td><td colspan="2">双重作业调移</td><td>15</td></tr>
<tr><td>无调中转列车作业</td><td>45</td><td colspan="2">交接班（20:00～21:00）</td><td>30</td></tr>
<tr><td>整　场</td><td>20～30</td><td colspan="2">机车整备</td><td>30</td></tr>
<tr><td colspan="4">机车整备及交接班若同时进行</td><td>45</td></tr>
</table>

（2）与乙站相关的列车编组计划及编组辆数如表 2.2.2 所示。

表 2.2.2 与乙站有关的列车编组计划

编组站	解体站	编组内容	列车种类	车次	附注
乙	甲	甲及其以远	区段		55 ~ 56 辆
乙	甲	乙—甲间按站顺	摘挂		≤56 辆
乙	丙	1. 丙及其以远； 2. 空车	区段		55 ~ 56 辆
乙	丙	乙—丙间按站顺	摘挂		≤56 辆
甲	丙	丙及其以远	直通		
丙	甲	甲及其以远	直通		

（3）18:00 货物作业车情况。

① 调车线：待送货场卸的重敞车 10 辆，根据乙站作业规律，一般在 20:00 前可送到货场；

② 货场：上班待装车 19 辆，其中丙/P10、乙—甲间/C9，预计最迟 18:30 装完；

③ 专用线：上班待卸 C20，预计 19:00 卸完。

（4）其他资料与任务一相同。

要求：

根据铁路局下达的装车任务、卸车任务及排空任务，编制乙站夜班的装车、卸车和排空计划。

【任务分析】

完成该项任务，需解决以下问题：

（1）编制装车、卸车、排空计划应分别确定哪些事项？

（2）卸车来源于哪几部分？如何确定卸车来源？如何确定卸后空车的用途？

（3）如何确定排空所需空车的来源？

（4）如何落实装车所需空车来源？如何确定装完后重车的挂运车次？

【相关知识】

1. 卸车计划

卸车是运输工作中的一个重要环节，是完成排空和装车计划的重要保证，车站在日常运输组织工作中必须把卸车工作放在首位。

卸车计划主要包括：确定各卸车地点卸车的来源、卸车的车种车数、卸后空车的用途等。

编制车站卸车计划就是按照铁路局调度日（班）计划规定的卸车任务，确定本班卸车的来源和本班的有效卸车数（有效卸车是指能在本班结束前卸完的车），确保完成铁路局调度日（班）计划规定的卸车任务，并结合装车和排空任务的需要对卸后空车的用途做出相应安排。

（1）确定卸车的来源。

车站卸车的来源主要有以下几个方面：

①上班结束、本班开始时已送到各货物作业地点的本站卸车，这种车称为上班待卸车。

上班待卸车能否纳入有效卸车数取决于何时开始卸车，上班待卸车一般都能在本班结束时卸完，因此，均可纳入到有效卸车数内。

② 上班结束、本班开始时在调车线内等待送往各货物作业地点的本站卸车，这种车称为上班待送车。

这部分车辆能否在本班结束前卸完，取决于何时送车，以及送车作业和卸车作业所需要的时间，即自送车开始至卸完至少需要这两项作业时间之和。如果上班待送车要纳入有效卸车数，必须及时安排送车和及时进行卸车作业。

③ 上班结束、本班开始时在到发线上待解车列中的本站卸车。

这部分车辆能否在本班结束前卸完，应考虑解体作业、送车作业和卸车作业所需要的时间，即自开始解体至卸完至少需要这三项作业时间之和。若要将这部分车辆纳入有效卸车数，必须及时安排解体和送车，并及时组织进行卸车。

④ 本班陆续到达的本站卸车。

这部分车辆能否在本班结束前卸完，首先取决于列车何时到达车站，然后应考虑到达作业、解体作业、送车作业和卸车作业所需要的时间，即自列车到达至卸完至少需要这 4 项作业时间之和。若要将这种车辆纳入有效卸车数，必须确定列车自到达时起至本班结束的时间是否满足到达、解体、送车和卸车 4 项作业时间需要。

除了考虑各种作业时间外，在实际工作中还应考虑货物品名、卸车的能力及各种等待时间等因素。

（2）确定卸后空车的用途。

卸完的空车首先考虑完成排空任务的需要，然后再根据装车任务所需要的车种车数具体进行安排。没有装车、排空任务的卸后空车，可以取回调车场参加集结按列车编组计划规定编入列车出发。

2. 排空计划

排空计划是铁路局下达的一项任务，车站必须按铁路局指定的车种和车数，落实空车的来源，并按规定的车次挂运，同时还必须保证列车正点出发。

排空所需空车主要来源于各卸车地点卸完的空车（一次货物作业车），卸完的空车自卸完至编入规定的列车中出发至少需要经过取车、编组、出发三项作业的时间，因此，根据货车卸完的时间和排空列车出发的时间，即可确定排空所需空车的来源。

3. 装车计划

装车计划主要包括：根据装车任务规定的车种和车数，确定装车所需空车的来源以及装完后重车的挂运车次等。

（1）确定装车所需空车的来源。

装车所需空车首先应考虑采用装车地点产生的卸后空车（已完成排空任务），若车种、车数、时间不能满足装车的需要时，可考虑采用其他地点卸后的空车以及到达的空车作为装车的空车来源，但是，无论空车来源于何处，都应确保在本班结束前能够装完。

如果利用装车地点的卸后空车进行装车，货车自卸完至装完所需最少时间为调移和装车两项作业时间，以此确定能否在本班结束前装完；如果利用其他地点卸后的空车进行装车，还应考虑将卸后空车从其他地点调至装车地点所需的时间；如果利用到达的空车进行装车，则还应考虑该空车参加到达、解体、送车作业所需的时间。

（2）确定装完后重车的挂运车次。

装完的重车首先应按照列车编组计划的要求确定允许编入的列车种类，再根据货车装完的时间和出发计划中列车的发车时间，以及货车自装完至出发所需的时间确定可编入的列车车次，最后还需结合本班编组始发列车车流落实情况具体安排挂运的车次，以满足出发列车车流的需要。

【任务实施】

1. 确定有效卸车数

铁路局下达的本班卸车任务为 60 辆，根据收集的资料得知：

（1）上班结束、本班开始时在专用线有待卸敞车 20 辆，预计 19:00 卸完，可纳入本班有效卸车数。

（2）上班结束、本班开始时在乙站调车线内有待送货场卸的敞车 10 辆，根据作业过程和作业时间标准，自送车开始至卸完需要时间至少为 $t_{送}+t_{卸}=30+90=2$（h），确定最晚送车时间为 4:00，只要在该时间前安排送车，这 10 辆敞车即可在本班结束前卸完纳入有效卸车数。

根据乙站作业规律，这 10 辆车一般都在 20:00 前送到货场，因此可纳入有效卸车数内。

（3）对于本班陆续到达的列车中需在本站卸车的重车，自到达至卸完至少需要 $t_{到}+t_{解}+t_{送}+t_{卸}=35+30+30+90=3$（h）05（min），即最晚 2:55 到达的本站卸车可纳入有效卸车数。

根据列车到达计划，30051、30053、30055、30057、30140、30144 次列车中均有需在本站卸的车，但是只有 30051、30053、30055、30140 次是在 2:55 前到达乙站，因此这四个列车中共 40 辆到达本站卸的车可纳入本班的有效卸车数内。

综合以上各项确定的本班有效卸车数为 70 辆，即可保证完成班计划规定的卸车任务。但是，上述时间未考虑各项等待作业的时间，而在实际工作中或多或少都会产生一定的等待，如待解、待送、待卸时间，在编制计划时时间应放宽一些，只要保证完成规定的卸车任务即可。因此，1:15 到达的 30055 次列车中的 10 辆本站卸车可不纳入班计划的有效卸车数内，在实际工作中如果卸完了，在装卸车统计中能够得到体现。

将最终确定的卸车来源、车种车数填入卸车计划表内，如表 2.2.3 所示。

表 2.2.3 卸车计划

卸车地点	车种车数	卸车来源	卸后用途	备注
货场	C10	上班待送		1、不能晚于 4:00 送； 2、不能晚于 4:30 卸。
	C10	30051 到达		
	C10	30053 到达		
	C10	30140 到达		
专用线	C20	上班待卸		

陆续送到卸车地点的重车，还应及时组织卸车以保证在班计划结束前卸完。以本任务为例，最晚必须在 4:30 开始卸车。卸完的空车的用途应结合排空计划和装车计划确定。

2. 确定排空所需空车

调度所规定本班的排空任务：由 30133 次挂运空 C20 辆，列车出发计划规定 30133 次列车 0:25 出发。

排空所需空车应首先考虑从各卸车地点卸完的空车中产生。

（1）确定最晚何时卸完的车可用于 30133 次排空。

根据货车在站技术作业过程，货车自卸完至编入列车中发出，至少需经过取车、编组、出发 3 项作业，按照车站作业时间标准可推算出最晚何时卸完的车才能编入 30133 次列车中发出。

货车自卸完时起至编入列车中发出至少需要的时间：

① 若在货场卸车，至少需要 $t_{取}+t_{编}+t_{发}=30+30+25=2$（h）25（min），因此，货场卸的车最晚必须在 22:00 前卸完，才能用于 30133 次排空。

② 若在专用线卸车，至少需要 $t_{取}+t_{编}+t_{发}=20+30+25=2$（h）15（min），因此，专用线卸的车最晚必须在 22:10 前卸完，才能用于 30133 次排空。

（2）确定最晚何时送车可满足排空要求。

为了将卸完的空车用于完成排空任务，还得及时安排将重车送到卸车地点。由于货车自送车至卸完至少需经过送车、卸车两项作业，因此根据最晚卸完的时间即可推算最晚送车的时间。

货车自送车时起至卸完至少需要的时间：

① 若在货场卸车，至少需要 $t_{送}+t_{卸}=30+90=2$（h），因此，货场卸的车最晚必须安排在 20:00 前送车，卸完后才能满足 30133 次排空要求。

② 若在专用线卸车，至少需要 $t_{送}+t_{卸}=20+90=1$（h）50（min），因此，专用线卸的车最晚必须安排在 20:20 前送车，卸完后才能满足 30133 次排空要求。

（3）确定最晚何时到达的本站卸车卸后可满足排空要求。

对于本班陆续到达的本站卸车，自到达至送车至少需经过到达、解体两项作业，因此根据最晚送车的时间可推算最晚何时到达的本站卸后空车可用于 30133 次排空。

货车自到达至送车至少需要的时间为 $t_{到}+t_{解}=35+30=1$（h）05（min），因此在货场卸的车最晚必须在 18:55 前到达，在专用线卸的车最晚必须在 19:15 前到达，卸完后才能满足 30133 次排空要求。

上述条件如表 2.2.4 所示。

表 2.2.4　排空条件

卸车地点	车种车数	卸车来源	卸后用途	预计到达、送车、卸完时间	备　注
货　场	C10	上班待送		一般在 20:00 前送车	20:00 前送车可满足 30133 次排空要求
	C10	30051 到达		18:20 到	18:55 前到达可满足 30133 次排空要求
	C10	30053 到达		21:05 到	
	C10	30140 到达		0:20 到	
专用线	C20	上班待卸	30133 次排空	预计 19:00 卸完	22:10 前卸完可满足 30133 次排空要求

从表中可看出，上班待送的 10 辆货场卸的敞车、30051 次到达的货场卸的 10 辆敞车、专用线预计 19:00 卸完的 20 辆敞车符合 30133 次排空要求。

在符合条件的空车中，再结合各卸车地点的装车任务，具体确定排空所需空车，例如，专用线没有装车任务，卸完后的空车的车种和车数也符合排空要求，用于完成排空任务是比较合适的选择。因此，将专用线上班待卸的 20 辆敞车卸完后安排用于 30133 次排空，以完成排空任务。而货场卸完的空车则可安排用于完成装车任务。

3. 确定完成装车任务所需空车的来源

铁路局下达的装车计划见表 2.2.5，本班的有效装车数（即本班结束前装完的车数）为 39 辆车，其中 30 辆去丙方向，需要 10 辆空棚车和 20 辆空敞车；9 辆去乙—甲间，需要空敞车。装车地点均在货场。

表 2.2.5　装车计划（1）

装车地点	装车去向	车种车数	空车来源	挂运车次
货　场	丙	P10	上班待装	
	丙	C10		
	丙	C10		
	乙—甲	C9	上班待装	

根据资料，上班结束、本班开始时货场正在装去向丙的棚车 10 辆和去向乙—甲间的敞车 9 辆，预计 18:30 装完，均可纳入有效装车数，这 19 辆车称为上班待装车，装车所需的空车在上一个班已安排，本班无需另行确定，因此，装这 19 辆车的空车来源为上班待装。

装往丙去向的其余 20 辆空敞车的来源应从货场卸完的 40 辆空敞车中找。

（1）确定最晚何时卸完空车才能保证在本班结束前装完。

货车自卸完至装完至少需经过调移、装车两项作业，需要的最少时间为 $t_{调移}+t_{装}=15+150=2$（h）45（min），即货场在 3:15 前卸完的空车用来装车能在本班结束前装完。

（2）确定本站卸车最晚何时送车才能保证在本班结束前装完。

货车自送车至卸完至少需要经过送车、卸车两项作业，需要的最少时间为 $t_{送}+t_{卸}=30+90=2$（h），为保证最晚 3:15 卸完，必须安排在 1:15 前送车，才能保证卸完的空车在本班结束前装完。

（3）确定到达的本站卸车最晚何时到达才能保证卸空后在本班结束前装完。

货车自到达至送车至少需经过到达、解体两项作业，需要的最少时间为 $t_{到}+t_{解}=35+30=1$（h）05（min），为保证最晚 1:15 送车，到达的本站卸车必须在 0:10 前到达车站，才能保证卸后空车在本班结束前装完。

上述条件见表 2.2.6。

表 2.2.6　装车条件

卸车地点	车种车数	卸车来源	到达、预计送车时间	条　件	卸后用途
货　场	C10	上班待送	一般在 20:00 前送车	1:15 前送车可纳入本班有效装车数	装丙
	C10	30051 到达	18:20 到	0:10 前到达可纳入本班有效装车数	装丙
	C10	30053 到达	21:05 到		
	C10	30140 到达	0:20 到		

从表中可知，符合装车条件的有：上班待送的 10 辆敞车，30051 次、30053 次列车中的各 10 辆敞车，共 30 辆空敞车卸完后用于装车均可纳入本班有效装车数。

若没有其他要求，在符合条件的 30 辆空敞车中只要任意安排 20 辆用于装丙即可，但在实际工作中还应根据所装货物品名、装车的能力、各种等待时间以及出发列车车流需要等因素进行安排，表中的卸后用途为其中一种。30053、30140 到达的卸后空车的用途应结合下一班装车任务进行安排，若没有装车和排空需要则可按列车编组计划规定取回调车场参加集结编入新的列车中发出。

确定了装车所需空车的来源，也就确定了卸后空车的用途，装车计划中空车来源见表 2.2.7 所示。

表 2.2.7　装车计划（2）

装车地点	装车去向	车种车数	空车来源	挂运车次
货　场	丙	P10	上班待装	
	丙	C10	上班待送卸后装	
	丙	C10	30051 到达卸后装	
	乙—甲	C9	上班待装	

4. 确定装完后重车的挂运车次

为减少货物作业车在站停留的时间，装完后的重车应及时安排列车挂运发出车站。

（1）确定装完的重车可编入的列车种类。

本班装车的去向有丙和乙—甲间，根据列车编组计划规定的编组内容可知：下行区段列车的编组内容为丙及空车，上行摘挂列车的编组内容为乙—甲间。因此去向丙的货车可编入下行区段列车，去向乙—甲间的货车可编入上行摘挂列车。

（2）确定重车何时装完才能保证挂运其的列车正点出发。

货车自装完至编入列车中发出至少需经过取车、编组、出发 3 项技术作业，若编入区段列车，至少需要 $t_{取}+t_{编}+t_{发}=30+30+25=1$（h）25（min），即在区段列车出发前 1 小时 25 分钟装完的重车可考虑由该区段列车挂运；若编入摘挂列车，则至少需要 $t_{取}+t_{编}+t_{发}=30+40+25=1$（h）35（min），即在摘挂列车出发前 1 小时 35 分钟装完的重车可考虑由该摘挂列车挂运。如果不满足该时间要求，则不能保证列车正点出发，不能挂运。

（3）确定本站双重作业车最晚何时到达才能保证挂运其的列车正点出发。

货车自到达至卸后装完再编入列车中发出至少需经过到达、解体、送车、卸车、调移、装车、取车、编组、出发 9 项技术作业，若装完的重车编入区段列车，至少需要：

$$
\begin{aligned}
&(t_{到}+t_{解}+t_{送}+t_{卸}+t_{调移}+t_{装})+(t_{取}+t_{编}+t_{发})\\
&=(35+30+30+90+15+150)+(30+30+25)\\
&=5(h)50(min)+1(h)25(min)\\
&=7(h)15(min)
\end{aligned}
$$

即在区段列车出发前 7 小时 15 分钟到达的双重作业车编入该区段列车出发可保证列车正点出发；若装完的重车编入摘挂列车，则至少需要：

$$
\begin{aligned}
&(t_{\text{到}}+t_{\text{解}}+t_{\text{送}}+t_{\text{卸}}+t_{\text{调移}}+t_{\text{装}})+(t_{\text{取}}+t_{\text{编}}+t_{\text{发}})\\
&=(35+30+30+90+15+150)+(30+40+25)\\
&=5(\text{h})50(\text{min})+1(\text{h})35(\text{min})\\
&=7(\text{h})25(\text{min})
\end{aligned}
$$

即在该摘挂列车出发前7小时25分钟到达的双重作业车编入摘挂列车出发可保证列车正点出发。

（4）确定本站双重作业车最晚何时送车才能保证挂运其的列车正点出发。

货车自送车至卸后装完再编入列车中发出至少需经过送车、卸车、调移、装车、取车、编组、出发 7 项技术作业，若装完的重车编入区段列车，则至少需要：

$$
\begin{aligned}
&(t_{\text{送}}+t_{\text{卸}}+t_{\text{调移}}+t_{\text{装}})+(t_{\text{取}}+t_{\text{编}}+t_{\text{发}})\\
&=(30+90+15+150)+(30+30+25)\\
&=4(\text{h})45(\text{min})+1(\text{h})25(\text{min})\\
&=6(\text{h})10(\text{min})
\end{aligned}
$$

即在区段列车出发前6小时10分钟送车的双重作业车编入该区段列车出发可保证列车正点出发；若装完的重车编入摘挂列车，则至少需要：

$$
\begin{aligned}
&(t_{\text{送}}+t_{\text{卸}}+t_{\text{调移}}+t_{\text{装}})+(t_{\text{取}}+t_{\text{编}}+t_{\text{发}})\\
&=(30+90+15+150)+(30+40+25)\\
&=4(\text{h})45(\text{min})+1(\text{h})35(\text{min})\\
&=6(\text{h})20(\text{min})
\end{aligned}
$$

即在摘挂列车出发前6小时20分钟送车的双重作业车编入该摘挂列车出发可保证列车正点出发。

前述挂运条件见表 2.2.8。

表 2.2.8 装后重车的挂运条件

<table>
<tr><th>装车地点</th><th>装车去向</th><th>车种车数</th><th>空车来源</th><th>预计到达、装完、送车时间</th><th>可供选择的出发列车车次、出发时刻</th><th>条 件</th><th>符合条件的挂运车次</th></tr>
<tr><td rowspan="4">货场</td><td>丙</td><td>P10</td><td>上班待装</td><td>预计 18:30 装完</td><td rowspan="3">1. 30131 次 20:45 出发；
2. 30133 次 0:25 出发；
3. 30135 次 5:25 出发</td><td rowspan="3">1. 列车出发前 1 小时 25 分钟装完可挂运；
2. 列车出发前 6 小时 10 分钟送车可挂运；
3. 列车出发前 7 小时 15 分钟到达可挂运</td><td>30131
30133
30135</td></tr>
<tr><td>丙</td><td>C10</td><td>上班待送卸后装</td><td>按规律一般在 20:00 前送车</td><td>30135</td></tr>
<tr><td>丙</td><td>C10</td><td>30051 到达卸后装</td><td>18:20 到</td><td>30135</td></tr>
<tr><td>乙—甲</td><td>C9</td><td>上班待装</td><td>预计 18:30 装完</td><td>1. 40112 次 18:25 出发；
2. 40114 次 2:30 出发</td><td>列车出发前 1 小时 35 分钟装完可挂运</td><td>40114</td></tr>
</table>

根据分析即可确定符合条件的挂运车次。

如果一组货车符合挂运条件的列车不是唯一的，那么，在符合挂运条件的几个出发列车中，还需结合出发计划中出发列车的车流落实情况，最终具体确定挂运的列车车次，保证出发列车满轴出发。如上班待装的 10 辆去向丙的棚车，究竟应由哪列车挂运，还应结合出发计划最终确定。

乙站的装、卸、排计划如表 2.2.9 所示（其中装往丙的 10 辆棚车的挂运车次尚未最后确定）。

表 2.2.9　装、卸、排计划

卸车地点	车种车数	卸车来源	卸后用途	装车地点	装车去向	车种车数	空车来源	挂运车次
货场	C10	上班待送	卸后装丙	货场	丙	P10	上班待装	30131 30133 30135
	C10	30051到达	卸后装丙		丙	C10	上班待送卸后装	30135
	C10	30053到达			丙	C10	30051到卸卸后装	30135
	C10	30140到达			乙—甲	C9	上班待装	40114
专用线	C20	上班待卸	卸后30133排					
排空计划								
排空车次	车种车数	空车来源						
30133	C20	专用线上班待卸						

将上述结果填入附页“乙站班计划表”对应栏目内。

【相关实训】

已知：

（1）乙站在路网上的位置及其平面布置情况如图 2.2.1 所示。

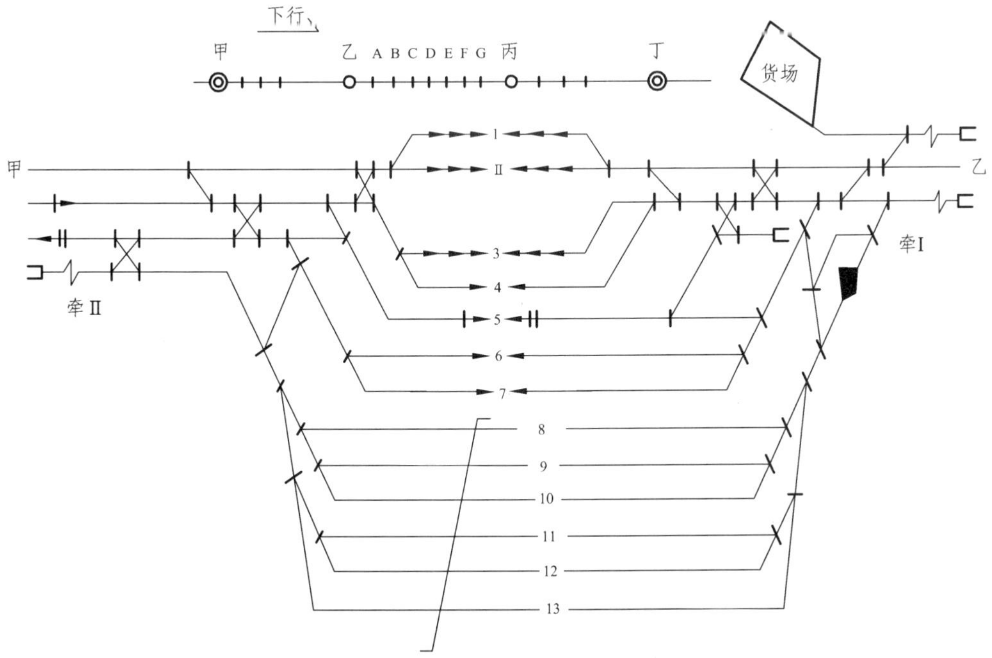

图 2.2.1　乙站位置及平面布置示意图

（2）乙站配备调车机车一台，车站各项作业时间标准如表 2.2.10 所示。

表 2.2.10　乙站作业时间标准

作业项目	时间标准/min	作业项目	时间标准/min
到　达	35	卸　车	60
出　发	25	装　车	120
解　体	30	取送车（不分地点）	40
无调中转列车作业	40	双重作业调移	20
编　组	30（区段列车） 35（摘挂列车）	机车整备及交接班 （19:00 ~ 20:00）	40

（3）始发列车编组辆数：区段列车 55 辆，摘挂列车可少于 55 辆。

（4）其他相关情况如表 2.2.11 所示。

表 2.2.11　相关情况

结存车			装卸排任务		
13 道	乙/C15（待送）		卸　车	60	
			排　空	33133 次空/C20	
货场	丙/P5（18:30 可装好），空/P10		装　车	甲/C20，乙—甲/P5，丙/P5N5，乙—丙/P10	
到达本站卸的重车（作业地点均为货场）			推定的始发列车车流（中转车）		
车　次	到达时刻	车　数	车　次	出发时刻	中转车流
44133	18:30	C5	33131	21:25	丙/50
33051	21:45	C10 N5	33133	0:40	丙/35
44131	0:25	P10	44101	3:25	乙—丙/35
33053	3:15	C10	33135	6:00	丙/60
33136	20:45	C10	44132	18:35	甲—乙/50
44104	0:00	P5	33052	23:15	甲/55
33140	4:55	C20	33054	5:00	甲/45

要求：

编制乙站 18:01 ~ 6:00 的装卸车计划并填入表 2.2.12 中。

表 2.2.12　装卸车计划表

卸车地点	车种车数	卸车来源	卸后用途	装车地点	车种车数	空车来源	装车去向	挂运车次
货场				货场				
卸车合计				装车合计				

任务三　编制列车出发计划

【任务介绍】

已知：

（1）调度所指示：中间站 P 站当天挂车数较多，40112 次列车必须为 P 站挂车留轴，最多只能挂 43 辆。

（2）根据上班作业进度可知：40101 次列车 17:50 开始编组。

（3）乙站其他资料同任务一、任务二。

要求：

编制乙站夜班的列车出发计划。

【任务分析】

完成该项任务，需解决以下问题：

（1）编制列车出发计划应确定哪些内容？

（2）始发列车车流来源包括哪几方面？

（3）如何确定出发列车车流来源？

【相关知识】

列车出发计划是车站班计划的核心内容，编制列车出发计划就是按列车编组计划和列车运行图的规定确定每列出发列车的编组内容、编组辆数，具体落实编入出发列车的车辆的来源。

编制列车出发计划的过程，实质上就是推算车流、合理组织车流的过程，车流的组织应符合本站的技术作业过程的要求，尽量缩短车辆在车站的停留时间。

1. 无调中转列车的车流来源

无调中转列车在本站不解体也不编组，只在到发线上进行无调中转列车作业后即出发，因此，其出发车流来源就是到达列车原列的编组内容，无需另行确定。

2. 本站编组始发列车的车流来源

本站自编始发的列车，其车流来源需要根据车站的具体情况逐一落实确定。

本站编组始发列车的车流来源主要有以下几个方面：

（1）上班结存车。

① 上班结束、本班开始时已在调车线内集结的车辆。

这部分车辆随时可以用来参加新列车的编组，是最可靠的车流来源。

② 上班结束、本班开始时在到发线上待解车列中的车辆。

这部分车辆需经过解体作业后才能参加新列车的编组。

③ 上班结束、本班开始时在各货物作业地点和车辆作业地点作业完毕等待取回调车线参加集结的车辆。

这部分车辆需经过取车作业后才能参加新列车的编组。

④ 上班结束、本班开始时在其他车场内待转场的车辆。

这部分车辆需经过转场作业进入相应调车线，方可参加新列车的编组。

②、③、④这三种车流在本班开始时已在车站，只要经过相应的作业后，就可用于编组列车，也是比较可靠的车流。

（2）班计划中陆续产生的车流。

① 陆续到达的有调中转车。

这部分车辆至少需要进行到达、解体作业后，才能参加另一列车的编组，这些车辆自到达车站时起，至编到另一列车中发出时止的时间称为车流接续时间，根据有调中转车在站的技术作业过程，这部分车流的接续时间应为（ $t_{到}+t_{解}+t_{集}+t_{编}+t_{发}$ ）5 项作业时间之和。

若车流解体完毕立即参加编组，则集结时间为零，这时称为车流紧接续。如果车辆在别的车场，则还需增加转场作业的时间。

② 陆续装卸完毕的货物作业车和陆续修竣的车辆。

这部分车辆的车流接续时间应考虑从装卸、修理作业完毕时起，至编入另一列车中发出时止，所进行的各项技术作业所需的时间，即（ $t_{取}+t_{编}+t_{发}$ ）3 项作业时间之和。

（3）解除备用的备用车。

因为备用车是质量良好的空货车，解除备用后可根据需要安排装车或参加集结编组。

【任务实施】

1. 确定上、下行无调中转列车的车流来源

根据列车编组计划可知，甲站编组至丙站解体及丙站编组至甲站解体的直通列车，对本站而言是无调中转列车，在乙站既不解体也不需重新编组，因此出发列车的车流与到达列车的车流相同，即出发列车的车流来源为原列，包括：20109、20111、20113、20115、20110、20112、20114 和 20116 次列车。

2. 确定出发列车的最晚编组时间

始发列车在出发前需经过编组、出发两项作业，对区段列车至少需要 $t_{编}+t_{发}=30+25=55$（min），对摘挂列车则至少需要 $t_{编}+t_{发}=40+25=1$（h）05（min），即区段列车最晚必须在出发前 55 分钟编组，而摘挂列车最晚必须在出发前 1 小时 05 分钟编组，否则会造成列车出发晚点。

3. 确定有调中转车的紧接续时间

编入区段列车的有调中转车，自到达至编入新的列车中发出至少需要 $t_{到}+t_{解}+t_{编}+t_{发}=35+30+30+25=2$（h），即在列车出发 2 小时前到达的有调中转车可作为出发区段列车的车流来源；编入摘挂列车的有调中转车，自到达至编入新的列车中发出至少需要 $t_{到}+t_{解}+t_{编}+t_{发}=35+30+40+25=2$（h）10（min），即在列车出发 2 小时 10 分钟前到达的有调中转车可作为出发摘挂列车的车流来源。

4. 确定下行出发区段列车的车流来源

根据列车编组计划的规定，下行区段列车应编入丙及其以远的重车和各种类型的空车，列车运行图规定的编组辆数为 55～56 辆，本班编组始发的下行区段列车共三列，车次为 30131、30133 和 30135 次，下面逐列落实确定其车流来源。

（1）确定本班丙及其以远车流总数。

根据 18 点结存车资料及列车到达计划、装车计划资料，汇总本班丙及其以远车流总数，如表 2.3.1 所示。

表 2.3.1　丙及其以远车流汇总

18 点结存	陆续到达			本班装车		
	到达车次	到达时刻	到达辆数	车种车数	空车来源	挂运车次
21 辆，均在调车线集结	30051	18:20	25	P10	上班待装	30131 30133 30135
	30053	21:05	35	C10	上班待送卸后装	30135
	30055	1:15	35	C10	30051 次到卸卸后装	30135
	30057	3:30	30			

（2）确定各次出发列车车流来源。

根据有调中转车的接续时间和装车计划等资料，确定各次出发列车车流来源，如表 2.3.2 所示。

表 2.3.2 下行出发区段列车车流来源

出发车次	出发时刻	列车最晚编组时间	接续车流最晚到达时间	车流来源
30131	20:45	19:50	18:45	1. 开始编组时 21 辆结存车已在调车线集结，可用； 2. 30051 次中的 25 辆接续时间够，可用； 3. 缺 10 辆必须由本班装的车补足，即上班待装的 10 辆棚车，其挂运车次最终确定为 30131
30133	0:25	23:30	22:25	1. 30053 次中的 35 辆接续时间够，可用； 2. 排空敞车 20 辆（见排空计划）
30135	5:25	4:30	3:25	1. 本班装的 20 辆可用； 2. 30055 次中的 35 辆接续时间够，可用

5. 确定上行出发区段列车的车流来源

根据列车编组计划的规定，上行区段列车应编入甲及其以远的重车，列车运行图规定的编组辆数为 55 ~ 56 辆，本班编组始发的上行区段列车共两列，车次为 30052 和 30054 次，下面逐列落实确定其车流来源。

（1）确定本班甲及其以远车流总数。

根据 18 点结存车资料及列车到达计划、装车计划资料，汇总本班甲及其以远车流总数，如表 2.3.3 所示（本班没有装往甲方向的车）。

表 2.3.3 甲及其以远车流汇总

18 点结存	陆续到达		
	到达车次	到达时刻	到达辆数
21 辆，均在调车线集结	30138	20:10	45
	30140	0:20	30
	30142	2:10	36
	30144	4:30	35

（2）确定各次出发列车车流来源。

根据有调中转车的接续时间和装车计划等资料，确定各次出发列车车流来源，如表 2.3.4 所示。

表 2.3.4 上行出发区段列车车流来源

出发车次	出发时刻	列车最晚编组时间	接续车流最晚到达时间	车流来源
30052	22:25	21:30	20:25	1. 开始编组时 21 辆结存车已在调车线集结，可用； 2. 30138 次中的 45 辆接续时间够，可用（只需用 35 辆，剩余 10 辆）
30054	4:40	3:45	2:40	1. 30138 次中剩余的 10 辆，可用； 2. 30140 次中的 30 辆接续时间够，可用； 3. 30142 次中的 36 辆接续时间够，可用（只需用 16 辆，剩余 20 辆）

6. 确定下行出发摘挂列车的车流来源

根据列车编组计划的规定，下行摘挂列车应编入乙—丙中间站车流，摘挂列车的编组辆数可少于 56 辆，本班编组始发的下行摘挂列车共两列，车次为 40101 和 40103 次，下面逐列落实确定其车流来源。

（1）确定本班乙—丙中间站车流。

根据 18 点结存车资料及列车到达计划、装车计划资料，汇总本班乙—丙中间站车流总数，如表 2.3.5 所示（本班没有装往乙—丙中间站的车）。

表 2.3.5 乙—丙中间站车流汇总

18 点结存	陆续到达		
	到达车次	到达时刻	到达辆数
30 辆，均在调车线集结	30051	18:20	21
	30053	21:05	10
	30055	1:15	10
	30057	3:30	25

（2）确定各次出发列车车流来源。

根据有调中转车的接续时间和装车计划等资料，确定各次出发列车车流来源，如表 2.3.6 所示。

表 2.3.6 下行出发摘挂列车车流来源

出发车次	出发时刻	列车最晚编组时间	接续车流最晚到达时间	车流来源
40101	19:15	18:10（实际编组时间为 17:50）	17:05	列车在上班结束前开始编组，所用车流为 30 辆结存车
40103	1:15	0:10	23:05	1. 30051 次中的 21 辆接续时间够，可用； 2. 30053 次中的 10 辆接续时间够，可用

7. 确定上行出发摘挂列车的车流来源

根据列车编组计划的规定，上行摘挂列车应编入乙—甲中间站车流，摘挂列车的编组辆数可少于 56 辆，本班编组始发的上行摘挂列车共两列，车次为 40112 和 40114 次，下面逐列落实确定其车流来源。

（1）确定本班乙—甲中间站车流。

根据 18 点结存车资料及列车到达计划、装车计划资料，汇总本班乙—甲中间站车流总数，如表 2.3.7 所示。

表 2.3.7 乙—甲中间站车流汇总

18 点结存	陆续到达			本班装车		
	到达车次	到达时刻	到达辆数	车种车数	空车来源	挂运车次
48 辆，其中 5 辆在调车线集结，另外 43 辆在到发线上已编好待发的 41112 次中	30138	20:10	11	C9	上班待装	40114
	30140	0:20	15			
	30142	2:10	20			

（2）确定各次出发列车车流来源。

根据有调中转车的接续时间和装车计划等资料，确定各次出发列车车流来源，如表 2.3.8 所示。

表 2.3.8 上行出发摘挂列车车流来源

出发车次	出发时刻	列车最晚编组时间	接续车流最晚到达时间	车流来源
40112	18:25	17:20	16:15	列车在上班结束前已编完，根据调度所指示只编入了 43 辆，剩余 5 辆结存车
40114	2:30	1:25	0:20	1. 上班结存车剩余的 5 辆，可用； 2. 30138 次中的 11 辆接续时间够，可用； 3. 30140 次中的 15 辆正好为紧接续，可用； 4. 本站装的 10 辆可用

将上述结果填入附页“乙站班计划表”对应栏目内。

【相关实训】

已知：

（1）乙站有关的列车编组计划及编组辆数如表 2.3.9 所示。

表 2.3.9 列车编组计划

编组站	解体站	编组内容	列车种类	车次	附注
乙	甲	甲及其以远	区段	33302	55 辆
乙	甲	乙—甲间按站顺	摘挂	44162	
乙	丙	1. 丙及其以远； 2. 空车	区段	33001	55 辆
乙	丙	1. 乙—丙间按站顺； 2. 空车	摘挂	44141	按组顺编挂
甲	丁	丁及其以远	直通	22119 ~ 22123	
丁	甲	甲及其以远	直通	22112 ~ 22118	

（2）调度所下达的本班排空任务包括：33001 排空/C20，44141 排空/P10。

（3）本站 18:00 现在车分布情况如下：

① 到发线 4 道：22112 次，甲/55，待发。

② 调车线：甲/15，乙—甲/25，丙/30，乙—丙/35，空/C15，乙/P10（待送货场卸）。

③ 货场：甲/P5，丙/P5，乙—甲/P5，空/C10（装甲，21:30 装完）；P10 在卸，20:30 卸完。

④ 专用线：空/C5（已卸完）。

（4）列车到达计划如表 2.3.10 所示。

表 2.3.10　列车到达计划

方向	车次	到达时刻	编组内容							
			甲	乙—甲	丙	乙—丙	丁	乙站卸	空车	
									P	C
18 点结存										
甲方向	22119	18:05					55			
	22121	19:50					55			
	33305	20:50			25	15		C15 货		
	22123	21:40					55			
丙方向	33006	18:35	25	20				C10 货		
	22114	19:35	55							
	22116	21:10	55							
	22118	22:40	55							
	44144	23:40	30	15				P10 货		

（5）乙站在路网中的位置及平面示意图，调车机车配备情况、各项作业时间标准与任务二的[相关实训]相同。

要求：

在表 2.3.11 中落实乙站 18:00～24:00 出发列车的编组内容及车流来源。

表 2.3.11　列车出发计划

方向	车次	出发时刻	编组内容及车流来源
甲方向	22112	18:10	
	22114	20:15	
	44162	21:50	
	22116	22:10	
	22118	23:30	
	33302	0:05	
丙方向	22119	18:55	
	22121	20:35	
	33001	21:20	
	22123	22:45	
	44141	23:45	

任务四 推算预计完成的中时和停时

【任务介绍】

已知：

（1）任务一编完的列车到达计划。

（2）任务三编完的列车出发计划。

（3）其他资料同任务一。

要求：

推算班计划预计完成的中时和停时。

【任务分析】

完成该项任务，需解决以下问题：

（1）什么是中时和停时？

（2）中时和停时如何计算？

（3）如何推算班计划预计完成的中时和停时？

【相关知识】

班计划编制完后，应推算本班预计完成的中时和停时，将推算的结果与班工作总任务规定的中时和停时指标进行比较，如果推算的中时、停时完不成规定的指标时，应进一步分析原因，采取相应措施，力争完成规定指标。

1. 中 时

中时是中转车平均在站停留时间，用$t_{中}$表示。

中时的计算公式如下：

$$t_{中}=\frac{中转车在站总停留车小时}{中转车数}\ （小时）$$

2. 停 时

停时是一次货物作业平均在站停留时间，用$t_{货}$表示。

停时的计算公式如下：

$$t_{货}=\frac{货物作业车在站总停留车小时}{货物作业次数}\ （小时）$$

中时和停时的计算结果保留一位小数，第二位小数四舍五入。

3. 中时和停时的推算方法

推算班计划预计完成的中时和停时可利用班计划表中对应的栏目进行，具体步骤包括：

（1）填记上班结束时结存的中转车数和作业车数。

（2）按照所编制的列车到达计划和出发计划填记每小时内到达、发出的中转车数和作业车数。

（3）计算每小时末的结存车数填记在对应的结存栏内，计算方法如下：

$$\begin{matrix}\text{本小时末}\\\text{结存车数}\end{matrix}=\begin{matrix}\text{上小时末}\\\text{结存车数}\end{matrix}+\begin{matrix}\text{本小时内}\\\text{到达车数}\end{matrix}-\begin{matrix}\text{本小时内}\\\text{发出车数}\end{matrix}$$

（4）计算每小时内货车产生的停留车小时。

详细计算每小时内到达和发出的货车所产生的停留时间是一件费时又费力的事，由于编制计划的时间有限，为便于计算，假定：每小时末结存的货车在本小时内始终停留。根据这个假设，每小时内货车产生的停留时间，在数值上可以简单以每小时末结存的车数表示，即

$$\begin{matrix}\text{本小时内的}\\\text{停留车小时}\end{matrix}=\begin{matrix}\text{本小时末}\\\text{结存车数}\end{matrix}\times 1$$

（5）合计本班 12 小时内到达、出发的中转车数和货物作业车数。

（6）计算本班 12 小时内中转车和货物作业车各自所产生的总停留车小时。

根据上面的假设,本班内中转车和货物作业车所产生的总停留车小时即为本班 12 个小时末的结存车数之和,合计本班 12 个小时末结存的中转车数即为本班中转车总停留车小时,合计本班 12 个小时末结存的作业车数即为本站作业车总停留车小时。

（7）确定本班的中转车数。

凡是在本班内产生了停留车小时的中转车都应该列为本班的中转车数，但是在这些中转车中，有些是在上一班到达、在本班内发出的，还有一些是在本班到达、在下一班发出的，这样的中转车在上一班或下一班也产生了停留车小时，也应该计入上一班或下一班的中转车数内，因此被计算了两次，这是不合理的。因此，在推算班计划中时的时候，用下面的方法确定本班的中转车数：

$$\text{中转车数}=\frac{\text{到达的中转车数}+\text{发出的中转车数}}{2}\ (\text{车})$$

计算结果取整数，小数全进。

（8）确定本班的货物作业次数。

推算班计划停时的时候，货物作业次数即计划装车数与计划卸车数之和。

（9）计算本班预计完成的中时和停时。

根据中时和停时的计算公式,将上面确定的中转车总停留车小时和作业车总停留车小时、中转车数、货物作业次数带入公式，即可推算出本班预计完成的中时和停时。

【任务实施】

在附页“乙站班计划表”相关栏目中进行推算：

（1）根据收集的资料，上班结存车总数为169辆，其中调车线待送的10辆、货场待装的19辆、专用线待卸的20辆以及6道待发的40112次中的10辆为货物作业车，共59辆；其余为中转车110辆，将两个数字分别填入推算表对应栏目内。

（2）根据任务一、任务三编完的列车到达计划和列车出发计划，查出每小时内到达和发出的中转车数及货物作业车数，填入对应栏目内。

以18:01～19:00为例：

① 根据列车到达计划，在该小时内到达的列车有两列，车次为30051和20110，共112辆，其中作业车10辆，中转车102辆；

② 根据列车出发计划，在该小时内发出的列车有一列，车次为40112，共43辆。又根据收集的资料，其中10辆为本站自装的作业车，另外33辆则为中转车。

特别提示：注意整点到发车数的归属问题。例如，22:00到达的56辆、23:00发出的56辆和2:00发出的56辆应填记在哪个小时行内。

（3）计算各小时末结存的中转车数和结存的作业车数填入对应栏目内。

以18:01～19:00为例，本小时末结存的中转车数为110+102－33=179，结存的作业车数为59+10－10=59。

特别提示：注意当该小时内既无到达车数也无发出车数时结存车数的计算问题。此时本小时末的结存车数为上小时末的结存车数+0－0，在数值上与上小时末结存车数相同，而不是0。

（4）合计本班12个小时末的结存车数，即可得出本班中转车和作业车在站的总停留车小时。如乙站本班中转车结存栏合计为1 801，本班作业车结存栏合计为672，即本班中转车在站总停留车小时为1 801，作业车在站总停留车小时为672。

特别提示：在合计时不可将上班结存的中转车数、作业车数加入，即只加本班12个小时的结存数。

（5）确定本班的中转车数。

本班到达的中转车数合计为831，发出的中转车数合计为801，因此本班的中转车数确定为（831+801）÷2=816（车）。

（6）确定本班的货物作业次数。

本班计划装39车，计划卸60车，因此货物作业次数为99次。

（7）计算中时和停时。

将有关数据代入公式进行计算：

中时=1 801÷816=2.207，取2.2小时。

停时=672÷99=6.788，取6.8小时。

班工作总任务规定的中时为2.2小时，停时为6.8小时，只要推算的中时和停时小于等于规定的中时和停时，即可认为完成了规定的指标。因此，经比较本班完成了规定的中、停时任务。

推算过程及结果如表 2.4.1 所示。

表 2.4.1 推算班计划中时和停时表

时间	计划中时			计划停时		
	到达	发出	结存	到达	发出	结存
18 点结存			110			59
18:01 ~ 19:00	102	33	179	10	10	59
19:01 ~ 20:00		86	93			59
20:01 ~ 21:00	112	46	159		10	49
21:01 ~ 22:00	101	56	204	10		59
22:01 ~ 23:00	56	168	92			59
23:01 ~ 0:00			92			59
0:01 ~ 1:00	45	35	102	10	20	49
1:01 ~ 2:00	157	87	172	10		59
2:01 ~ 3:00	56	87	141		9	50
3:01 ~ 4:00	111		252			50
4:01 ~ 5:00	35	112	175	20		70
5:01 ~ 6:00	56	91	140		20	50
合计	831	801	1801	60	69	672
中停时计算	中转车数	车小时	中时	作业次数	车小时	停时
	816	1801	2.2	99	672	6.8

【相关实训】

已知：

（1）乙站列车到达计划如表 2.4.2 所示，18 点结存车中：分子为作业车数，分母为中转车数。

表 2.4.2 列车到达计划

方向	车次	到达时刻	编组内容						
			甲	乙—甲	丙	乙—丙	丁	乙站卸	空车
18 点结存			0/20	0/50	0/20	15/0	0/55	15/0	15/0
甲方向	44133	18:30			30	5		5	
	33051	21:35			40			15	
	22109	22:10					55		
	44131	0:25			20	25		10	
	22111	1:30					55		
	33053	3:15			35	10		10	
	22113	4:05					55		
丙方向	22110	19:45	55						
	33136	20:45	35	10				10	
	22112	23:35	55						
	44104	0:00	5	10				5	
	22114	1:25	55						
	33138	2:15	30	25					
	22116	3:15	55						
	33140	4:55	35					20	

（2）乙站列车出发计划如表 2.4.3 所示（中表示中转车）。

表 2.4.3 列车出发计划

方向	车次	出发时刻	编组内容及车流来源
丙方向	22107	18:20	原列丁/55
	33131	21:15	中丙/50，本站装丙/5
	22109	23:00	原列丁/55
	33133	0:40	中丙/35，本站卸空/C20
	22111	2:30	原列丁 55
	44101	3:25	中乙—丙/30，本站装乙—丙/25
	22113	5:10	原列丁/55
	33135	6:00	中丙/55
甲方向	44132	18:35	中乙—甲/50
	22110	20:55	原列甲/55
	33052	23:15	中甲/55
	22112	0:45	原列甲/55
	22114	2:10	原列甲/55
	22116	4:10	原列甲/55
	33054	5:00	中甲/35，本站装甲/20

（3）乙站装卸车数如表 2.4.4 所示。

要求：

在表 2.4.4 中推算乙站 18:01 ~ 6:00 预计完成的中时和停时。

表 2.4.4　班计划中时、停时推算表

<table>
<tr><td colspan="3" rowspan="2">时　间</td><td colspan="3">计划中时</td><td colspan="3">计划停时</td></tr>
<tr><td>到达</td><td>发出</td><td>结存</td><td>到达</td><td>发出</td><td>结存</td></tr>
<tr><td colspan="3">18 点结存</td><td></td><td></td><td></td><td></td><td></td><td></td></tr>
<tr><td colspan="3">18:01 ~ 19:00</td><td></td><td></td><td></td><td></td><td></td><td></td></tr>
<tr><td colspan="3">19:01 ~ 20:00</td><td></td><td></td><td></td><td></td><td></td><td></td></tr>
<tr><td colspan="3">20:01 ~ 21:00</td><td></td><td></td><td></td><td></td><td></td><td></td></tr>
<tr><td colspan="3">21:01 ~ 22:00</td><td></td><td></td><td></td><td></td><td></td><td></td></tr>
<tr><td colspan="3">22:01 ~ 23:00</td><td></td><td></td><td></td><td></td><td></td><td></td></tr>
<tr><td colspan="3">23:01 ~ 0:00</td><td></td><td></td><td></td><td></td><td></td><td></td></tr>
<tr><td colspan="3">0:01 ~ 1:00</td><td></td><td></td><td></td><td></td><td></td><td></td></tr>
<tr><td colspan="3">1:01 ~ 2:00</td><td></td><td></td><td></td><td></td><td></td><td></td></tr>
<tr><td colspan="3">2:01 ~ 3:00</td><td></td><td></td><td></td><td></td><td></td><td></td></tr>
<tr><td colspan="3">3:01 ~ 4:00</td><td></td><td></td><td></td><td></td><td></td><td></td></tr>
<tr><td colspan="3">4:01 ~ 5:00</td><td></td><td></td><td></td><td></td><td></td><td></td></tr>
<tr><td colspan="3">5:01 ~ 6:00</td><td></td><td></td><td></td><td></td><td></td><td></td></tr>
<tr><td colspan="3">合　计</td><td></td><td></td><td></td><td></td><td></td><td></td></tr>
<tr><td rowspan="2">中停时计算</td><td>装车数</td><td>卸车数</td><td>中转车数</td><td>车小时</td><td>中时</td><td>作业次数</td><td>车小时</td><td>停时</td></tr>
<tr><td>45</td><td>60</td><td></td><td></td><td></td><td></td><td></td><td></td></tr>
</table>

项目三 车站阶段计划

【项目概述】

由于编制班计划时的有些资料是6:00（18:00）前预计的，而本班内陆续到达的列车，其编组内容、到发时刻以及货物作业车的装卸进度、调车作业进度等都有可能发生变化。因此，车站在执行班计划的过程中，应根据变化后的实际情况，通过编制阶段计划进行修正和调整，对具体工作做出安排，以保证完成班计划规定的任务。阶段计划由车站调度员根据班计划和《铁路运输调度规则》有关规定，按列车编组计划、列车运行图以及《技规》（普速铁路部分）、《行规》编组列车的规定，《站细》规定的各项技术作业的时间标准和调车区的划分、调车机车的作业分工，利用车站技术作业图表进行编制（运站-1），值班站长负责审批。

一般情况下，一个班分为3～4个阶段，每个阶段为3～4小时。

本项目主要介绍车站技术作业图表的填记方法及阶段计划的编制方法。

【教学目标】

1. 技能目标

具备填画车站技术作业图表的能力，具备以班计划为依据、编制以完成车站班计划规定任务为目标的阶段计划的能力。

2. 知识目标

了解阶段计划的主要内容，明确阶段计划的编制步骤和编制方法，掌握调车机车运用计划的编制原则和方法，掌握车站技术作业图表填记的方法和规定。

任务一 填记车站技术作业图表

【任务介绍】

已知：

（1）乙站衔接甲、丙两个方向，由甲至丙为下行方向。

（2）乙站线路使用方案、18:01～0:00列车到发车次和时刻及18:01～0:00的调车机车动态，见附页“乙站技术作业图表”。

（3）18 点乙站结存车情况。

① 调车线。8 道 21 辆，9 道 5 辆，10 道重车 21 辆，11 道 30 辆（正在编组 40101 次），13 道 10 辆（待送货场卸）。

② 货物作业地点。

a. 货场：19 辆正在装车，装车去向为丙/10 和乙—甲/9，预计 18:30 装完；

b. 专用线：20 辆敞车正在卸车，预计 19:00 卸完。

③ 到发线。6 道 40112 次（乙—甲/43）待发。

（4）18:01 ~ 0:00 到达列车编组内容如表 3.1.1 所示。

表 3.1.1 到达列车编组内容

到达车次	到达时刻	编组内容
30051	18:20	丙/25，乙—丙/21，乙/10
20110	18:58	甲/56
30138	20:10	甲/45，乙—甲/11
20109	20:35	丙/56
30053	21:05	丙/35，乙—丙/10，乙/10
20111	22:00	丙/56
20112	22:10	甲/56

（5）18:01 ~ 0:00 出发列车编组内容及车流来源如表 3.1.2 所示。

表 3.1.2 出发列车编组内容及车流来源

出发车次	出发时刻	编组内容及车流来源
40112	18:25	乙—甲：站存/43
40101	19:15	乙—丙：站存/30
20110	19:48	原列
30131	20:45	丙：本站站装/10，站存/21，30051/25
20109	21:25	原列
30052	22:25	甲：30138/45，站存/11
20111	22:45	原列
20112	23:00	原列
30133	0:25	丙：30053/35，本站卸空/C20

（6）18:01 ~ 0:00 调车机车取送任务安排如下：

① 18:30 ~ 19:00 货场取送：送 10 辆，取回装完的 19 辆；

② 20:30 ~ 20:50 专用线取车：取回卸完的空敞车 20 辆；

③ 22:20 ~ 22:50 货场送车：将当时 13 道上所有车辆送货场。

要求：

根据上述资料填画乙站 18:01 ~ 0:00 的技术作业图表（附页“乙站技术作业图表”）。

【任务分析】

完成该项任务，需要解决以下问题：

（1）车站技术作业图表的格式是怎样的？

（2）车站技术作业图表包括哪些内容？

（3）如何填画车站技术作业图表？

【相关知识】

车站技术作业图表（运站-1）是车站调度员用以编制阶段计划的工具，同时还要利用它进行调度指挥，全面记录车站主要技术设备运用和作业进度的实际情况，因此，它又是车站工作分析的原始资料。车站调度员应按规定正确及时认真地填记。

1. 车站技术作业图表的格式

由于各车站的主要设备和作业情况不同，车站技术作业图表的格式也不完全相同，但一般包括的项目如附页“乙站技术作业图表”所示。

（1）列车到发栏：填记到发列车的车次及到发时刻。

（2）列车编组内容栏：填记到达列车的编组内容。

（3）到发场栏：填记列车占用到发线的顺序及各次列车占用的起止时间。

（4）调车场栏：填记各调车线的车数变化情况、车列集结情况和作业车的待送情况。

（5）驼峰、牵出线栏：填记调车作业占用驼峰或牵出线的顺序及占用的起止时间。

（6）货物作业地点栏：填记各货物作业地点的车数变化情况、货物作业车在货物作业地点的停留情况。

（7）调车机车动态栏：填记每台调车机车进行的作业项目、作业的顺序及各项调车作业的起止时间。

2. 车站技术作业图表的填画说明

在《铁路运输调度规则》中初步规定了车站技术作业图表的填记方法，各铁路局、车站针对本局、本站的具体情况对填记方法应做出补充规定，在实际工作中应按照规定正确、规范地填记车站技术作业图表。

《铁路运输调度规则》规定了以下内容：

（1）列车到发计划线：为黑铅笔线。

（2）列车到发实际线：到、发旅客列车和出发货物列车为红色铅笔线，其他货物列车为蓝色铅笔线。

（3）列车实际到发正晚点情况。

正点、早点到达和出发：画红圈；晚点到达和出发：画蓝圈。圈内注明早、晚点时分，晚点原因可用简明略号注明，如因编组晚点可只写“编”字。

（4）调车机车作业：计划线为黑直线；实际线为蓝直线。

（5）调车机车交接班、上煤、上水、上油：计划线为黑曲线；实际线为蓝曲线。

（6）调车机车非生产时间：吃饭为红曲线；其他为红直线。

（7）调车机车作业动态代号：交接班（J），上水（S），上煤（M），上油（Y），机车故障（JG），信号故障（XG），吃饭（C），整备（ZB），整场（ZC），解体（－），编组（＋），甩挂（－＋），取车（QC），送车（SC），待命（D），等信号（DX），等检（DJ），等装卸（ZX），等等。

3. 车站技术作业图表的填画步骤及方法

（1）填记阶段开始时车站各处存车情况。

（2）填记列车到发情况。

根据本阶段预计的列车到达和列车出发计划，按时间先后顺序在列车到发栏填画列车运行线、列车车次和到发时分。

（3）填记无调中转列车。

① 自列车到达时刻，用垂直线引入到该列车占用的到发线栏内；

② 垂直线经过编组内容栏时，根据列车确报在垂直线的右侧填记列车的编组内容：重车填“去向/车数”，空车填“车种/车数”，并在编组内容外加方框；

③ 在该列车占用的到发线栏内，从列车到达时刻起至规定的发出时刻止画一条横线，并标明起止时分，同时横线上标明该列车的车次，如果是实际线则还应标明列车技术作业的起止时分；

④ 在规定的列车发车时刻，用垂直线引至列车到发栏内，与对应的出发列车运行线衔接，并在本到发线行内的垂直线上画箭头，箭头指向出发运行线。

无调中转列车的填记方法如图 3.1.1 所示。

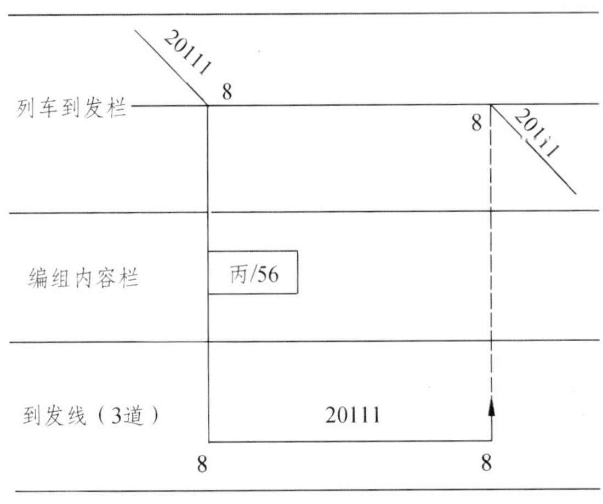

图 3.1.1 无调中转列车填记方法

（4）填记调车机车动态。

根据调车机车运用计划，在调车机车动态栏内，按规定的线条、文字或符号，用折线填记每台调车机车的作业项目、作业起止时间和非生产时间，见附页“乙站技术作业图表”调车机车动态栏。

（5）填记到达解体列车。

① 自列车到达时刻，用垂直线引入该列车占用的到发线栏内；

② 垂直线经过编组内容栏时，根据列车确报在垂直线的右侧填记列车的编组内容：重车

填“去向/车数”，空车填“车种/车数”，编组内容外无须加方框；

③ 在列车占用的到发线栏内，从列车到达时刻起至调车机车运用计划规定的该次列车解体开始的时刻止画一横线，并标明起止时分，横线上标明该列车的车次，在实际线上还应标明到达技术作业的起止时分；

④ 在调车机车运用计划规定的该列车解体开始的时刻，从对应到发线栏用垂直线引入解体占用的驼峰或牵出线栏，在驼峰或牵出线栏内，自解体开始时起至解体结束时止画一横线，并标明起止时分，在横线上注明“- ×××××”，如有送禁溜车、限速车等作业内容，也应详细标明；

⑤ 在调车机车运用计划规定的该列车解体结束的时刻，从驼峰或牵出线用垂直线引入调车场相关线路，垂直线经过相关线路所在行时，在本线路所在行的垂直线的右侧填记解完该列车时该线路内的总车数（解体前该线路上的原有车数＋解体该车列后进入该线路的车数）。

到达解体列车的填记方法如图 3.1.2 所示。

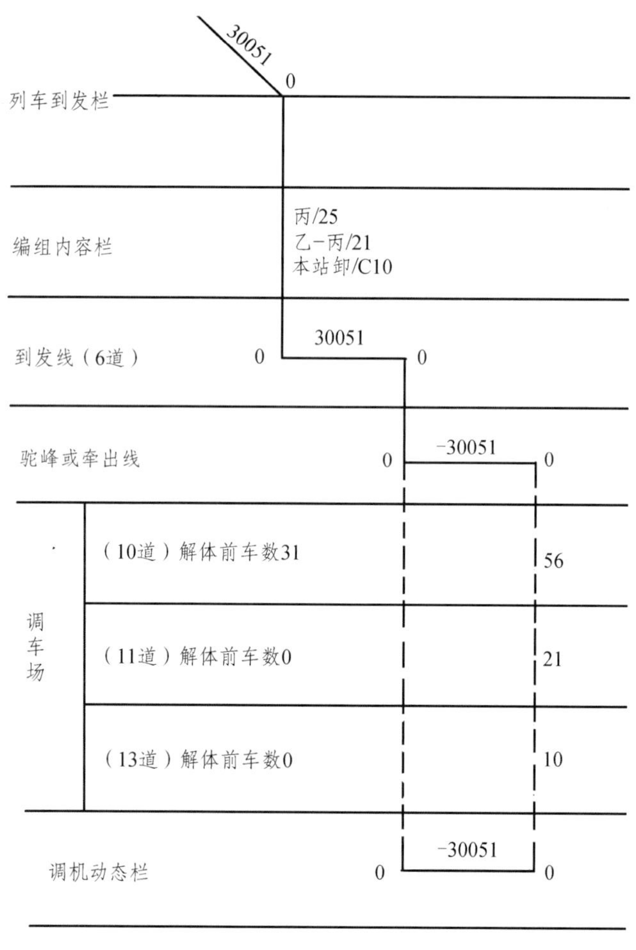

30051
0
列车到发栏
编组内容栏
丙/25
乙-丙/21
本站卸/C10
到发线（6道）
0
30051
0
驼峰或牵出线
0
-30051
0
调车场
（10道）解体前车数31
56
（11道）解体前车数0
21
（13道）解体前车数0
10
调机动态栏
0
-30051
0

图 3.1.2 到达解体列车填记方法

（6）填记编组出发列车。

① 在调车机车运用计划规定的该次列车编组开始的时刻，由编组相关线路用垂直线引入

编组所占用的驼峰或牵出线栏，在对应线路所在行的垂直线左侧画圈，圈内注明该线路内参加编组该次列车的辆数，在圈外右下角填记扣除参加编组的车数后的该线路上剩余的车数；

② 在所占用的驼峰或牵出线栏内，自调车机车运用计划规定的该次列车编组开始时起至编组结束时止画一横线，并标明起止时分，同时在横线上注明“+×××××”；

③ 在规定的编组结束的时刻，从驼峰或牵出线栏用垂直线引入编完的该次列车出发占用的到发线栏，在该到发线栏内自编组结束时起至列车出发时止画一横线，标明起止时分，横线上注明该列车的车次，在实际图上还应标明出发技术作业的起止时分；

④ 在规定的列车发车时刻，从出发线栏用垂直线引至列车到发栏内，与对应的出发列车运行线衔接，并在本到发线所在行内的垂直线上画箭头，箭头指向出发运行线。

编组出发列车的填记方法如图 3.1.3 所示。

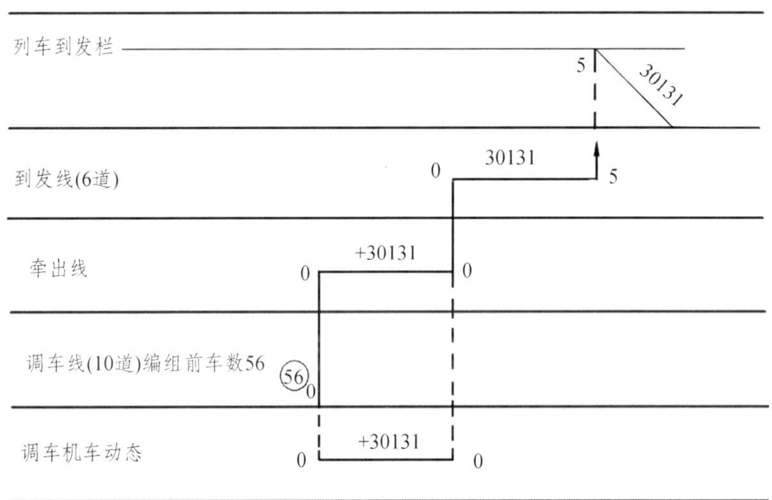

图 3.1.3　编组始发列车填记方法

（7）填记送车作业。

① 在待送车辆所在线路行内，自调车机车运用计划规定的送车开始时刻，引垂直线至送车地点，本线路所在行的垂直线上加画箭头，箭头指向送车地点方向，同时在垂直线左侧画圈，圈内填记送走的车数，圈外注明送车后该线路内剩余的车数；

② 在送到地点所在行内的垂直线上加画箭头，箭头方向同待送车辆所在线路行一致，同时在本行内的垂直线右侧填记该地点送车后的总车数（送车前该地点原有车数＋送来的车数）。

送车填记方法如图 3.1.4 所示。

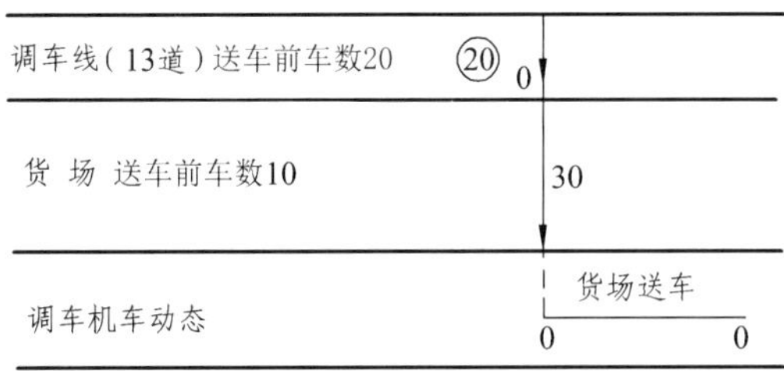

图 3.1.4　送车作业填记方法

（8）填记取车作业。

① 在待取车所在行内，自调车机车运用计划规定的取车结束的时刻，引垂直线至车辆取回所在的线路所在行，在本行的垂直线上加画箭头，箭头指向取回方向，同时在垂直线左侧画圈，圈内填记取走的车数，圈外注明取完后该地点剩余的车数；

② 在车辆取回的相关线路所在行的垂直线上画箭头，箭头方向同待取车所在行一致，并在本行垂直线的右侧填记车辆取回后该线路的总车数（取车前该线路原有车数 + 取回至该线路的车数）。

取车的填记方法如图 3.1.5 所示。

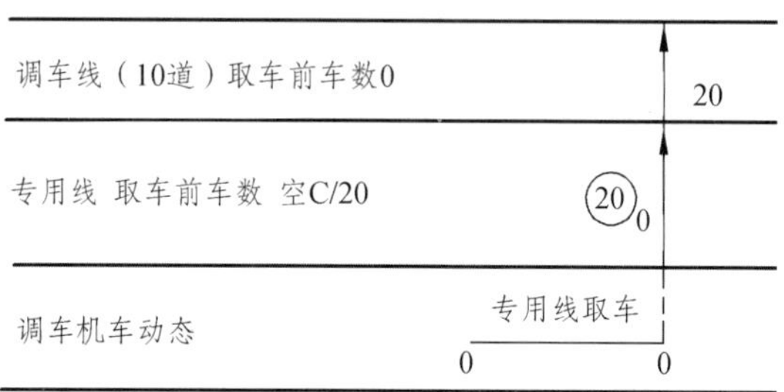

图 3.1.5 取车作业画法

（9）填记取送结合作业。

将送车作业和取车作业的填记方法结合起来即可。取送结合作业的填记方法如图 3.1.6 所示。

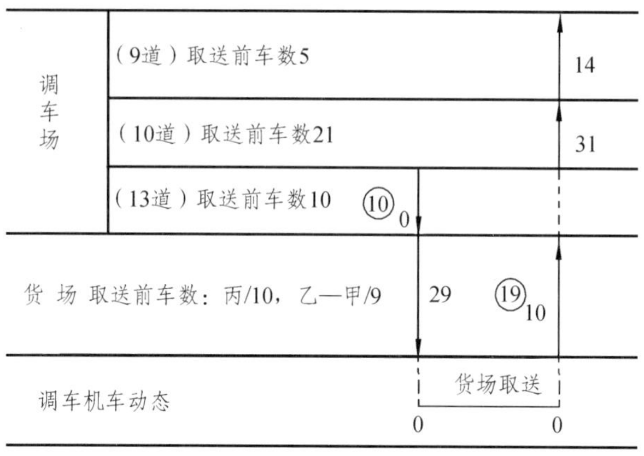

图 3.1.6 取送结合作业填记方法

【任务实施】

（1）根据无调中转列车到发条件，填画各次无调中转列车占用到发线的情况及填记列车编组内容。

（2）根据调车机车动态安排的调车机车解编作业的顺序及起止时间，安排各次到达解体列车和编组始发列车占用到发线，并填记到发线占用情况及到达列车的编组内容。

（3）根据调车机车解编作业安排，按时间先后顺序填记各调车线的车数变化情况。

（4）根据调车机车取送作业安排，按时间先后顺序填记各货物作业地点和调车线的车数变化情况。

根据已知条件填画的 18:01～0:00 乙站技术作业图表如图 3.1.7 所示。

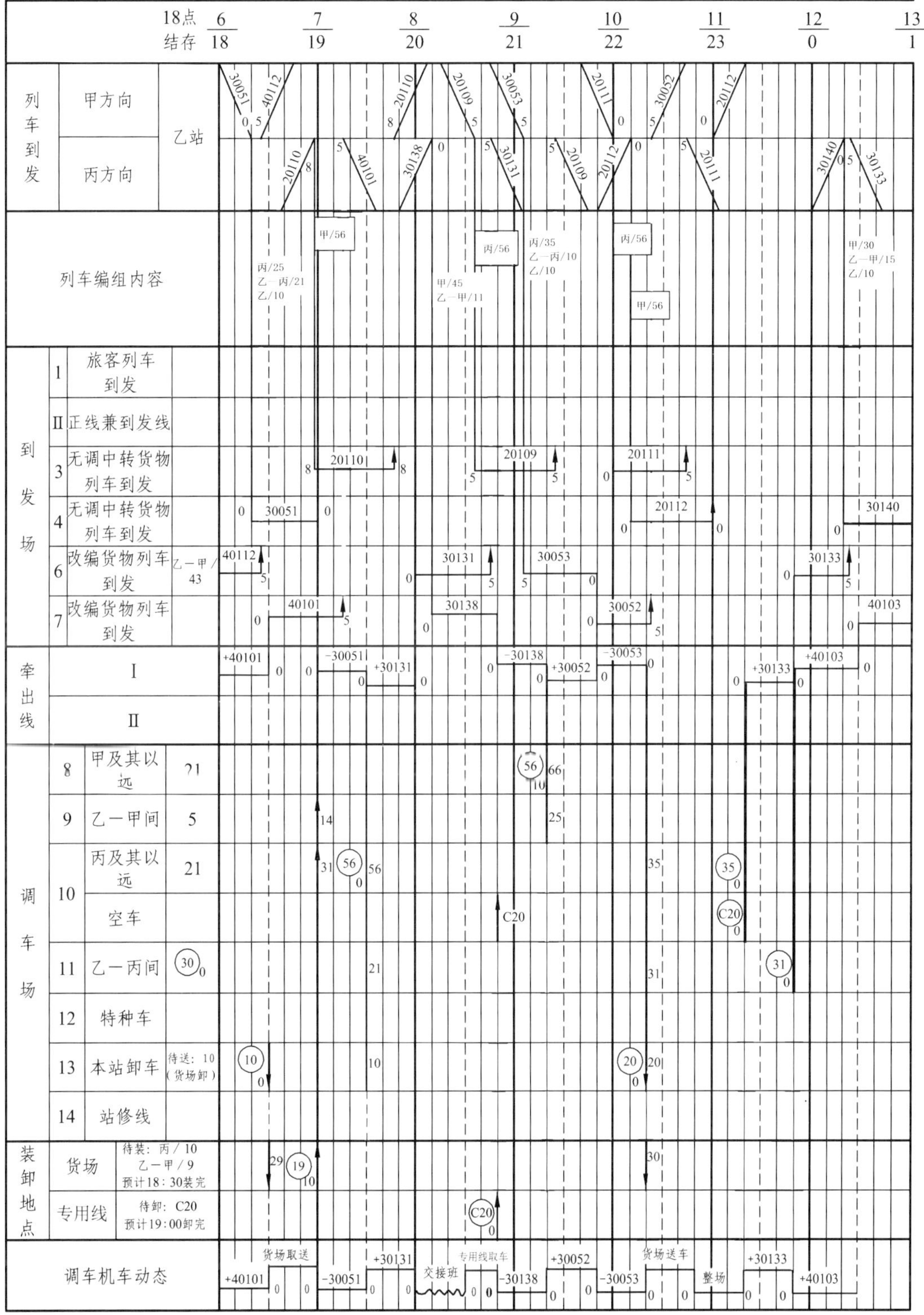

图 3.1.7　18:01～0:00 乙站技术作业图表

【相关实训】

已知：

（1）乙站衔接甲、丙两个方向，由甲至丙为下行方向，乙站计划到达列车及编组内容如下：

44161 次：丙/30，乙—丙/10，乙/P5C5（货场卸）；

44142 次：甲/30，乙—甲/15，乙/P10（货场卸）；

33004 次：甲/35，乙—甲/10，乙/C10（货场卸）。

（2）乙站计划出发列车及车流来源如下：

33007 次：站存丙/20，44161 丙/30，站装丙/5。

（3）阶段计划安排的调车机车货场取送车任务如下：

① 20:30～21:10 货场取送作业：送 13 道待卸的 P15 到货场卸车，取回货场装完的丙/5 和乙—丙/5；

② 23:25～0:05 货场送车作业：送 13 道待卸的 C15、P15 到货场卸车，并将货场已卸完的 15 辆空棚车调移至装车货位。

（4）20:00 结存车及调车机车作业安排如图 3.1.8 所示。

要求：

按规定填记图 3.1.8。

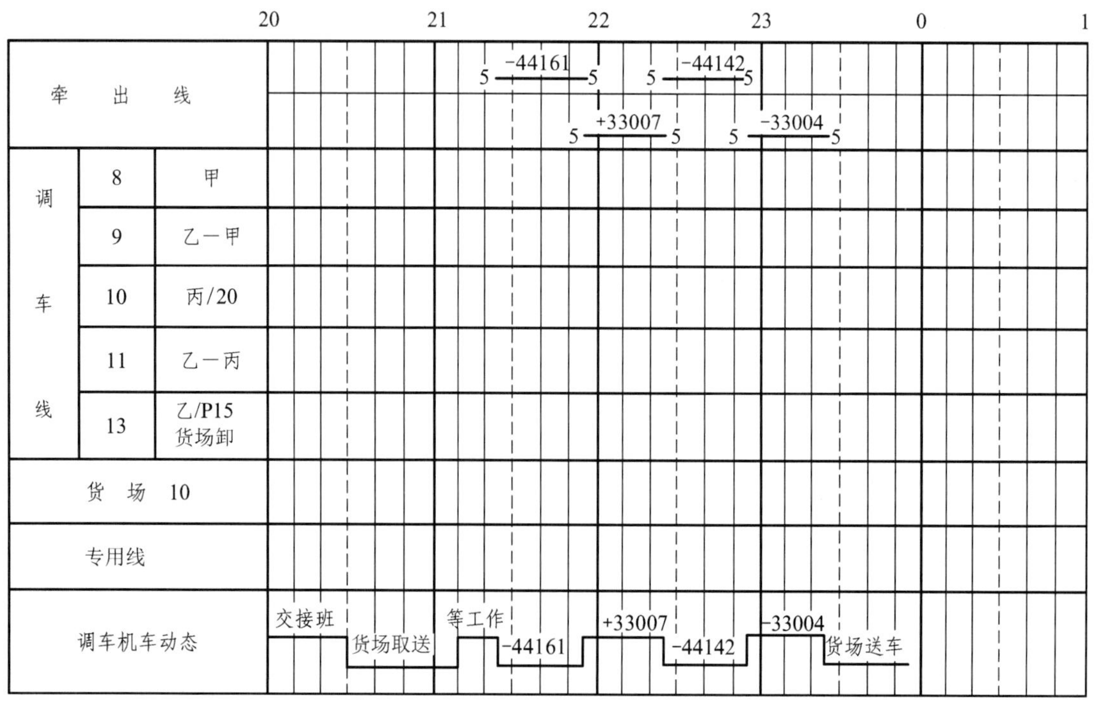

图 3.1.8 车站技术作业图表（部分）

任务二　编制阶段计划

【任务介绍】

已知：

（1）乙站在路网上的位置及其平面布置情况如图 3.2.1 所示。

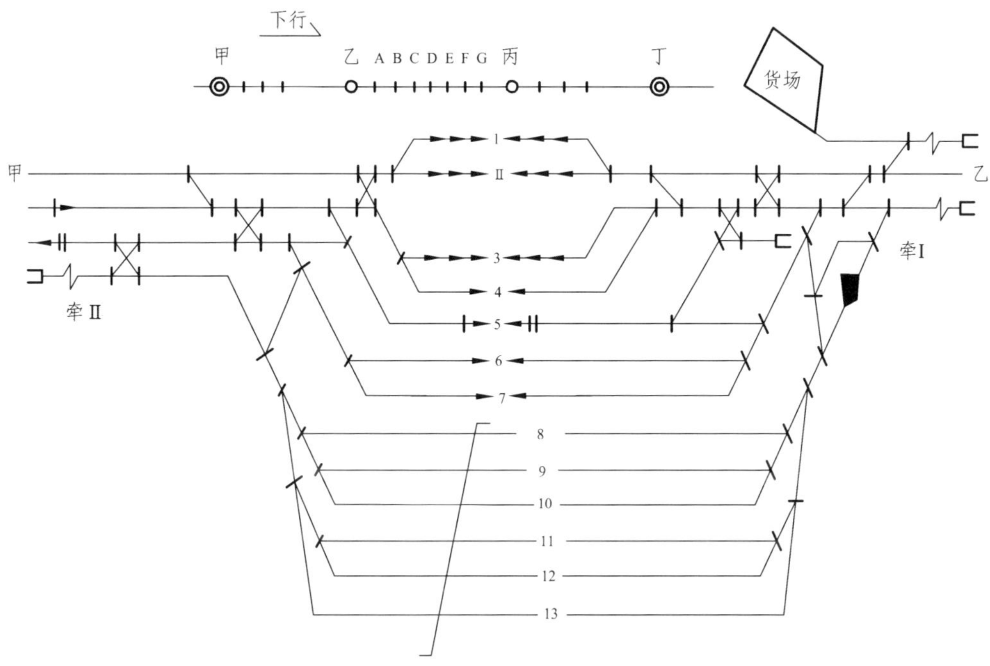

图 3.2.1　乙站位置及平面示意图

（2）乙站线路固定使用方案见表 3.2.1。

表 3.2.1　乙站线路使用方案

股道	容车数	固定用途	股道	容车数	固定用途
1	65	上下行旅客列车到发	10	70	空车、丙及其以远
Ⅱ	65	正线兼到发线	11	70	乙—丙间
3、4	65	无调中转货物列车到发	12	65	特种车
5		机车走行	13	60	本站卸车
6，7	70	改编货物列车到发	14	30	站　修
8	75	甲及其以远	Ⅰ牵	60	Ⅰ调解编
9	75	乙—甲间			

（3）18 点车站各处结存车情况如下：

① 到发线 4 道：22112 次甲/55。

② 调车线：8 道：甲/15；9 道：乙—甲/25；10 道：丙/30，空/C15；11 道：乙—丙/35；13 道：P10（待送货场卸，卸空后 44141 挂运）。

③ 货物作业地点：

a. 货场：甲/P5、乙—甲/P5、丙/P5（均待取）；空/C10（已卸空）。

b. 专用线：空/C5（已卸空）。

（4）乙站配备调车机车一台，在 I 牵作业，各项作业时间标准（分钟）如表 3.2.2 所示。

表 3.2.2 作业时间标准

作业项目	时间标准	作业项目	时间标准
到 达	35	卸 车	60
出 发	25	装 车	120
解 体	30	取 送	40
编 组	30（区段列车） 35（摘挂列车）	机车整备及交接班 （20:00～21:00）	30
无调中转列车作业	40	吃饭（在 0:00 前后）	30

（5）18:01～0:00 到达列车确报如表 3.2.3 所示。

表 3.2.3 列车到达情况

方 向	车 次	到达时刻	编 组 内 容
甲方向	22119	18:05	丁/55
	22121	19:50	丁/55
	33305	20:50	丙/25，乙—丙/15，乙/C15（货）
	22123	21:40	丁/55
丙方向	33006	18:35	甲/25，乙—甲/20，乙/C10（货）
	22114	19:35	甲/55
	22116	21:10	甲/55
	22118	22:40	甲/55
	44144	23:40	甲/30，乙—甲/15，乙/P10（货）

（6）18:01～0:00 列车出发计划如表 3.2.4 所示。

表 3.2.4　列车出发情况

方　向	车　次	出发时刻	编组内容及车流来源
甲方向	22112	18:10	原列甲/55
	22114	20:15	原列甲/55
	44162	21:50	站存乙—甲/25，待取（货场）乙—甲/5，33006 乙—甲/20
	22116	22:10	原列甲/55
	22118	23:30	原列甲/55
	33302	0:05	站存甲/15，待取（货场）甲/5，33006 甲/25，装甲/10
丙方向	22119	18:45	原列丁/55
	22121	20:35	原列丁/55
	33001	21:20	站存丙/30，待取（货场）丙/5，存空/C15， 待取（专用线）/空 C5
	22123	22:45	原列丁/55
	44141	23:45	站存乙—丙/35，33305 乙—丙/10，卸空（货场）/P10

（7）24:00 前装卸车计划如表 3.2.5 所示。

表 3.2.5　装卸车计划

卸车计划				装车计划				
卸车地点	车种车数	车辆来源	卸后用途	装车地点	车种车数	车辆来源	装车去向	挂运车次
货场	P10	上班待送	44141 排	货场	C10	上班结存	甲	33302
	C10	33006 到达	卸后装					
	C15	33305 到达						

要求：

利用空白“乙站技术作业图表”（见附页）编制 18:01 ~ 0:00 的阶段计划。

【任务分析】

完成该项任务，需解决以下问题：

（1）阶段计划包括哪些内容？

（2）如何编制阶段计划？

（3）编制阶段计划时如何保证车流与运行线紧密结合？

（4）如何编制调车机车运用计划？

【相关知识】

1. 阶段计划的内容

阶段计划主要包括以下内容：

（1）各方向到达列车的车次、时分、机车型号、机车号、进入场别、占用线别、编组内容、解体顺序和各次列车解体起止时分。

（2）发往各方向的列车车次、时分、机车交路及型号、机车号、编组内容、车流来源、占用发车场别、线别、各次列车编组作业起止时分。

（3）各货物作业地点的卸车数、品名、收货人、送车时间、卸空时间、卸后空车用途。

（4）各货物作业地点的装车数、车种、品名、到站、装车的空车来源、送入时间、装完时间、装后重车的挂运车次。

（5）装载重点军用、超限超重、剧毒品等特种货物的车辆加挂车次、辆数、编挂限制。

（6）中转列车成组甩挂车次、时间、辆数、去向。

（7）各场（区）及货物作业地点间的车辆（包括检修、洗刷、倒装等车辆）的交换次数、取送地点、时间、辆数。

（8）客车底取送及摘挂的车次、时间、地点、车种、辆数。

（9）调车机车运用和整备计划，驼峰解体、牵出线编组及取送作业的安排。

（10）检修车的扣修计划。

（11）施工和维修计划。

2. 编制阶段计划的资料

阶段计划的编制，必须掌握下列资料：

（1）列车到发和占线情况；

（2）现车分布情况；

（3）班计划规定的该阶段内到发列车的时分、编组内容；

（4）编组、解体、装车、卸车、取送和场间交换作业情况；

（5）到达列车的预确报；

（6）调车场线路的使用情况；

（7）调车机车运用和整备状况；

（8）机车交路情况；

（9）车辆检修、扣车计划；

（10）施工和维修计划。

车站调度员（助理调度员）于每天 18:00、0:00、6:00、12:00 向铁路局调度所报告包括重车分去向（其中到本局和邻局管内摘挂的车流分到站）、待卸车和空车分车种的现车情况。

铁路局调度于阶段计划开始前一小时，将下一阶段的列车运行调整计划（包括到发列车车次、预计到达时分、编组内容、机车交路及型号、机车号）等有关情况通知车站值班站长（车站调度员）。

车站调度员和车站值班员于阶段计划开始半小时前，将阶段计划和上级有关命令、指示、重点要求分别向有关工种人员布置下达。

3. 阶段计划的编制方法

（1）确定出发列车的车流来源。

阶段计划应根据班计划的安排来确定各次出发列车的车流来源，但是由于班计划的车流资料是预先推算的，列车实际到达的时间、编组内容、车辆实际作业完毕的时间和车数都有可能发生变化。因此，编制阶段计划与编制班计划不同，不能只按车流接续时间简单地推算车流，而应全面考虑列车到发、解编和车辆装卸、取送作业的实际情况，从车列编组开始时实际进入调车场参加集结的车流中，逐列落实出发列车的车流来源。

（2）保证车流与运行线紧密结合。

编制阶段计划的中心问题是组织车流上线，组织车流首先遇到的问题就是车流与运行线的矛盾。如果车流不足，出发运行线没有保证，可能造成列车欠轴或停运；车流过大，运行线不够用，则可能造成车流积压，车站堵塞。因此，应根据不同的情况采取调整措施，使车流与运行线紧密结合。

① 当车流不足时，可根据具体情况采用以下措施进行调整：

a. 调整解体顺序，提前解体挂有编组急需车流的车列，以满足编开列车的需要。

b. 组织接续车流快速作业，实现车流紧接续。

c. 组织本站货物作业车流补轴。根据编组列车的需要，有计划地组织本站货物作业车的取送、装卸作业，优先装卸、取送编组需要的车辆，以保证编组列车满轴、正点出发。

d. 请求调度所调整列车到达顺序，或利用小运转列车将本站编组急需的车流提前送到，以满足编开列车的需要。

② 当车流过大造成积压时，可建议调度所组织开行超轴列车，或利用单机挂车，或利用区段列车附挂中间站车流，将积压的车辆及时挂走，防止车站堵塞。

（3）编制调车机车运用计划。

合理运用调车机车，全面完成解编和取送任务是阶段计划的关键内容，也是衡量车站作业计划质量与指挥水平的重要标志。

在编制调车机车运用计划时，应注意：

① 合理分配调车机车的工作任务，均衡作业负担。具有数台调车机车的车站，每台调车机车的工作任务应有明确规定。

② 合理安排调车机车的作业顺序，保证编组列车的需要。首先，应根据解体列车的到达时间和编组出发列车规定的发车时间，保证满足规定的到达作业、出发作业所需时间，初步安排调车机车的解体和编组的起止时分；其次，逐列落实出发列车的车流来源，必须保证在编组时需解的车流已解完、需取的车流已取回，据此进一步调整调车机车各项作业的起止时分。

③ 合理安排取送作业。调车机车的取送作业应保证完成班计划规定的装卸任务，必须及时安排送车，保证按规定的装卸作业时间在班计划结束前能装卸完毕。

④ 组织调车机车协同动作，减少非生产等待时间。对于作业量大而稳定的装卸地点，应实行定时、定量取送制度；对于货流固定的成组车流，应组织成组装车，固定车次挂运；其

他零星车流则应根据调车机车能力、等送（取）车数及其用途，确定取送顺序、取送地点、取送车数和取送起止时分，还应减少取送次数和单机走行时间，尽量取送结合。

（4）合理制订到发场（线）运用计划。

阶段计划中的到发线运用计划，由车站调度员和车站值班员共同负责确定，由车站值班员亲自掌握。车站调度员或车站值班员必须变更到发线使用计划时，需征得对方的同意并在技术作业图表中作鲜明的标记。

当车站调度员和车站值班员对于确定和变更列车到发线运用计划产生不同意见时，应由车站值班站长决定。旅客列车到发线应固定使用。变更旅客列车到发线时，应通知客运等有关部门。

到发线运用计划与调车机车运用计划的关系十分密切，两者之间的能力应当互相调剂使用，当到发线能力不紧张而调车场内存车较多时，可组织车列提前编组或推迟解体时间，以减少调车场内停留车数，有利于解体作业顺利进行。反之，当到发线能力紧张时，应加速车列解体和适当推迟车列编组转线时间，但必须保证列车正点出发，保证有空闲线路不间断地接发列车。

【任务实施】

1. 初步安排乙站调车机车的解编作业

根据车站班计划规定及变化后的实际情况，确定本阶段解体、编组任务，并根据作业过程及作业时间标准，确定需解体的列车允许解体的最早时间，以及编组始发列车为保证正点出发必需的最晚编组时间，对调车机车的解体、编组顺序及起止时间进行初步安排。

根据乙站作业时间标准可知：列车到达后需办理完到达作业方可解体，即到达后至少35 分钟才能解体；列车出发前必须经过编组作业和出发作业才可发出，即摘挂列车最晚在出发前 35 + 25 = 1（h）必须编组，而区段列车则最晚在出发前 30 + 25 = 55（min）必须编组。

综上所述，乙站 18:01 ~ 0:00 解体和编组工作安排如表 3.2.6 所示。

表 3.2.6　18:01 ~ 0:00 调车机车解编作业起止时间

需解体的列车车次	到达时间	允许解体的最早时间	解体作业起止时间	编组内容
33006	18:35	19:10	19:10 ~ 19:40	
33305	20:50	21:25	21:25 ~ 21:55	
44144	23:40	0:15	0:15 ~ 0:45	
需编组的列车车次	出发时间	最晚必须编组的时间	编组作业起止时间	编组内容
33001	21:20	20:25	20:25 ~ 20:55	站存丙/30，货场待取丙/5，站存空/C15，专用线待取空/C5

续表

需编组的列车车次	出发时间	最晚必须编组的时间	编组作业起止时间	编组内容
44162	21:50	20:50	20:50～21:25	站存乙—甲/21，货场待取乙—甲/5，33006 乙—甲/20
44141	23:45	22:45	22:45～23:05	站存乙—丙/35，33305 乙—丙/10，货场卸空/P10
33302	0:05	23:10	23:10～23:40	站存甲/15，货场待取甲/5，33006/25，货场装甲/10
调车机车交接班	30 min（20:00～21:00）			

调车机车工作顺序及起止时间初步安排如图 3.2.2 所示。

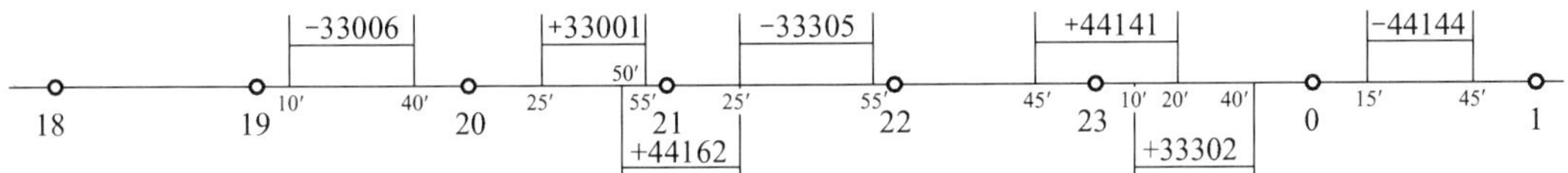

图 3.2.2　调车机车解编工作初步安排

2. 根据条件对调车机车作业进行调整

因为车站只配备了一台调车机车，不能同时进行两项作业，通过检查可知上图中编组 33001、编组 44162、编组 44141 和编组 33302 两处调车机车同时进行了两项作业，因此应进行调整。调整时解体作业的时间可往后延，但不能提前，编组作业的时间可往前提，但不能往后延，因此将编组 33001 和编组 44141 的时间提前，但要注意提前编组后还必须保证有空闲到发线供出发列车使用。

第一次调整后的调车机车作业安排如图 3.2.3 所示。

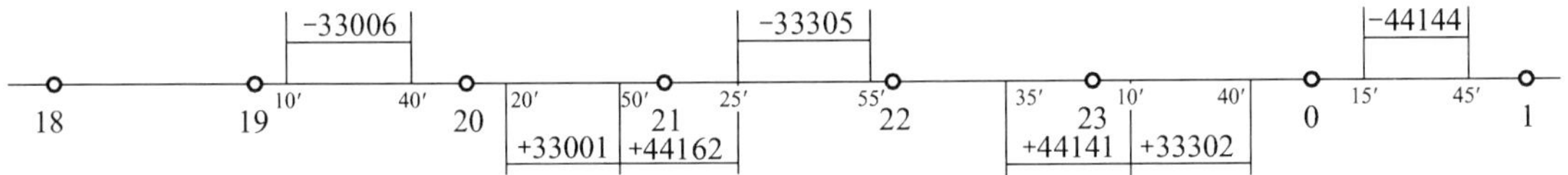

图 3.2.3　第一次调整后的调车机车工作安排

3. 逐列落实编组出发列车的车流来源

当编组列车所需车流全部在调车线内集结后，方可开始进行编组。

（1）编组 33001 次需要的车流为站存 30 辆重车和 15 辆空敞车，这 45 辆车在 18 点时已在调车线集结到位。另外，货场 18 点前装完的 5 辆重车和机务段 18 点前卸完的 5 辆空敞车还没取回调车线。因此，在编组 33001 次之前必须安排调车机车去货场和专用线取车。

（2）编组 44162 次需要的车流为站存 25 辆，33006 次解下的 20 辆，以及货场 18 点前装完的重车 5 辆，因此编组 44162 次前必须解完 33006 次，同时还要取回货场装完的 5 辆重车。

（3）编组 44141 次所需车流为站存 35 辆，33305 次解下的 10 辆，以及货场卸空的 10 辆棚车（卸车来源为上班待送），因此编组 44141 次前必须解完 33305 次，同时还要将上班待送的 10 辆棚车及时送到货场，并在卸完后及时安排调车机车取回以满足编组需要。

（4）编组 33302 次所需车流为站存 15 辆，33006 解完的 25 辆，货场 18 点前装完的 5 辆重车，以及货场 18 点后装完的 10 辆（装车的空车来源为上班结存），因此编组 33302 次前必须解完 33006 次，还必须将货场装完的 15 辆重车取回。

根据上述要求，安排调车机车的取送作业，取车时必须保证货车已装完或已卸完，此时调车机车的工作安排如图 3.2.4 所示。

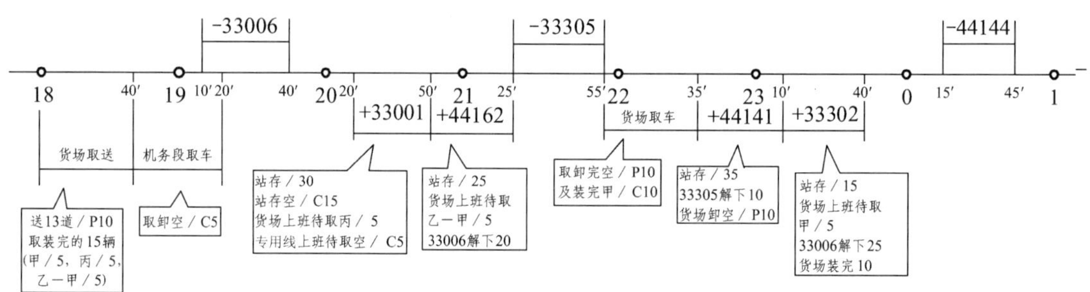

图 3.2.4 落实车流来源后的调车机车工作安排

4. 再次根据条件对调车机车作业进行调整

从图 3.2.4 中可看出，此时解体 33006 次与机务段取车作业同时进行，应将解体 33006 次的作业向后顺延；同时，经过这样的安排后，编组 33001 次的车流已落实，可将编组 33001 次的作业提前，并考虑交接班作业的需要。第二次调整后调车机车工作安排如图 3.2.5 所示。

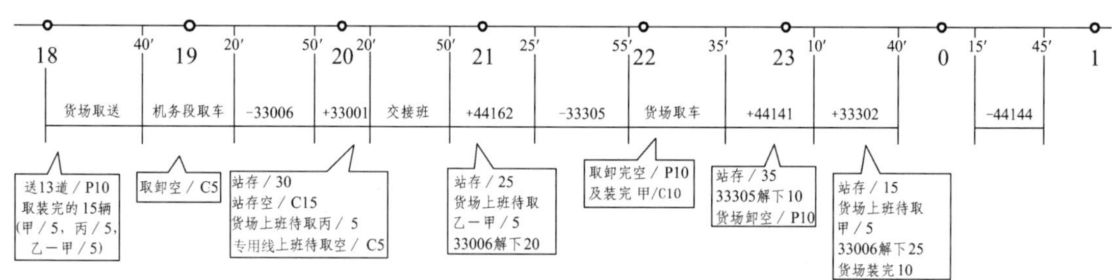

图 3.2.5 第二次调整后调车机车工作安排

5. 根据装、卸、排任务安排调车机车取送作业

除了围绕逐列落实出发列车车流的来源安排调车机车工作外，还要围绕保证完成装、卸、排计划规定的任务及时安排调车机车的取送工作。例如，按照装、卸、排任务的规定，上班

待送货场卸的 10 辆车卸完后由 44141 次挂运，货场装完的 10 辆车装完后由 33302 次挂运，因此必须及时安排调车机车进行取送，并且在取车时应保证车辆已作业完毕。经检查，在 21:55 ~ 22:35 调车机车货场送车时，在 13 道已有 33006 次解下的 10 辆和 33305 次解下的 15 辆需要送到货场进行作业，因此，本次作业既要取车也要送车，调整后的调车机车工作安排时间不变，但是作业内容发生了改变。

第三次调整后调车机车工作安排如图 3.2.6 所示。

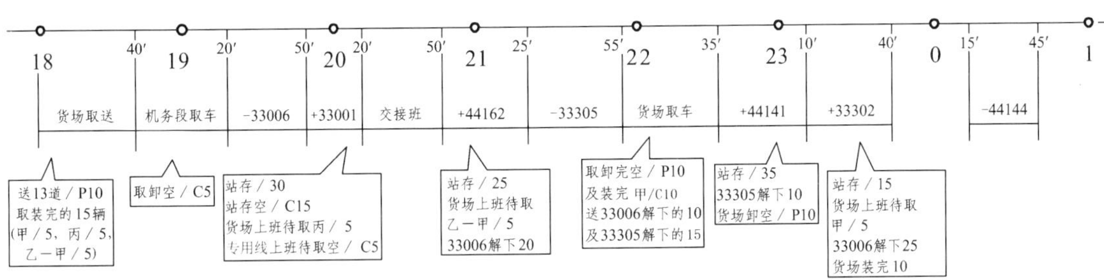

图 3.2.6 第三次调整后调车机车工作安排

6. 根据需要安排整场

当解体了几个列车后，有关调车线内的车数将会增加，由于车组与车组之间存在一定的距离（现场一般称为“天窗”），调车线的空余长度将会减少，可能会影响后续解体下来的车组停留，因此可根据现场的具体情况安排整场，目的就是为了消除调车线内的“天窗”。

进一步调整后的调车机车工作安排如图 3.2.7 所示。

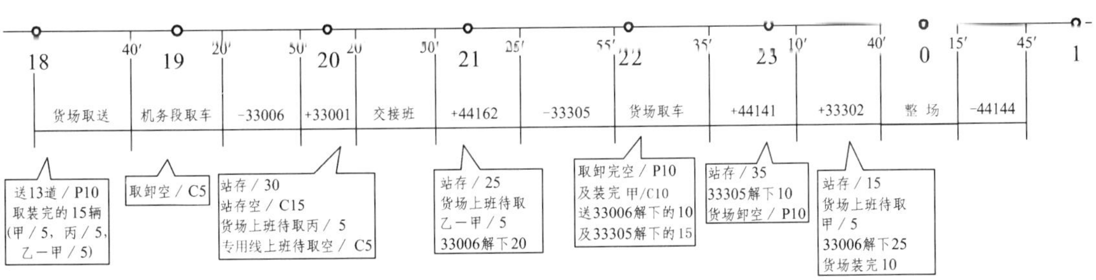

图 3.2.7 安排整场后的调车机车作业情况

调车机车运用计划是阶段计划的核心，编制调车机车运用计划可利用车站技术作业图表结合到发线使用情况同时进行编制，并按照车站技术作业图的填画规定进行填记。

乙站 18:01 ~ 0:00 的阶段计划编制结果如图 3.2.8 所示。

不同的编制者根据同样的条件编制的阶段计划并不一定完全相同，例如，解体 33305 次与其后的货场取送车顺序可调换，并且不影响其他作业。因此，只要满足规定的条件，保证各项任务的完成即可。

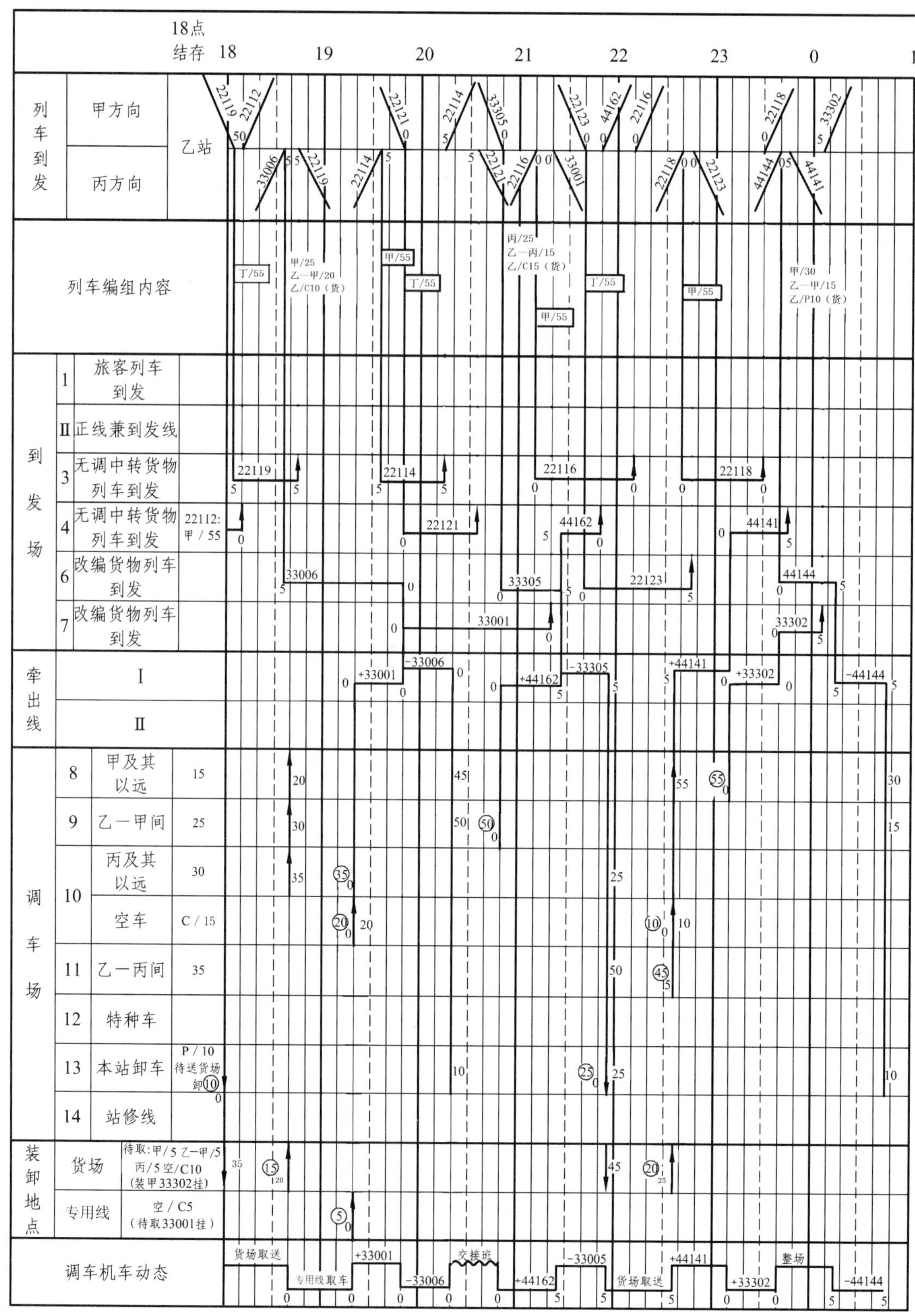

图 3.2.8 乙站技术作业图表

项目四 调车作业计划

【项目概述】

车站班计划规定了一个班的总任务，阶段计划规定了各阶段内每台调车机车解编、取送等调车作业的顺序和起止时间，而调车作业计划是保证实现阶段计划规定的调车作业的具体行动计划。

调车作业计划由调车领导人负责编制，并以调车作业通知单的形式下达给调车指挥人及有关人员执行。调车作业计划应根据阶段计划和现车分布状况、到达列车编组确报、驼峰（牵出线）利用情况及调车场线路固定用途和存车情况、各装卸地点作业进度及调车机车工作动态等实际情况，按照《车站行车工作细则》及有关规定进行编制。

本项目主要介绍调车作业通知单的填写方法及解体、编组、取送及中间站摘挂调车作业计划的编制方法。

【教学目标】

1. 技能目标

具备编制解体、编组、取送及中间站摘挂调车作业计划的能力，具备填写调车作业通知单的能力。

2. 知识目标

了解调车作业通知单的格式，明确调车作业通知单的填记方法，掌握解体、编组、取送及中间站摘挂调车作业计划的编制方法。

任务一 编制取送调车作业计划

【任务介绍】

已知：

（1）乙站位置及设备布置情况如图 4.1.1 和图 4.1.2 所示。

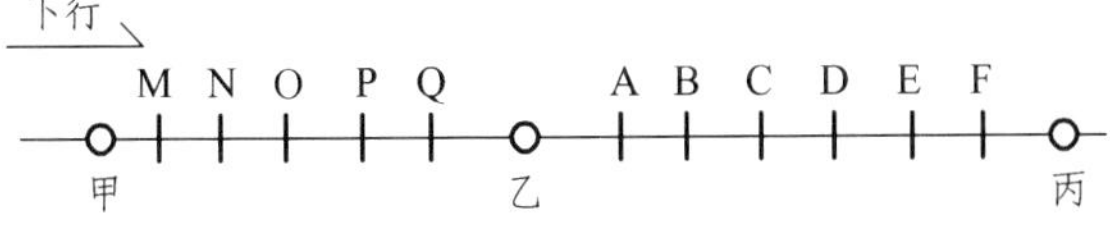

图 4.1.1 乙站的位置

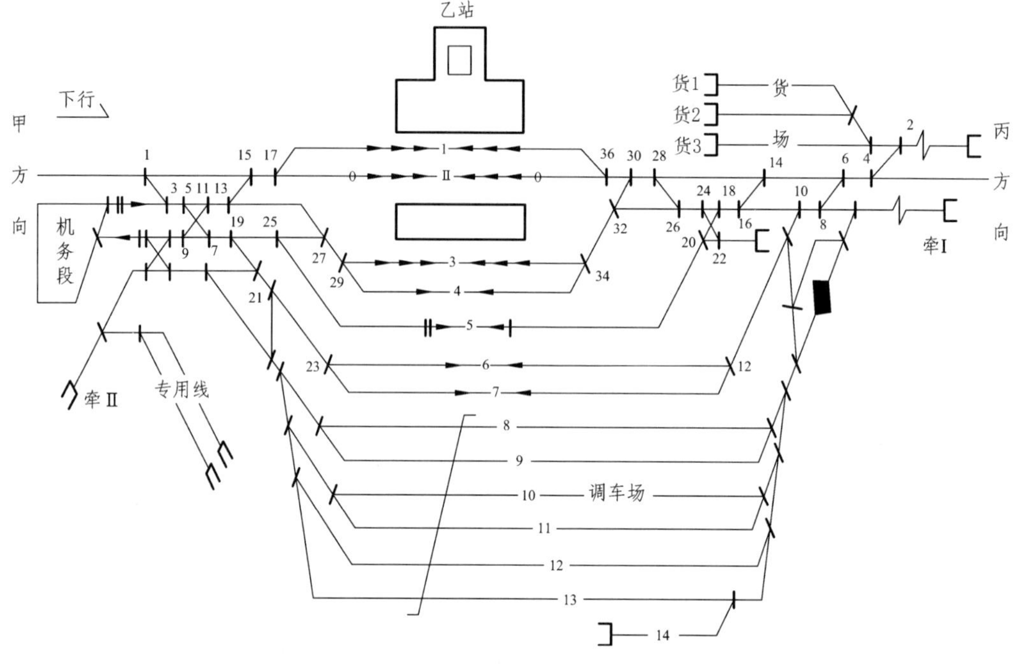

图 4.1.2 乙站设备位置示意图

（2）乙站调车线固定使用方案如表 4.1.1 所示。

表 4.1.1 调车线用途表

股道	8	9	10	11	13
用途	甲及其以远	乙—甲间	丙及其以远	乙—丙间	到达本站卸

（3）车站配备一台调车机车，通常在右端牵出线 I 上待命。

（4）乙站阶段计划中规定：

18:30 ~ 19:00 调车机车进行货场取送作业，本次取送作业要求将调车场 13 道的 10 辆重车送到货场 1 道，并将货场 19 辆装完的待取重车取回调车场，货场待取车具体分布情况如图 4.1.3 所示。

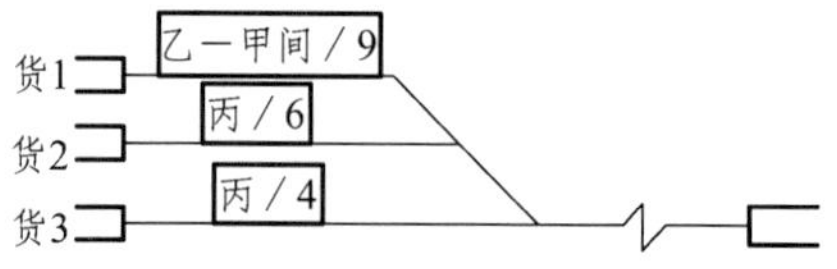

图 4.1.3 货场待取车分布示意图

要求：

根据上述条件编制调车机车货场取送调车的作业计划。

【任务分析】

完成该项任务，需解决以下问题：

（1）取送调车作业如何进行？

（2）调车作业计划包括哪些内容？

（3）编制调车作业计划的依据有哪些？

（4）如何填写调车作业通知单？

【相关知识】

1. 调车作业计划的编制依据

（1）阶段计划规定的各项调车作业的顺序和起止时分。

（2）到达列车确报：包括车种、车号、品名、载重、到站、收货人和特殊标记等。

（3）调车场线路及货物作业地点线路的固定用途、容车数和停留车情况。

（4）调车区现在车及其分布情况。

2. 调车作业通知单的填写

调车作业通知单应按各铁路局规定的格式逐项填记。

（1）调车作业通知单的格式。

调车作业通知单一般有两种，一种是配备有专用调车机车的车站用，另一种是未配备调车机车的车站用。

沈阳铁路局《行规》规定的调车作业通知单的格式如表 4.1.2 和表 4.1.3 所示，表 4.1.2 是技术站及配有调车机车的中间站使用的调车作业通知单（甲种），表 4.1.3 是中间站利用本务机车调车时使用的调车作业通知单（乙种）。

表 4.1.2 调车作业通知单（甲种）

调车作业通知单（甲种） 第 号

调 编组
解体 次列车 开始 时 分 终了 时 分

顺 序	经 由	线 别	车 数		记 事
			挂	摘	
1					
2					
3					
4					
5					
6					

编制人：

表 4.1.3 调车作业通知单（乙种）

调车作业通知单（乙种） 第 号

年 月 日

第 次列车 时 分起 时 分止

<table>
<tr><td rowspan="2">顺　序</td><td rowspan="2">经　由</td><td rowspan="2">线　别</td><td colspan="2">车　数</td><td rowspan="2">记　事</td></tr>
<tr><td>挂</td><td>摘</td></tr>
<tr><td>1</td><td></td><td></td><td></td><td></td><td></td></tr>
<tr><td>2</td><td></td><td></td><td></td><td></td><td></td></tr>
<tr><td>3</td><td></td><td></td><td></td><td></td><td></td></tr>
<tr><td>4</td><td></td><td></td><td></td><td></td><td></td></tr>
<tr><td>5</td><td></td><td></td><td></td><td></td><td></td></tr>
<tr><td>6</td><td></td><td></td><td></td><td></td><td></td></tr>
<tr><td></td><td></td><td></td><td></td><td></td><td></td></tr>
<tr><td></td><td></td><td></td><td></td><td></td><td></td></tr>
<tr><td colspan="6">线路示意图</td></tr>
<tr><td colspan="2">旅客列车车次</td><td></td><td colspan="2">预计到开时刻</td><td></td></tr>
<tr><td colspan="2">调车领导人</td><td></td><td colspan="2">值班干部签字</td><td></td></tr>
</table>

车站值班员：

（2）调车作业通知单的填记要求。

各铁路局和车站对调车作业通知单的填记要求不尽相同，以下是沈阳铁路局的填记规定：

① 按规定格式的项目填写齐全。

② 不同车场有相同股道名的线路，线别栏填记办法在《站细》内规定。

③ 挂车车数超过 5 辆时，在记事栏注明所挂最后部车辆的车号（不能掌握车号时除外）；挂走线路内全部车辆时，挂车栏内填记车数，记事栏填“全”；仅有一台调车机车作业的车站挂走线路内全部车辆超过 5 辆时，可不填记所挂最后部车辆的车号。机车带着车辆挂第一钩车时，要注明所带车数。

④ 禁止溜放的车辆在摘车数上画“○”；溜放限速连挂车辆及装载易窜动货物（钢轨、型钢、金属板、管、块、原木、方木、坑木、电柱、吊车、起重机、车辆轮对、钢梁）的车辆，记事栏内画“×”；可向空线溜放的禁止溜放车辆，在摘车数上画“△”；鲜蛋车在记事栏注明“蛋”；调动标有△W的车辆或向停放标有△W的车辆的线路上进行调车时，必须在调车作业通知单记事栏内注明“△W”。

⑤ 调动限速的车辆，在挂车数的记事栏内画“(　)”，并在（　）内注明限制速度。

⑥ 其他需要注明的事项及使用现在车管理系统编制调车作业计划的要求，在《站细》内规定。

中间站编制调车作业通知单时，对能进入接发旅客列车进路的调车作业，要注明作业时间内旅客列车的车次及预计到、发时刻。

3. 牵出线调车

牵出线调车也叫平面调车，是最基本的调车作业方式。目前，牵出线仍是我国铁路大多数技术站的主要调车设备之一，即使在采用了驼峰调车设备的车站，驼峰调车场尾部的编组作业、车列的转线、车辆的取送和摘挂等，也仍然采用牵出线调车作业的方法进行作业。因此，在全路的调车工作中，牵出线调车占有相当大的比重。

（1）牵出线调车的基本因素。

① 调车钩。

调车钩是指机车完成连挂、摘解或溜放车辆等调车工作的基本单位，我国铁路车站编制的调车作业计划就是以调车钩为单位，按其先后顺序排列的。通常调车钩的多少表示调车工作量的大小，而完成某一调车钩所需的时分简称“钩分”，平均钩分则表示了调车效率的高低，平均钩分越小，调车效率越高。

调车钩按其性质不同主要分为挂车钩和摘车钩两种。

a. 挂车钩：指机车（或挂有车组）驶往线路内连挂车辆后，牵出至开始进行下一项作业的地点的调车钩。

b. 摘车钩：指机车将车组摘解到指定线路内并返回至开始进行下一项作业的地点的调车钩。摘车钩按其采用的作业方法不同，又可分为推送钩和溜放钩两种。推送钩是机车将车组推送到线路内预定地点进行摘车，而溜放钩则是利用溜放的方法进行摘车。

② 调车程。

调车机车不变更运行方向的一次调车移动称为调车程。挂有车辆的调车程称为重程，单机完成的调车程称为空程。

调车程按其行程的长短分为短调车程和长调车程两种，调车程的长短是衡量调车工作效率的基本因素。一般情况下，调车行程越长，机车消耗的燃料和时间越多，调车工作效率越低。因此，调车工作组织的主要任务是在保证安全的基础上，尽量减少调车钩数，缩短调车行程，压缩平均钩分，努力提高调车工作效率。

（2）牵出线调车的作业方法。

牵出线调车，按操作技术分为推送调车法和溜放调车法两种。

① 推送调车法。

使用机车将车辆推送至指定地点停车后，再提开车钩摘车的调车作业方法，称为推送调车法，如图 4.1.4 所示。

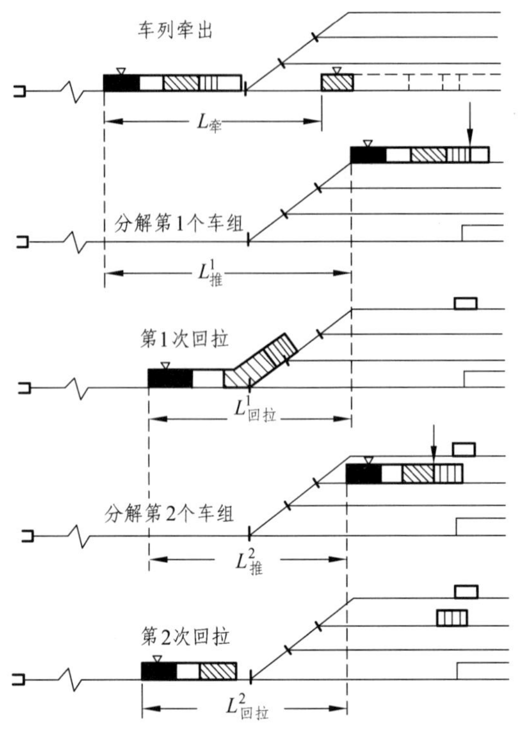

图 4.1.4 推送法调车示意图

推送调车法的基本作业过程为挂车、牵出、推进和摘车。

分解车列时，司机按照调车长的信号，将车列牵出至牵出线或分歧道岔外方，然后变更运行方向，推送至指定地点停车，由调车人员摘下第 1 个车组；调车司机按照调车长的信号指示，变更机车运行方向，牵引车列返回牵出线或分歧道岔外方，并用同样的方法，依次分解以后的车组。

采用推送调车法作业时，车辆在移动过程中始终和机车连挂在一起，直到车列停妥后再摘车，技术简单，作业安全。但是每分解一组车辆需用两个长调车程来完成，消耗时间多，作业效率低。因此，推送调车法只有在不允许溜放调车时才采用。例如，向车辆作业地点的取送车作业只能采用推送调车法进行。

② 溜放调车法。

利用机车推送车列达到一定的速度后，司机根据调车长的信号指示减速，调车员在车列推送过程中提钩，被摘下的车组利用调车机车推送所获得的动能，自行溜放到指定地点的调车方法称为溜放调车法。

按其操作技术不同，溜放调车法又分为单钩溜放、连续溜放、多组溜放法等。

a. 单钩溜放法（也称为单组溜放）。

机车推送车列加、减速一次溜出一个车组，待该车组越过分歧道岔不妨碍后续车组进路，要通进路后再溜放下一车组的方法称为单钩溜放调车法，如图 4.1.5 所示。

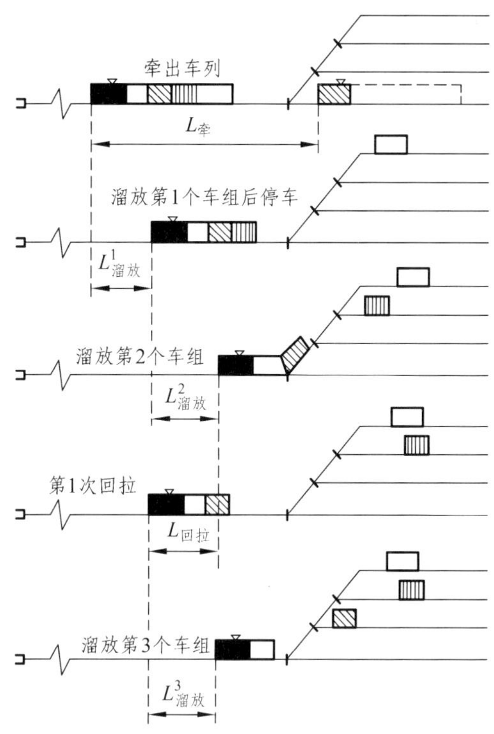

图 4.1.5　单钩溜放调车法

采用单钩溜放法分解车列时，机车将车列牵往牵出线，至分歧道岔外方有足以溜放一组车辆的距离时停车，然后，司机根据调车指挥人的信号指示，向调车场方向加速推进。当车列加速到一定速度时，调车指挥人显示减速或停车信号，调车员将计划溜出车组的车钩提开，机车减速停车，被摘开的车组即向指定线路溜行。此时，对溜出的车组需进行人力制动机制动或铁鞋制动。为了溜放下一车组，调车机车需将车列向牵出线回拉或停轮等待，在溜出车组越过影响次一车组溜放进路的警冲标内方，并开通进路后，再溜放下一车组。

单钩溜放法摘解一个车组的调车行程比较短，故其调车效率一般比推送法高 30%～50%，但每溜出一组车就需要停轮或向牵出线回拉，所以调车效率仍受到限制。

这种方法主要适用于牵出线长度过短的车站或车场，以及受调车组人数、技术水平、车列组成等条件限制，不能采用其他溜放法时采用。

b. 连续溜放法。

调车车列加减速一次，溜出一组车后，调车车列不进行回拉，继续进行不变更方向的加速、减速，每次加速、减速即溜出一个车组，这种连续溜放几个车组才向牵出线回拉一次的方法，称为连续溜放调车法，如图 4.1.6 所示。

采用连续溜放法调车，司机根据调车指挥人的信号指示，向调车场加速推进，当车列达到必要速度时，调车指挥人向司机显示减速或停车信号，调车员根据计划提开第 1 组车钩，司机施行制动，第 1 组车即脱离车列溜出。

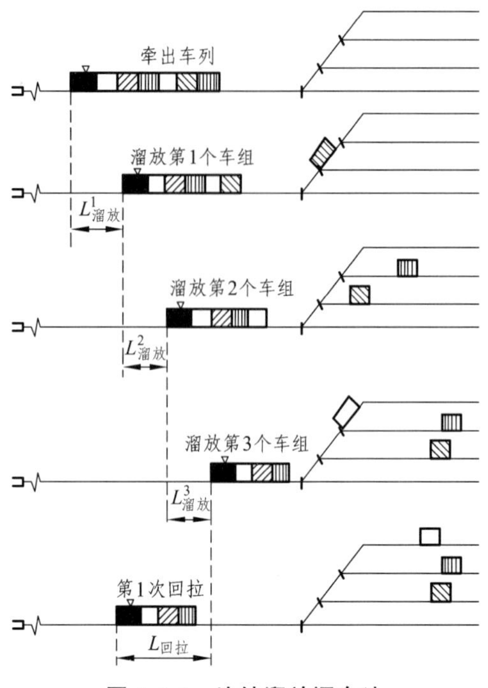

图 4.1.6　连续溜放调车法

当第 1 组车溜出必要距离后，机车再次起动加速到一定速度时，调车指挥人即显示减速或停车信号，调车员提开第 2 组车钩，司机又施行制动，第 2 组车即脱离车列溜出，如此直到加减速距离不足，不能继续溜放时，调车指挥人才指示机车向牵出线回拉，以便进行下一批的连续溜放。

连续溜放法分解一个车组的调车行程比单组溜放法更短，而且大大减少了回拉次数和停轮的时间，平均钩分小，调车效率比单钩溜放法一般会提高 50%～100%。

c. 多组溜放法。

调车车列一次加速、减速即溜出几个相邻的车组，溜出的各车组由制动员利用人力制动机进行调速，使车组间拉开间隔，符合安全扳道的条件后扳动道岔，使之分别溜入指定线路的方法，称为多组溜放法，如图 4.1.7 所示。

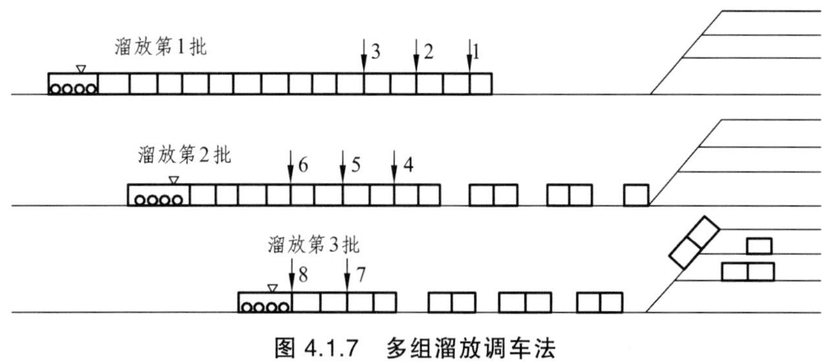

图 4.1.7　多组溜放调车法

采用多组溜放，每加减速一次可溜出 2～3 个车组，作业效率较连续溜放法可提高 40%～60%。但多组溜放需要靠制动员控制人力制动机以调整车组间的技术间隔，劳动强度大，需要制动员的人数多，而且技术要求高，需要制动员有过硬的基本功。

4. 车组溜行的间隔

采用溜放调车法调车时，保证溜行车组之间的间隔，是保证溜放调车作业安全，提高调车作业效率的重要条件。车组间隔过大，影响效率；间隔过小，不能保证道岔转换所需时间，易造成后行车组溜入错误线路或追尾，危及安全。

根据安全扳道的条件，前后两组车经过分歧道岔时应间隔的最小距离 $L_{间}$ 如图 4.1.8 所示。

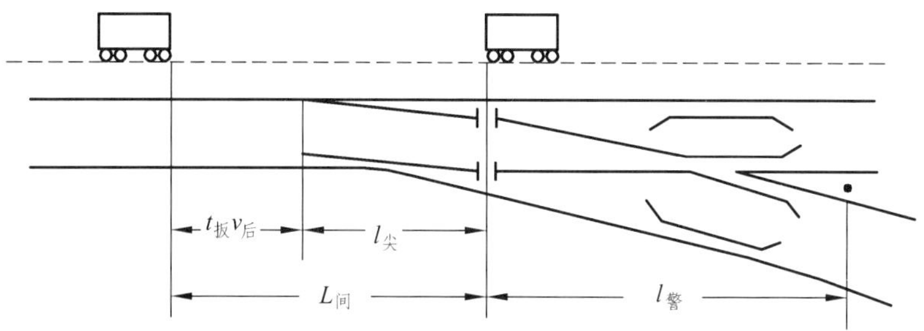

图 4.1.8 溜放车组最小间隔

$$L_{间}=t_{扳}v_{后}+l_{尖}$$

式中 $t_{扳}$——转换道岔所需的时间，s；

$v_{后}$——后行车组的溜行速度，m/s；

$l_{尖}$——道岔尖轨的长度，m。

当后行车组的溜行速度高于前行车组溜行速度时，$L_{间}$ 不仅要保证安全转换道岔的需要，而且还要防止后行车组在分歧道岔的警冲标外方追上前行车组发生侧面冲突。因此，假设道岔尖轨后跟至警冲标的距离为 $L_{警}$，则此时前后车组的最小间隔应满足：

$$\frac{L_{间}+l_{警}}{v_{后}}=\frac{l_{警}}{v_{前}}$$

即

$$L_{间}=l_{警}\left(\frac{v_{后}}{v_{前}}-1\right)$$

【任务实施】

（1）根据乙站设备的具体情况，货场在正线一侧，而调车场及牵出线则在正线另一侧，去货场取送作业必须横切正线，对正线列车运行会产生影响。因此，为了减少横切正线的次数，应该先将调车线 13 道上待送的 10 辆重车送到货场，然后再将货场待取的 19 辆重车取回至相应调车线，每次取送作业横切正线两次。

（2）向货物作业地点送车时，应该按照作业线路及货位使用的具体规定，采用推送调车法，将车辆一一推送到装卸车对应的货位所在的地点，即对货位。

（3）从货物作业地点取车时，应该按照本站调车场线路固定使用方案的规定，根据待取重车的去向或待取空车的种类，将车辆取回至对应的调车线，例如，货$_1$上装完的 9 辆乙—甲间的重车应取回至调车场 9 道；货$_2$上装完的 6 辆和货$_3$道装完的 4 辆丙及其以远的重车，应取回至调车场 10 道。

（4）当调车机车从 13 道将待送的 10 辆车送到货场时，由于货$_1$上停有待取的 9 辆车，所以不能直接将其摘下，必须先把货$_1$上的车挂走暂时存放到其他线路上，将货$_1$腾空后才能将待送的 10 辆车摘下并对货位。

（5）取车时重车应按去向、空车应按车种连挂在一起，例如，货$_2$上的 6 辆和货$_3$上的 4 辆车，都是丙去向的重车，应该连挂在一起，这样可减少回到调车场时的摘车钩数。

（6）回到调车场摘车时，必须根据调车机车所挂车列的顺序将车辆摘至对应调车线，如在货场先挂的是乙—甲间的 9 辆，后挂的是丙的 10 辆，那么回到调车场后应先去 10 道摘下 10 辆，后去 9 道摘下 9 辆；若在货场先挂的是丙的 10 辆，后挂的是乙—甲间的 9 辆，则回到调车场后应先去 9 道摘下 9 辆，后去 10 道摘下 10 辆。

易知，根据相同的条件，不同的人编制的调车作业计划不一定相同，表 4.1.4 是本次货场取送调车作业计划的一种。

表 4.1.4 取送调车作业计划

调车作业通知单（甲种）　　第　　号

I 调　货场取送　开始 18 时 30 分　终了 19 时 00 分

顺序	经由	线别	车数		记事
			挂	摘	
1		13	10		全
2		货$_1$	9		全
3		货$_2$		9	
4		货$_1$		10	对货位
5		货$_2$	15		全
6		货$_3$	4		
7		10		10	
8		9		9	
9					
10					

【拓展提高】

1. 调车场线路的用途

调车场线路的用途主要有：

（1）用于集结和编组车列（车组）。

（2）存放各种车辆，如到达本站卸的货物作业车、场间交换车、扣修车、倒装车和装载特种货物或超限货物的车辆等。

用于集结和编组的线路，尽可能按照列车编组计划的规定，每编组一个到达站的列车或车流方向，应固定使用一条调车线。若可供使用的线路数少于规定的编组列车到达站数时，应首先满足主要车流单独集结的需要，对其余车流量较小的到达站方向，可合并使用一条线路。

用于存放其他车辆的线路，应在保证调车安全、不大量产生重复作业和严重交叉干扰的条件下，尽量做到一线多用。

2. 确定调车场线路的具体用途应考虑的因素

由于调车场线路的有效长度和平纵断面条件不尽相同，在固定其具体用途时应考虑以下因素：

（1）适应车流量大小的需要。

车流量大的编组去向固定长线，车流量小的则固定短线，并尽量选择容车数大于该去向列车编组辆数的线路，以减少整理车场的调车作业。

（2）均衡牵出线的作业负担。

例如，当调车场尾部具有两条编组用的牵出线时，将车流量大的几个编组去向分散固定在衔接不同牵出线的调车线上，以均衡两条牵出线的作业负担。

（3）减少调车作业的干扰。

例如，对横列式车站，应把车流量大的编组去向固定在靠近出发场的调车线上；交换车固定停放在接近邻区的线路上；集结同一去向的两条调车线和合编分组列车的线路，固定在同一线束的相邻线路上。

（4）照顾车辆的溜行性能。

对空车和难行车比重较大的编组去向，尽可能固定在易行线上；对易行车比重较大的编组去向，应固定在难行线上，以平衡车辆溜行阻力，提高解体调车的效率。

（5）便于车辆检修和其他作业。

例如，站修线应固定在线间距较宽、靠近调车场外侧的线路上；装载特种货物及超限货物的车辆，固定在偏僻且有利于保安的线路上。

总之，调车场线路的固定使用与车流性质、车流大小、线路的条件等有着密切的关系。车站应根据列车编组计划的要求及具体条件确定调车线固定使用方案，并纳入《站细》。

3. 调车区的划分

在配有两台及以上调车机车的车站，为了合理有效地使用调车机车，充分发挥每台调车机车的能力，应根据运输生产的需要，将车站划分成数个调车区，每一调车区有固定的调车机车和调车组，当越区作业时，需取得对方调车区的同意。

调车场划分调车区的方法有以下两种：

（1）横向划分调车区。

从调车场的中间或指定地点，用垂直线将调车场划分为左右两个调车区，两个调车区之间设立不少于 20 m 的安全区，作为彼此隔开的安全措施。作业时，两端调车机车推送或连挂车辆，均不得侵入安全区。

（2）纵向划分调车区。

按列车编组计划规定的编组列车到达站的多少以及每支车流的大小，以调车场的线束或股道数的多少划分为两个调车区。纵向划区时，在本区管辖的线路上可以进行溜放、推送和连挂。

纵向划分调车区的优点是便于掌握调车线的使用，避免同一线路两端同时作业而产生的不安全因素；缺点是对于线路少、车流方向多的车站，可能会造成线路不足，增加重复改编作业。该方法适用于调车线较多的车站。

横向划分调车区的优缺点与纵向划分调车区相反，适用于调车线较长，数量较少的车站。

4. 制动工作

在调车工作中，为了保证前后两组车之间必要的间隔，以及使车组停在指定的地点，均需对有关车辆施行制动，前者为间隔制动，后者为目的制动。

我国铁路调车工作中采用的制动工具有人力制动机、铁鞋、减速器、减速顶等。

（1）人力制动机制动。

人力制动机制动即制动员利用人力控制车辆上的人力制动机，通过制动装置的杠杆作用，使闸瓦与车轮踏面之间摩擦而产生制动力，阻止车轮的滚动，从而起到制动车辆的目的。

在制动力一定的前提条件下，车组溜放速度越高，车组重量越大，则制动距离越长。在溜放速度和车组重量一定的情况下，为了缩短制动距离，提高调车作业效率，可选择制动力较强的人力制动机进行制动。

（2）铁鞋制动。

铁鞋制动的原理是将特制的铁鞋放在溜行车组前进方向的钢轨上，向前滚动的车轮压上铁鞋后，原来轮轨之间的滚动摩擦变为铁鞋底部与钢轨之间的滑动摩擦。据测定，滑动摩擦系数比滚动摩擦系数大十几倍，铁鞋制动正是利用变滚动摩擦为滑动摩擦的原理，增大摩擦力，使溜行车组尽快减速或停车。

铁鞋制动的主要工具有铁鞋、铁鞋叉子。铁鞋的构造如图 4.1.9 所示。

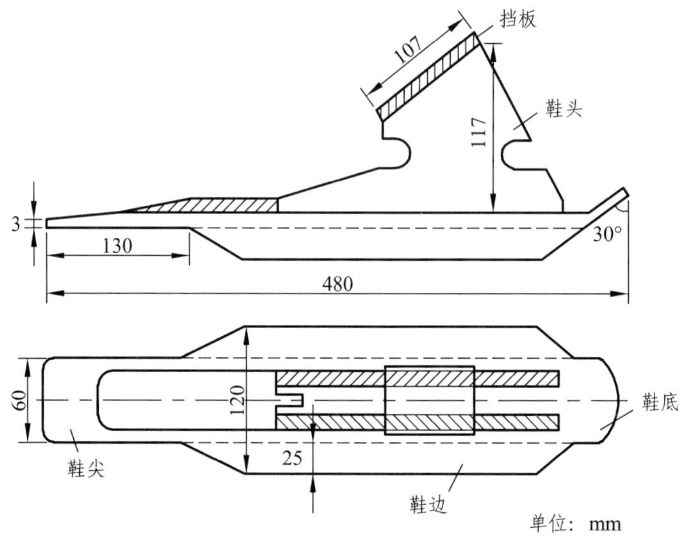

图 4.1.9　铁鞋构造示意图

提高铁鞋制动效率的主要途径有：

① 增大铁鞋底部与钢轨顶面的摩擦系数。例如，在雨雪雾霜天气和轨面有油污时，可在轨面上撒沙子。

② 选择轴重大的车辆下铁鞋。对两辆及以上的溜行车组，可选择载重大的重车下铁鞋。

③ 多下铁鞋。通常铁鞋应放在同一辆车的前后两个转向架之间，俗称“大挡下鞋”。当溜行车组车速较快，需要较大制动力时，除“大挡下鞋”外，也可将铁鞋下在前车的后转向架与后车的前转向架之间，俗称“小挡下鞋”，达到多下铁鞋增加制动力的目的。

（3）减速器制动。

车辆减速器是驼峰调车的主要调速设备。按其对车辆产生制动力的动作原理，主要有非重力式和重力式两种类型。

重力式减速器只有“制动”和“缓解”两个操作按钮，制动力的大小主要依靠车辆自身的重量进行自动调整，车辆越重制动力越大，车辆越轻则制动力越小。在作业中，驼峰作业员只能利用控制制动时间的长短来调节制动能力的大小。

非重力式减速器是以压缩空气为动力，使制动夹板对车轮产生侧压力，从而对车辆施行制动达到减速的目的。制动力的大小可根据车辆的重量和速度，由不同的气压等级进行调整，与被制动的车辆的重量无关。在作业中，驼峰作业员可根据需要操纵制动按钮，通过变更制动等级和掌握制动时间的长短来调节制动力的大小。

（4）减速顶制动。

减速顶是安装在调车场线路钢轨一侧，控制车辆溜行速度的调速工具，如图 4.1.10 所示。

图 4.1.10 减速顶构造及安装示意图

根据减速顶的设置位置及要求不同，可以调整减速顶的临界速度，当车辆溜行速度低于减速顶调定的临界速度时，减速顶对车辆基本不起减速作用；当车辆溜行速度高于减速顶调定的临界速度时，减速顶对车辆则起减速作用。

任务二　编制整列解体调车作业计划

【任务介绍】

已知：

（1）乙站位置及设备布置、调车线固定使用方案、调车机车配备情况同任务一。

（2）乙站阶段计划中规定：19:00 ~ 19:30 调车机车进行解体 30051 次列车的作业；30051 次列车计划接入到发线 4 道。

（3）从甲站传来的 30051 次列车到达确报得知 30051 次由 56 辆组成，其编组内容为：丙/25，乙—丙/21，乙/10。

30051 次列车编组顺序及到站情况如表 4.2.1 所示。

表 4.2.1　30051 次列车到达确报主要栏目记载情况

甲 站编组　乙 站终到　　年　月　日　时　分　30051 次列车

自首

顺序	车种	罐车油种	车号	自重	换长	载重	到站	货物名称	发站	篷布	收货人或卸线、票据号	车辆使用属性	记事
1	C_{63}		4325181				B						
⋮							⋮						
5	C_{65}		4176369				/						
6	P_{62}		3100492				E						
⋮							⋮						
8	P_{63}		3300234				/						
9	N_{17}		5049039				丙						
10	/		5048484				/						
11	C_{61}		4311871				D						
12	/		4312932				/						
13	C_{62}		4103737				丙						
⋮							⋮						
17	C_{65}		4176500				/						
18	P_{61}		3071584				F						
19	/		3064814				/						
20	/		3063747				/						

续表

顺序	车种	罐车油种	车号	自重	换长	载重	到站	货物名称	发站	篷布	收货人或卸线、票据号	车辆使用属性	记事
21	P_{64}		3402936				乙				货$_3$		
⋮							⋮				⋮		
27	C_{62A}		4500171				/				/		
28	C_{16}		4170290				丙						△7
29	/		4170183				C						
30	C_{61}		4310220				/						
31	C_{61}		4300019				丙						
32	/		4300192				/						
33	/		4300793				C						
⋮							⋮						
36	P_{62}		3310484				/						
37	/		3101927				丙						
⋮							⋮						
42	G_{12}	L	6057779				/						
43	/	/	6057814				A						
44	/	/	6057850				/						
45	C_{63}		4325008				丙			2			
⋮							⋮						
53	/		4326193				/						
54	NX_{17}		5265782				乙				货$_2$		
55	/		5265714				/						
56	/		5265669				/						

要求：

根据上述条件编制整列解体 30051 次列车的调车作业计划。

【任务分析】

完成该项任务，需解决以下问题：

（1）驼峰解体调车作业如何进行？

【相关知识】

1. 驼峰调车的基本原理

驼峰是利用车辆的重力和驼峰的势能（高度），辅以机车推力来分解车列的一种专门用于解体的调车设备。驼峰的组成如图 4.2.1 所示。

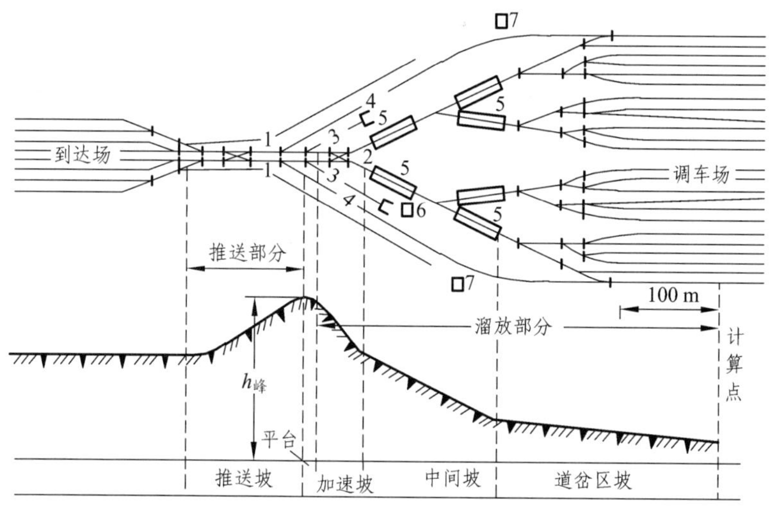

图 4.2.1 驼峰组成示意图

利用驼峰来分解车列时，调车机车将车列推送至峰顶，摘开车钩后，车组凭借所获得的势能和车辆本身的重力向下溜行至调车场指定线路内。

2. 驼峰调车的作业程序

驼峰解体车列时，一般都要经过挂车（牵出）、推峰、溜放和整场等作业过程。

（1）挂车（牵出）。

驼峰机车从峰顶或从等待作业的地点按调车作业计划要求，驶至到达线连挂待解车列，在到达场与调车场并列布置的横列式车站，还需将车列牵出至峰前牵出线。

（2）推峰。

驼峰机车根据驼峰信号机的显示，将车列推送至峰顶驼峰主体信号机前准备解体。采取双推单溜作业方案的驼峰，还包括将车列预推至驼峰信号机前等待。

（3）溜放。

按照驼峰色灯信号机的显示要求进行定、变速推峰，根据调车作业计划进行提钩，使被摘解的车组脱钩，依靠车辆本身的重力自行溜向调车场内指定的线路。若峰顶设有禁溜车暂存线，在分解车列遇到禁溜车时，可将其先送至禁溜车暂存线停留，分解一个（或几个）车列后，再由调车机车将禁止溜放的车辆从禁溜车暂存线上取出，通过迂回线送至峰下指定调车线。

（4）整场。

整场的目的是消除车组之间的“天窗”和推送各线路的“堵门车”，为驼峰分解下一车列打好基础。

采用双推双溜作业方案时还有交换转场车的作业。

【任务实施】

（1）乙站右端设有简易驼峰，可采用驼峰调车作业方法进行解体作业。

（2）30051 次列车计划接入 4 道，到达作业完毕后，调车机车首先应从牵Ⅰ去 4 道挂取待解的车列，将待解车列向牵出线方向牵出，整列解体必须将待解车列一次全部牵出。

（3）根据 30051 次到达确报自首开始填记，而列车是由甲站开来，列车头部在右端，可确定调车机车连挂车列时，与调车机车相连的是确报中最上面（实际车列的最右端）的车辆，离调车机车最远的则是确报中最下面（实际车列的最左端）的车辆，解体是按确报由下至上，即按实际车列的从左至右逐钩进行，最先摘下的应是车列最左边的一组，即 3 辆到达乙站卸的重车，其次摘下的是去向丙的 9 辆重车等。

（4）分解车列时，应根据确报中记载的各车组的去向或车种，按照车站线路固定使用方案的规定，从离调车机车最远的车组开始，逐步向调车机车方向的车组摘钩。

（5）由于乙站未设置峰顶禁溜车暂存线，在分解车列遇到禁止溜放调车的车组时，应由调车机车推送至对应调车线。

根据上述资料编制的整列解体 30051 次列车的调车作业计划如表 4.2.2 所示。

表 4.2.2 整列解体 30051 次的调车作业计划

调车作业通知单（甲种） 第 号

Ⅰ调 解体 30051 次列车 开始 19 时 00 分 终了 19 时 30 分

顺序	经由	线别	车数		记事
			挂	摘	
1		4	56		全
2		13		3	
3		10		9	
4		11		2	
5		10		6	
6		11		4	
7		10		2	
8		11		2	
9		10		1	禁溜
10		13		7	
11		11		3	
12		10		5	
13		11		2	
14		10		2	
15		11		8	

【拓展提高】

1. 驼峰调车的推峰速度

驼峰溜放调车时，机车推峰主要是将车列推送至峰顶，同时还应使所有车组都能溜入应溜入线路的警冲标内方指定地点。若推峰速度过大，车组从峰顶溜下的速度可能也过大，此时会增加车组溜行过程中的制动困难；若推峰速度过小，车组从峰顶溜下的速度可能也过小，此时车组可能溜不进应溜入线路而在警冲标外方停下，或不能溜入线路内指定地点造成“堵门”或“天窗”过大。因此，推峰速度的大小影响着驼峰调车作业的安全和效率。

（1）影响推峰速度的因素。

① 车辆的走行性能。

车辆的走行性能取决于车辆走行部分各部件的状态及油润情况，还取决于车种、车型、载重、气候条件及线路状况等，根据溜行阻力的大小可将溜行的车辆分为易行车和难行车。

易行车是指惰力大，运行阻力小，相同条件下溜行速度较快的车辆。如装载油、钢、煤、粮等重质货物的车辆。

难行车是指惰力小，运行阻力大，相同条件下溜行速度较慢的车辆。如空车及装载轻浮货物的车辆。

② 溜入线路的阻力。

在车组的溜行过程中，道岔和曲线都将对其溜行产生附加阻力，根据线路阻力的大小，可将调车线分为难行线和易行线。

难行线是指车组由驼峰峰顶溜往线路的过程中，经过的道岔和曲线较多，道岔和曲线附加阻力较大的线路。反之，易行线是经过的道岔和曲线较少，道岔和曲线附加阻力较小的线路。

③ 溜行车组的大小。

根据溜行车组辆数的多少，可将车组分为大、中、小车组，7 辆及其以上为大车组，4 ~ 6 辆为中车组，1 ~ 3 辆为小车组。

一般规律是小车组溜行快，大车组溜行慢。因为大车组内的车辆互相牵制，互相阻碍产生很大的阻力，车组加速过程缓慢。

④ 气温、风向和风力。

低温轴油凝固或逆风时，车组溜行的阻力显著增加；而高温或顺风时阻力小，有时顺风甚至起加速作用。

⑤ 车组的溜行距离。

在上述条件相同的情况下，溜行车组从峰顶到车组预定停车地点的距离越长，车组为了克服阻力所消耗的能量也就越大，需要的推峰速度也越高。

此外，车组在车列中的排列顺序，相邻车组共同溜行的距离，峰下制动员的作业条件等，对确定推峰速度都有一定影响。

（2）调节推峰速度的方法。

在驼峰峰高一定的条件下，机车的推峰速度应保证阻力最大的难行车能溜入难行线的警冲标内方，并保证阻力最小的易行车在进入车辆减速器时的速度不超过规定的减速器安全入口速度（21 ~ 23 km/h），同时还应保证车组进入每条线路内的速度不超过规定的最大允许上鞋速度（18 km/h）。

① 简易驼峰调节推峰速度的方法。

简易驼峰的峰高较低，调车场头部大多采用复式梯线连接，难、易行线的阻力相差较大，峰下溜放部分一般不设置车辆减速设备，相同的推峰速度难以满足各种车组溜行的实际需要，因此，简易驼峰多采用以变速推峰为主、定速与变速推峰相结合的方法进行推峰。

a. 定速推峰（前后两组车的推峰速度相同）。

对车组大小和走行性能基本相同的连续几个车组，如溜入线路的阻力相差不大，一般可以采用定速推峰的方法。

当遇到难行车需溜入易行线，而易行车需溜入难行线，或前后车组共同溜行距离较短时，也可采用定速推峰的方法。

b. 变速推峰（前后两组车的推峰速度不同）。

当车组排列顺序为前难后易、前远后近（即前面车组为难行车、后面车组为易行车，且难行车溜行距离远、易行车溜行距离近）时，应提高前行车组的推峰速度，并降低后行车组的推峰速度；当车组排列顺序为前易后难、前近后远（即前面车组为易行车、后面车组为难行车，且易行车溜行距离近、难行车溜行距离远）时，则应以较低的速度溜出前行车组后暂停推峰，增大前后车组的峰顶间隔，然后再以较高速度溜出后行车组。

② 机械化驼峰调节推峰速度的方法。

机械化驼峰的峰高较高，调车场头部一般采用对称线束布置，难、易行线阻力相差不大，峰下溜放部分一般设有车辆减速器对溜行速度较高的车组进行制动，因此，机械化驼峰基本上以定速推峰为主，一般推峰速度为 5 km/h，只在下列情况时，才采用变速推峰的方法：

a. 位于小车组后面的长大车组，对长大车组应提高其推峰速度，以缩短车组间隔，提高作业效率；反之，位于大车组后面的小车组应降低推峰速度，以加大车组间隔，防止追尾。

b. 遇车组排列顺序为前易后难、前近后远时，变速推峰的方法与简易驼峰相同。

2. 驼峰调车的提钩工作

驼峰分解车列时，摘下的车组的重心一旦进入驼峰溜放部分的加速坡，就会脱离车列自行向峰下溜去。

车组开始脱离车列的地点叫脱钩点。车组未到脱钩点以前，车钩呈压缩状态，易于提开车钩；车组一旦越过脱钩点，车钩即呈拉伸状态，不易提开。

因此，提钩必须在车组进入脱钩点以前的适当时机进行。提钩过早，可能因车列振动而使钩销回落，或遇有紧急情况需要暂停作业时，对已提开的车组无法控制而影响安全；提钩过晚，车组越过脱钩点，会使得车列提不开车钩，需要回拉（俗称“钓鱼”），重新提钩，影响作业效率。

车组脱钩点的一般规律：小车组在越过峰顶 1/2 左右，大车组在越过峰顶 1/3 左右脱钩。但是当大车组前重后空时，脱钩点将提前；反之，则推后。

3. 驼峰调车的作业方案

按照驼峰设备条件和配备的调车机车台数的不同，驼峰作业组织有不同的方式。驼峰作业方案主要有以下三种：

（1）单推单溜方案。

具有一条推送线和一条溜放线，使用一台驼峰机车工作，并由驼峰机车担当整场的方案，称单推单溜方案。

该方案的特点是驼峰机车没有等待时间，按照驼峰解体列车的 4 个程序不间断地工作，但是驼峰被占用的间隔时间较长，驼峰的解体能力较小。

（2）双推单溜方案。

具有两条推送线和一条溜放线，使用两台驼峰机车工作，并由驼峰机车担当整场的方案，称双推单溜方案。

该方案的特点是由于具有两条推送线，两台机车可以流水循环作业，一台调车机车在推峰解体，另一台调车机车则可进行预推峰，将待解车列预先推送至峰前。虽然驼峰调车机车有一段等待解体的时间，但驼峰被占用的间隔时间较短，能大大提高驼峰利用率，驼峰的解体能力较大。我国主要编组站的机械化驼峰大多采用该方案。

（3）双推双溜方案。

具有两条及以上推送线、两个峰顶、两条溜放线的驼峰，使用 3 台及以上调车机车工作的方案，称双推双溜方案。

该方案特点是两台驼峰机车可以完全平行作业，两个驼峰分别解体上下行列车，驼峰的解体能力大大提高。但是，当车站衔接的方向较多时，两个作业区域之间难免产生大量的交换车，也会大大增加重复分解的调车作业。因此，我国铁路主要编组站很少采用这种作业方案。

【相关实训】

在溜放调车中，测得前行车组溜过分歧道岔尖轨时的速度为 3 m/s，此时后行车组与前行车组相距 20 m，后行车组的速度为 4.2 m/s，假定扳岔时间为 2 s，尖轨长度为 6.25 m，$L_{警}$ 为 45 m，问两车组的间距是否能够保证扳岔需要和作业安全？

任务三　编制分部解体调车作业计划

【任务介绍】

已知：

（1）所有资料同任务二。

（2）假设乙站牵出线 I 的长度不能满足一次牵出车列解体的需要，必须分成两部分进行解体。

要求：

根据上述条件编制分部解体 30051 次的调车作业计划。

【任务分析】

完成该项任务，需解决以下问题：

（1）分部解体时应如何选择开口位置？

（2）什么是“坐编”车组？

【相关知识】

在横列式车站，当受牵出线长度或调车机车牵引力大小的限制，无法一次整列牵出需解体的车列时，可采用分部解体的方法进行解体作业。分部解体时，如果分成两部分，一般在待解体车列中部将待解车列分开（开口），实际上还应根据待解车列的具体组成情况考虑选择开口位置。选择开口位置的一般原则有以下几点：

（1）当待解车列中有禁溜车时，应在禁溜车之后开口（调车机车所在位置为后，推送方向为前）。

例：假如待解车列由 52 辆组成，其编组情况如图 4.3.1 所示。

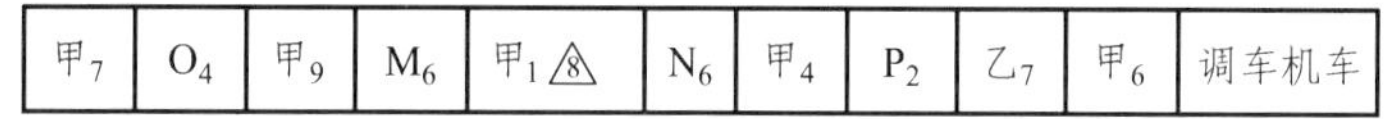

图 4.3.1　待解车列组成示意图（一）

若分成两部分解体，按一般情况应在 M_6 和甲$_1$△8 之间开口，每次分解 26 辆，这样一来，在分解第一部分时，第一钩就是摘下甲$_1$△8，而这是一组禁溜车，必须采用推送的方法将其送至调车线指定位置摘钩，此时调车机车将带着其余的 25 辆车去推送，既费时又费力，影响调车效率。因此可考虑在甲$_1$△8 与 N_6 之间开口，此时甲$_1$△8 放在第二部分分解，而且是最后一钩单独推送，推送时带车数少，省时省力。

（2）当待解车列中有长大车组时，应在长大车组之前开口。

例：假如待解车列由 56 辆组成，其编组情况如图 4.3.2 所示。

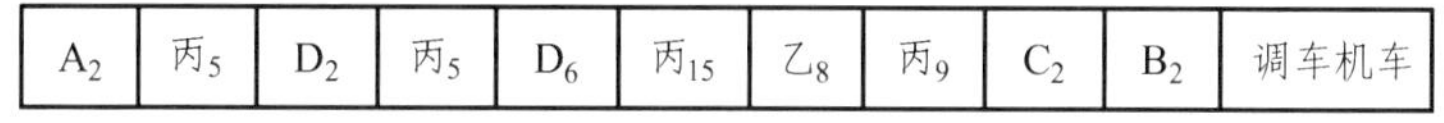

图 4.3.2　待解车列组成示意图（二）

若分成两部分解体，一般情况从待解车列中间开口，但是这将把丙$_{15}$这组车人为分开，是不合理的。如果在丙$_{15}$与乙$_8$之间开口，将丙$_{15}$放在第二部分进行分解，在整个解体过程中将一直带着这 15 辆车，到最后一钩才能将其摘下。较好的做法是在 D_6 与丙$_{15}$之间开口，将丙$_{15}$放在第一部分进行分解，这样第一钩就会将其摘下，减少了以后调车的带车数，减轻了调车车列的重量，有利于方便调车作业及提高调车效率。

（3）当待解车列中有“坐编”车组时，应在“坐编”车组之后开口。

当解体完一个列车后，马上编组另一个列车，而编组这个列车需要的车流有一部分来自刚解完的列车，如果这部分编组所需的车流中有一个较大的车组，那么在解体列车时可不必将该车组牵出分解，可将其留在到达线上，只解其他车辆，解完后将编组所缺的其余车辆连挂后转往解体列车所在的到达线上，与留在到达线上未参加解体的车组连接即可编成列车。留在到达线上的未参加解体的车组俗称“坐编”车组。

例如，乙站阶段计划规定 20:50 ~ 21:50 解完 30138 次后马上编组 30052 次，而编组 30052 次的车流来源为 30138 甲/45，站存甲/11，共 56 辆。根据列车确报，30138 次的具体编组内容和编组顺序如图 4.3.3 所示。

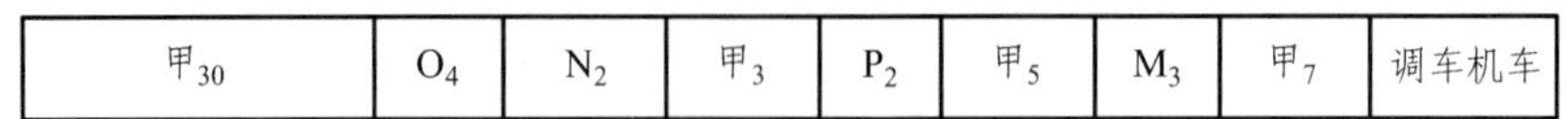

图 4.3.3　待解车列组成示意图（三）

30138 次列车中甲及其以远的车辆共 45 辆，其中有一个大车组甲$_{30}$，这个大车组就可以作为“坐编”车组留在到发线上不参加解体，只解其余 26 辆，解完后将编组所需的其余 26 辆甲及其以远的车，补足到甲$_{30}$所在的到发线上并与“坐编”车组连接，即可完成编组 30052 次的作业。因此，可选择在甲$_{30}$与 O_4之间开口。

（4）当调车场内某股道有“堵门车”时，应避免开口后的第一组车为进入该线的车组，以免调车机车带着其他车辆到该线路顶送堵门车。如不可避免时，可借用其他合适的线路，暂时将其溜入所借线路，待推送完“堵门车”后，再将其转至固定使用的线路内。

【任务实施】

（1）根据列车到达确报，30051 次列车的编组内容和编组顺序可用图 4.3.4 表示。

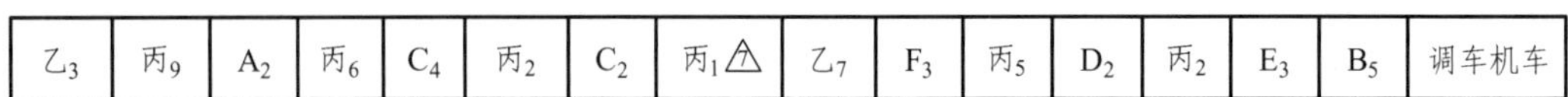

图 4.3.4　30051 次列车到达确报及编组顺序示意图

（2）30051 次列车由 56 辆组成，分成两部分解体，每次应分解 28 辆，首先考虑从待解车列中间开口，即在车组 C_2 与车组丙$_1$△7之间分开成两部分。

（3）此时，在分解第一部分时摘下的第一钩车组丙$_1$△7是禁溜车组，必须带着其余 27 辆车将其推送至调车线 10 道，此时带车数多，费时费力，调车效率低。

（4）根据开口位置选择的原则，应将开口位置调整为在车组丙$_1$△7与车组乙$_7$间将待解车列分成两部分，第一部分分解 27 辆，第二部分分解 29 辆，此时车组丙$_1$△7在第二部分的最后一钩推送。

根据以上分析，分部解体 30051 次列车的调车作业计划如表 4.3.1 所示。

【拓展提高】

1. 掌握调车区现在车的方法

目前，绝大多数铁路技术站都采用了现车管理系统来掌握调车区的现在车，其原理同利用毛玻璃板和货票排顺的方法掌握现在车相同。

（1）利用毛玻璃板掌握调车区现在车的方法。

根据车站设备的具体情况，在毛玻璃板上画成与车场股道相同的格数，再根据担当调车任务的机车所在的位置，统一规定上下端代表的方向。例如，调车场两端为东西方向，担当解体任务的机车在东端，可规定上端为西，下端为东，此时毛玻璃板上现车自上而下的顺序，就是调车场现车从西到东的顺序。

表 4.3.1 分部解体 30051 的调车作业计划

调车作业通知单（甲种） 第 号

Ⅰ调 解体 30051 次列车 开始 19 时 00 分 终了 19 时 30 分

顺序	经由	线别	车数		记事
			挂	摘	
1		4	27		4500171
2		13		7	
3		11		3	
4		10		5	
5		11		2	
6		10		2	
7		11		8	
8		4	29		全
9		13		3	
10		10		9	
11		11		2	
12		10		6	
13		11		4	
14		10		2	
15		11		2	
16		10		1	禁溜

每次交接班时，调车区长和车号长应根据调车区各股道实际存车的车种、车号及其排列顺序与毛玻璃板上记载的现车核对无误后，再按调车作业通知单随时修改毛玻璃板，确保毛玻璃板上记载的现车与调车区各股道实际现车完全一致。

解体车列时，每批作业完了后，根据核对过的列车编组顺序表和调车作业通知单，按车组进入股道的方向和先后顺序，将车种、车号、品名、到站（或去向号）、特殊标记等逐一登记在毛玻璃板上。为简化记录工作，对相同到站（去向）、辆数较多的车组，可填记首尾两辆车的车号，并标明该车组的车数。

编组列车或送车时，根据调车作业通知单，将各股道实际已挂走或送出的车辆，在毛玻璃板上抹销，将取回的车辆按顺序及时登记在毛玻璃板上。

图 4.3.5 是乙站 18 点当时毛玻璃板记载的调车场各股道及货物作业地点的现车情况。

<table>
<tr><th>调车线
到发线</th><th>8道甲及其以远</th><th>9道
乙一甲间</th><th>10道丙及其以远</th><th>11道
乙一丙间</th><th>12道
特种车</th><th>13道
本站卸车</th><th>货场</th></tr>
<tr><td>3道空</td><td rowspan="5">C4537237
⋮
C4517311
(21)</td><td rowspan="5">C4174605 A 砖
C4191285 A 砖
C4201251 A 砖
P3077159 D 整零
P3077160 D 整零
(5)</td><td rowspan="5">C4512577
⋮
C4513211
(21)</td><td rowspan="5">C4174142 E 砖
⋮ (5)
C4171202
C4132067 A 煤
⋮ (6)
C4314263
P3112360 C 整零
P3104210 C 整零
C1401425 F 焦炭
⋮ (4)
C4235411
P3061771 B △7 关
P3061771 A 整零
C4215415 A 整零
C4260358 D 煤
⋮ (6)
C4232368
C4256878 B 草 △6
⋮ (4)
C4278688
(30)</td><td rowspan="5"></td><td rowspan="5">C4230718
货1煤
⋮
C4234208
(10)</td><td rowspan="2">货1：待装丙 / P4
货2：待装丙 / P6
货3：待装乙一甲间 / C9</td></tr>
<tr><td>4道空</td></tr>
<tr><td>6道
40112乙一甲 / 43</td><td>专用线</td></tr>
<tr><td>7道空</td><td rowspan="2">机1：待卸 / C5油
机2：待卸 / C5油
机3：待卸 / C10油</td></tr>
<tr><td></td></tr>
</table>

图 4.3.5　乙站毛玻璃板记载 18 点现在车示例

（2）货票排顺。

将货票存放架分为若干格，每格为一股道，分别存放调车区各股道现车的票据。为便于货票的取放，其上下端所代表的方向一般与毛玻璃板规定的方向相反。根据调车作业通知单和各股道现车的增减、排列顺序的改变，及时调整存放架各格内的票据，确保架内各格存放的票据与毛玻璃板、调车区各股道内实际车数及其排列顺序完全一致。由于空车无货票，可在白纸上写明车种、车数，再放于货票存放架相应格内，以免遗漏。

【相关实训】

实训一

已知：

（1）乙站阶段计划规定，调车机车在 20:50 ~ 21:50 先解体 30138 次列车后马上编组 30052 次列车。

（2）编组 30052 次列车的车流来源为 30138 甲/45，站存甲/11，共 56 辆，编后由 7 道出发。

（3）30138 次列车计划接入到发线 7 道。

（4）丙站传来的 30138 次列车的编组内容为甲/45，乙—甲/11，共 56 辆；30138 次列车到达确报主要栏目记载情况如表 4.3.2 所示。

（5）其他资料同任务三。

表 4.3.2 30138 次列车到达确报

丙 站编组 乙 站终到 年 月 日 时 分 30138 次列车

自首

顺序	车种	罐车油种	车号	自重	换长	载重	到站	货物名称	发站	篷布	收货人或卸线、票据号	车辆使用属性	记事
1	N_{17}		5042468				甲						
⋮							⋮						
30	C_{65}		4176384				/						
31	/		4176667				O						
⋮							⋮						
36	/		4500284				/						
37	C_{61}		4311871				甲						
⋮							⋮						
39	P_{64}		3400371				/						
40	/		3400392				P						
41	P_{63}		3301495				/						
42	P_{63}		3301331				甲						
⋮							⋮						
46	P_{61}		3060585				/						
47	C_{60}		8045111				M						
⋮							⋮						
49	C_{60}		8045096				/						
50	C_{63}		4325185				甲						
⋮							⋮						
56	C_{61}		4310220				/						

要求：

编制解体 30138 次列车后坐编 30052 次列车（即解体时考虑照顾编组）的调车作业计划。

实训二

已知：

（1）乙站阶段计划规定调车机车在 21:40 ~ 22:40 先分部解体 30053 次列车，然后去货场送车。

（2）30053 次列车计划接入到发线 6 道。

（3）解体 30053 次列车前调车线 13 道停有待送货$_2$卸的重车 10 辆。

（4）30053 次列车的到达确报如图 4.3.6 所示。

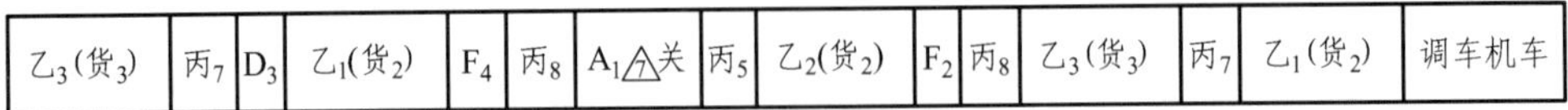

图 4.3.6 30053 次到达确报及编组顺序示意图

（5）其他资料同任务三。

要求：

编制解体 30053 次列车及货场送车的调车作业计划（解体时应考虑照顾送车）。

任务四 编制编组调车作业计划

【任务介绍】

已知：

（1）乙站衔接区段及中间站站顺情况如图 4.4.1 所示。

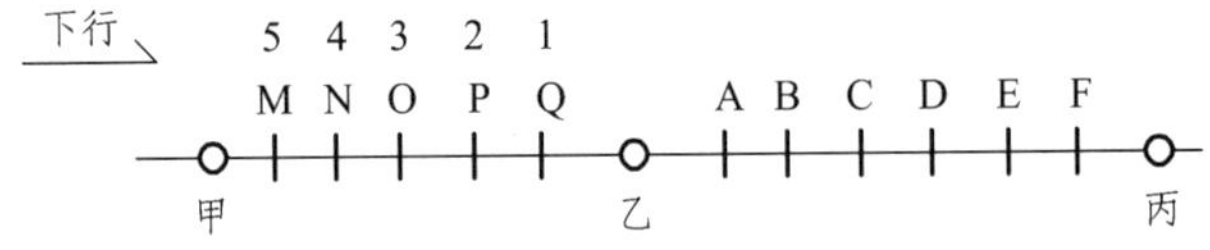

图 4.4.1 甲—乙中间站站顺示意图

（2）乙站设备布置、调车线固定使用方案、调车机车配备情况同任务一。

（3）乙站阶段计划规定：1:00 ~ 1:40 调车机车进行编组 40114 次摘挂列车的调车作业。

（4）按列车编组计划规定摘挂列车需按站顺编组。

（5）40114 次列车编成后计划由 6 道出发。

（6）待编车列在调车线 9 道集结，编组前共集结乙—甲中间站车流 40 辆，其排列顺序从左至右如图 4.4.2 所示。

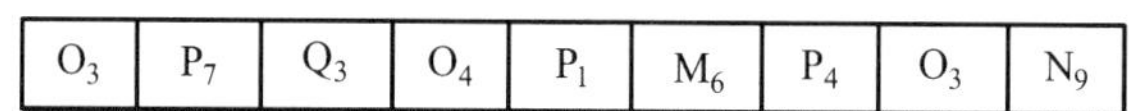

O_3	P_7	Q_3	O_4	P_1	M_6	P_4	O_3	N_9

图 4.4.2 40114 次列车编组顺序示意图

（7）假设编组 40114 次列车时调车线 10 道和 11 道可借用。

要求：

利用表格调车法编制按站顺编组 40114 次列车的调车作业计划。

【任务分析】

完成该项任务，需要解决以下问题：

（1）什么是按站顺编组？

（2）表格调车法按什么步骤进行？

（3）如何利用表格调车法编制编组调车作业计划？

【相关知识】

1. 编组调车作业计划的编制

由于车站的调车线是按照与本站相关的列车编组计划确定其具体用途的，因此，每条调车线内集结车辆的去向基本固定，对于一般的列车，编组作业只要在一条或几条调车线上连挂所需的辆数，然后将连挂完的车列转至出发线即可，作业钩数少，也比较简单。

但是，列车编组计划对摘挂列车往往要求按中间站的站顺编组，所谓按站顺编组即牵引机车后应连挂到列车运行前方第一作业站的车组，然后是到第二作业站的车组，依此类推。而在调车线内集结的中间站车流的到站排列是杂乱无章的，因此，编组摘挂列车时，必须将调车线内待编车列中的车组按照到站顺序要求重新进行排序，此时可通过对待编车列进行分解，将同一到站的车辆放在一起，然后再按照规定的顺序连挂成列。因此，所需调车钩数多，作业也较复杂。

2. 表格调车法

为了解决摘挂列车编组的问题，铁路职工在长期的生产实践中，总结了许多省钩、省线的作业方法，其中表格调车法（也称下落列调车法）就是常用的一种。

表格调车法的一般步骤和方法如下：

（1）对待编车列中的车组进行编号。

即将待编车列中的车组按其到站顺序数字进行编号，并将编号后的车列填在调车表内。

（2）在调车表中将待编车列中的车组按顺序下落。

以调车机车在右侧工作，编成后的列车向左出发为例（即编成的列车中的车组排列从左至右为第一到站、第二到站……最后到站的顺序），排顺下落的方法如下：

从待编车列的左端向右端，由第一到站开始下落，在从左到右的一次循环中，只有当车列中第一到站的所有车组下落完后，才能下落第二到站的车组，依此类推，按到站顺序依次循环下落，每循环一次即产生一个下落列，直至待编车列中所有车组均下落完毕。

每产生一个下落列，在分解待编车列时就需要占用一股道，有几个下落列就需要占用几股道。

车组下落时，车组下落的顺序与编成的列车向左出发还是向右出发有很大的关系，假设均是按待编车列从左向右循环下落，那么，列车向右出发则应先下落最后一个作业站的车组，而如果列车向左出发则应先下落第一个作业站的车组，因此，需要根据具体情况进行分析，采取不同的下落方法。

（3）调整可移车组。

车组下落完毕后，有些车组既可下落到这一列，也可下落到另一列而不影响车组按到站顺序排列，这样的车组称为“可移车组”。可移车组是否进行调整，一般的原则看调整后是否省钩，省钩则调整，不省钩则不必调整。另外，是否调整还可根据合并使用线路的情况具体决定。

（4）合并使用线路。

下落列数越多，占用股道的数量也越多，在分解完待编车列后，按站顺连挂车组时所需要的挂车钩也越多。由于挂车钩所用时间长，因此，调车时的挂车钩数越多，调车工作的平均钩分也越长，作业效率相应也越低。

合并使用线路，即安排两个甚至三个下落列的车组共同使用一股道，可减少占用股道的数量，达到减少挂车钩数、提高调车作业效率的目的。

几个下落列合并形成的下落列称为暂合列，显然，暂合列中的车组并未完全按规定顺序排列好，还需对暂合列再次进行分解，通过重新分解将杂乱的车组排好顺序，也就是说通过分解暂合列，使暂合列里所有到站的车组都能找到该车组按顺序紧邻的车组。因此，暂合列并不是随意组成的，跟调机所在的位置密切相关。

假设下落为四列，编成的车列从左至右应按第一列、第二列、第三列、第四列的顺序连挂在一起，如果调机在右侧作业，对调机而言，第一列的车组在最前面，第二列的车组跟在第一列车组后，第三列的车组跟在第二列车组后，第四列的车组跟在第三列的车组后；但是如果调机在左侧作业，那么，对调机而言，第四列的车组在最前面，第三列的车组跟在第四列车组后，第二列的车组跟在第三列车组后，第一列的车组跟在第二列的车组后。

因此，当下落列为四列，只能使用三股道进行编组调车时，四列中必须有两列组成暂合列。若调机在右侧作业，组成暂合列的方案为二、四列合并使用线路，第一列和第三列分别单独占用一股道，这样，在分解暂合列时，暂合列中原第二列的车组可向第一列车组所在股道分解，原第四列的车组可向第三列车组所在股道分解，使车列从左至右的排列顺序为：第一列、第二列、第三列、第四列。若调机在左侧作业，组成暂合列的方案则为一、三列合并使用线路，第四列和第二列分别单独占用一股道，在分解暂合列时，暂合列中原第三列的车组可向第四列车组所在的股道分解，原第一列的车组可向第二列车组所在的股道分解，也能使车列从左至右的排列顺序为：第一列、第二列、第三列、第四列。

当下落列超过四列时，合并使用线路的方案不再是唯一的，此时应如何选择组成暂合列才更有利呢？有利的合并方案应该是：暂合列内车组交错少，能增加邻组，能利用尾组，能减少调车钩数等。表 4.4.1 是调车机车在右侧工作，编成的列车向左出发时的部分合并使用线路的方案。

表 4.4.1　合并使用线路的方案

下落列数	最少使用股道数	合并方案	暂合列数	分解暂合列	附　注
四	三	二四	1		一、三列各单独占用一股道
五	三	五四二	1	第五列的车组仍需分解到原暂合列所在股道	一、三列各单独占用一股道
	三	三五二		第三列的车组仍需分解到原暂合列所在股道	一、四列各单独占用一股道
	三	一三五		第一列的车组仍需分解到原暂合列所在股道	二、四列各单独占用一股道

在实际工作中，由于待编车列的排列情况复杂多变，如待编车列中有禁溜车、需要隔离的车等情况，不能完全照搬上述方法，应根据实际情况做出相应合理的计划。

另外，为节省挂车钩，在分解暂合列时，应将暂合列中全部车组一次牵出进行分解。

（5）安排调车线路的使用方案。

安排调车线路的使用方案，即在可用的线路中具体确定每一个下落列占用哪条线路，一般可安排分解待编车列时摘下的第一钩车组所在的下落列使用待编车列集结所在的线路，这样可减少牵出车列时的带车数，并节省一钩摘车钩。其他下落列则可安排借用有足够长度的、不影响调车作业的调车线。

（6）填写调车作业通知单。

线路使用方案确定后，即可根据下落情况和线路使用情况，编制调车作业计划并填写调车作业通知单。

【任务实施】

根据分析，40114 次列车编成后将向左出发，运行方向的第一到站为 Q 站，第二到站为 P 站，第三到站为 O 站，第四到站为 N 站，第五到站为 M 站。

因此，按站顺编组 40114 次列车就是要将原本杂乱无章的待编车列编成图 4.4.3 所示的顺序。

牵引机车	Q_3	P_{12}	O_{10}	N_9	M_6

图 4.4.3　40114 次列车应编成的顺序

1. 对待编车列中的车组进行编号，并将编号后的车列填在调车表内

待编车列排列顺序如下：

$$O_3P_7Q_3O_4P_1M_6P_4O_3N_9$$

按到站编号后的情况为：

$$3_32_71_33_42_15_62_43_34_9$$

将编号后的待编车列填入调车表内，如表 4.4.2 所示。

列车编成后的顺序应为：

$$1_3 2_{12} 3_{10} 4_9 5_6$$

2. 在调车表中将待编车列中的车组按顺序下落

根据列车应编成的顺序要求，首先下落第一到站的车组，再下落第二到站的车组，依此类推。因此从左至右先将 1_3 车组下落，此时待编车列中第一到站的车组下落完毕，在 1_3 车组右侧可下落第二到站的车组，即 2_1 和 2_4，到此第一次循环结束，开始第二次循环；由于第二到站的车组并未下落完毕，因此第二次循环必须从第二到站的车组开始下落，即从 2_7 开始，2_7 下落后，待编车列中第二到站的车组下落完毕，在 2_7 右侧可下落第三到站的车组即 3_4 和 3_3，至此第二次循环结束，但第三到站的车组尚未下落完；第三次循环必须从第三到站的车组开始下落，即从 3_3 开始，该车组下落完毕后，第三到站的车组已全部下落，在其右侧可下落第四到站的车组，即 4_9，至此第四到站的车组下落完毕且第三次循环结束；第四次循环应从第五到站的车组开始下落，即从 5_6 开始，因为第五到站的车组只有这一组车，所以 5_6 车组下落完毕后，整个待编车列中的所有车组也下落完毕。

上述下落结果如表 4.4.2 所示，共产生四个下落列，最多需要占用四条线路完成编组工作。

表 4.4.2　调车表（一）

待编车列 / 下落列	线路	3_3	2_7	1_3	3_4	2_1	5_6	2_4	3_3	4_9	调车机车
一				1_3		2_1		2_4			
二			2_7		3_4				3_3		
三		3_3								4_9	
四							5_6				

3. 调整可移车组

在表 4.4.2 中，第二列的 3_4 和 3_3 两组车，既可下落在第二列，也可下落在第三列，而不影响车组按站顺排列，因此，这两组车为可移车组。很容易看出来，3_3 车组调整到第三列后，可以跟 4_9 车组合在一起，在分解待编车列时可作为一钩摘下，节省一个调车钩，调整是有利的。而 3_4 车组调整到第三列并没有省钩，那么 3_4 车组是否进行调整，还应结合“合并使用线路”的方案综合考虑。

调整可移车组后的情况如表 4.4.3 所示。

表 4.4.3　调车表（二）

待编车列 / 下落列	线路	3_3	2_7	1_3	3_4	2_1	5_6	2_4	3_3	4_9	调车机车
一				1_3		2_1		2_4			
二			2_7		3_4						
三		3_3							3_3	4_9	
四							5_6				

4. 合并使用线路

由于下落为四列，需要使用四条线路才能完成编组调车任务，但是可用线路只有 10 道和 11 道，再加上待编车列所在的线路 9 道，共有三条线路可用，因此必须合并使用线路。根据相关知识介绍，应使第二列和第四列合并组成暂合列共用一条线路。

根据合并使用线路的情况，可将原第二列中的 3_4 车组调整至第三列，然后将第一列中的 2_1 车组调整至第二列，在合并使用线路后可与原第四列的 5_6 车组合成一组，可节省一钩摘车钩。

合并使用线路的具体情况如表 4.4.4 所示。暂合列由三组车组成，其中 2_7、2_1 是原第二列的车组，5_6 是原第四列的车组，在重新分解暂合列时将 2_7、2_1 分解到第一列所在线路，而将 5_6 分解到第三列所在线路，连挂时只需先去第三列所在线路挂车，然后再去第一列所在线路挂车即可将待编车列按到站 1、2、3、4、5 的顺序编好。

表 4.4.4　调车表（三）

待编车列 / 下落列	线路	3_3	2_7	1_3	3_4	2_1	5_6	2_4	3_3	4_9	调车机车
一				1_3				2_4			
二、四			2_7			2_1	5_6				
三		3_3			3_4				3_3	4_9	

5. 安排线路使用

可将分解待编车列时摘下的第一钩车组 3_3 所在的下落列即第三列安排使用 9 道，从而减少解体时的挂车数并节省一钩摘车钩；第一列及二、四合并暂合列则安排在可用线路 10 道和 11 道，假设第一列使用 11 道，二、四合并暂合列使用 10 道，线路使用情况如表 4.4.5 所示。

表 4.4.5　调车表（四）

待编车列 / 下落列	线路	3_3	2_7	1_3	3_4	2_1	5_6	2_4	3_3	4_9	调车机车
一	11			1_3				2_4			
二、四	10		2_7			2_1	5_6				
三	9	3_3			3_4				3_3	4_9	

6. 填写调车作业通知单

线路使用方案确定后，就可以编制调车作业计划并填写调车作业通知单，按站顺编组40114次摘挂列车的调车作业计划，如表4.4.6所示。

注意：在表4.4.6中第10钩是向9道摘6辆车，然后第11钩又从9道挂出25辆车，因此，第10钩的6辆车则没必要向9道摘车，由调车机车带着这6辆车直接到9道挂其余19辆即可，这样可节省一钩摘车钩。调整后的调车作业计划如表4.4.7所示。

【相关实训】

（1）假设待编车列在10道集结，调车机车在待编车列的右侧作业，编成的列车由7道向左出发，8、9、10三股道可用。试用表格调车法编制编组40104次摘挂列车的调车作业计划（按站顺编组）。

待编车列从左至右的排列顺序为：

$$1_4 3_3 7_2 1_1 2_1 4_3 6_2 8_5 9_1 5_1$$

表4.4.6 按站顺编组40114次的调车作业计划（一）

调车作业通知单（甲种） 第 号

Ⅰ调 编组40114次列车 开始1时00分 终了1时40分

顺序	经由	线别	车数		记事
			挂	摘	
1		9	37		尾部车号
2		10		7	
3		11		3	
4		9		4	
5		10		7	
6		11		4	
7		9		12	
8		10	14		尾部车号
9		11		8	
10		9		6	
11		9	25		尾部车号
12		11	15		尾部车号
13		6		40	

表 4.4.7 按站顺编组 40114 次的调车作业计划（二）

调车作业通知单（甲种） 第 号

Ⅰ调 编组 40114 次列车 开始 1 时 00 分 终了 1 时 40 分

顺序	经由	线别	车数		记事
			挂	摘	
1		9	37		尾部车号
2		10		7	
3		11		3	
4		9		4	
5		10		7	
6		11		4	
7		9		12	
8		10	14		尾部车号
9		11		8	
10		9	19		尾部车号
11		11	15		尾部车号
12		6		40	

（2）若调车机车在待编车列的左侧作业，其他条件不变，利用表格调车法编制编组 40104 次摘挂列车的调车作业计划（按站顺编组）。

（3）若调车机车在待编车列的右侧作业，编成的列车向右出发，其他条件相同，试用表格调车法编制按站顺编组 40104 次摘挂列车的调车作业计划，待编车列排列顺序为：

$$3_2 2_1 1_3 3_2 5_3 2_1 3_2 4_1$$

（4）待编车列排列顺序为：

$$1_2 4_1 3_1 6_2 5_3 2_3 4_2 6_1 1_4 7_1$$

采用三五二列合并使用线路，其他条件相同，试用表格调车法编制按站顺编组 40104 次摘挂列车的调车作业计划。

（5）已知：乙站平面布置图见任务一，货场货位设置情况如下（从左至右）：

货 1：集装箱，钢材；货 2：整零，百货，化工；货 3：煤，木材。（各线均无车）

13 道待送车 17 辆，从左至右顺序为：

整零 2 化工 3 木材 1 整零 1 百货 2 集装箱 2 煤 1 钢材 2 煤 3

送车顺序为：货 1 货 2 货 3。

编制货场送车调车作业计划。

任务五 编制中间站摘挂调车作业计划

【任务介绍】

已知：

（1）甲—乙中间站如图 4.5.1 所示。

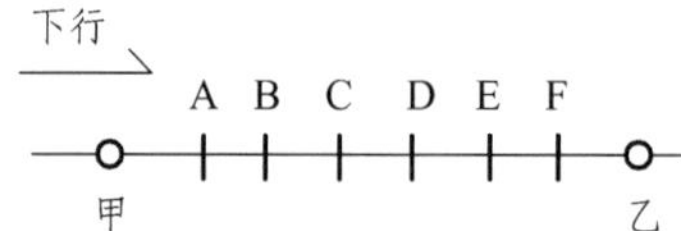

图 4.5.1 甲—乙中间站示意图

（2）中间站 D 站未配备专用调车机车，D 站设备布置情况如图 4.5.2 所示。

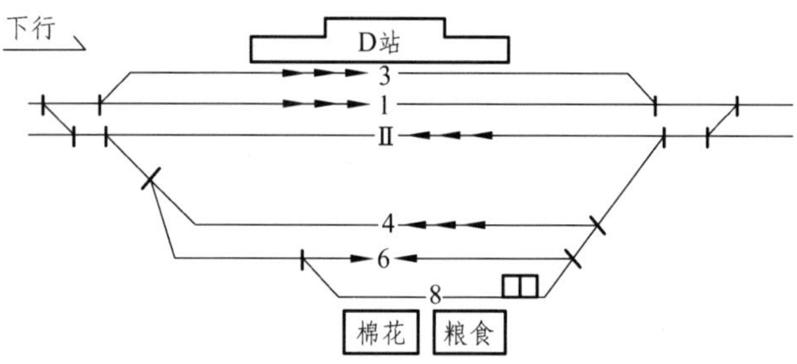

图 4.5.2 D 站平面布置示意图

（3）调度所下达的 41743 次列车在 D 站的摘挂车计划为摘空车 9 辆，其中 4 辆空敞车装棉花，5 辆空棚车装粮食；将 8 道装完去向乙的 2 辆重车挂走。

（4）调度所规定的作业时间为 18:05 ~ 18:40。

（5）上一作业站 C 站传来的 41743 次列车在 C 站作业后的编组内容如图 4.5.3 所示。

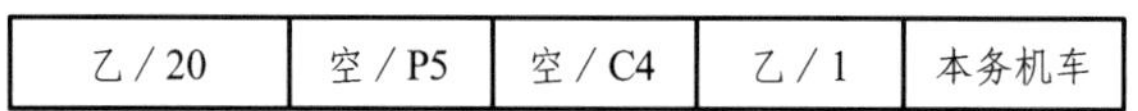

图 4.5.3 41743 次列车在 C 站作业后的编组

要求：

编制 41743 次摘挂列车利用列车本务机车在 D 站进行摘挂调车的调车作业计划。

【任务分析】

完成该项任务，需解决以下问题：

（1）编制中间站摘挂调车作业计划的依据有哪些？

（2）中间站摘挂列车作业按什么程序进行？

（3）本务机车担当调车机车的中间站摘挂调车作业如何进行？

【相关知识】

1. 摘挂列车在中间站的技术作业过程

摘挂列车是中间站到发车流的最主要的输送方式，摘挂列车在中间站的作业内容主要包括：

（1）作业联系。

列车到达前，车站值班员应及时向列车调度员了解摘挂列车在本站的甩挂计划和作业时间要求。

（2）作业准备。

车站值班员根据上一作业站发来的摘车确报和本站待挂车的情况，编制摘挂列车调车作业计划，填写调车作业通知单，并向参加调车作业的有关人员传达。车站货运员检查待挂车辆的装卸作业情况，准备货运单据送交行车室。调车有关人员根据调车作业计划，提前出动至接车线，指挥列车停于适当地点。

（3）调车作业。

列车停妥，向司机传达调车作业计划后立即按要求开始进行调车作业。

（4）车辆及货运单据交接。

调车作业完毕，与司机交接车辆及货运单据，修改列车编组顺序表，检查所挂车辆技术状态、编挂位置是否符合相关规定，向下一作业站进行摘车确报。

（5）准备发车及发车。

车站确认发车条件完备后，按规定程序发车。

2. 中间站摘挂列车调车作业计划的编制依据

（1）列车调度员下达的摘挂车计划，包括：摘车数、挂车数、列车预计到达时间及作业要求。

（2）上一作业站发来的摘车确报，包括：摘车数、车种、吨位、品名、收货人、车辆编挂位置。

（3）车站线路占用情况、待挂车数及停留位置。

（4）装卸劳力、机具、作业进度和货位使用情况。

3. 中间站摘挂列车调车作业计划的编制要求

调车作业计划应做到确保安全、切实可行，并力求钩数少、行程短、调动辆数少、作业方便，尽量避免越出站界调车。

未配备调车机车的中间站，必须使用附有本站线路示意图的调车作业通知单进行编制、布置和传达调车作业计划。

【任务实施】

根据 D 站线路固定使用、摘下空车的送装地点、待挂车停留位置，为缩短调车行程，方便调车作业，应将 41743 次列车接入靠近货物线的 6 道。

列车到达后，应先将货物线 8 道装完去乙方向的 2 辆重车挂出，才能向 8 道摘空车。挂车时的方法不是唯一的，可由单机自己去挂，也可安排机车带着乙/1 去挂，为了减少调车时的带车数，应选择单机去挂。

摘空车时，在列车右侧的空 C/4 需送至 8 道左侧的棉花货位，而在列车左侧的空 P/5 则需送至 8 道右侧的粮食货位，因此，不能将 9 辆空车一次全部摘下推送至 8 道，而必须用两次分别摘下送至指定地点。

根据上述分析，41743 次列车到达后，应先摘开机车，单机到 8 道连挂 2 辆装完重车，然后返回 6 道挂出 5 辆（空 C/4，乙/1），将其中 4 辆空敞车送至 8 道棉花货位摘下；接着再带着乙/3 返回 6 道挂空 P/5，将这 5 辆空棚车送至 8 道粮食货位摘下；最后机车带着 3 辆去乙的重车返回 6 道与本列连挂，即可试风发车。

41743 次摘挂列车在 D 站的摘挂调车作业计划如表 4.5.1 所示。

表 4.5.1　41743 次 D 站甩挂调车作业计划

调车作业通知单（乙种）　第　号

年　月　日

第 41743 次列车　18 时 05 分起　18 时 40 分止

顺序	经由	线别	车数		记事
			挂	摘	
1		6			单机
2		8	2		
3		6	5		
4		8		4	对货位
5		6	5		
6		8		5	对货位
7		6			连接

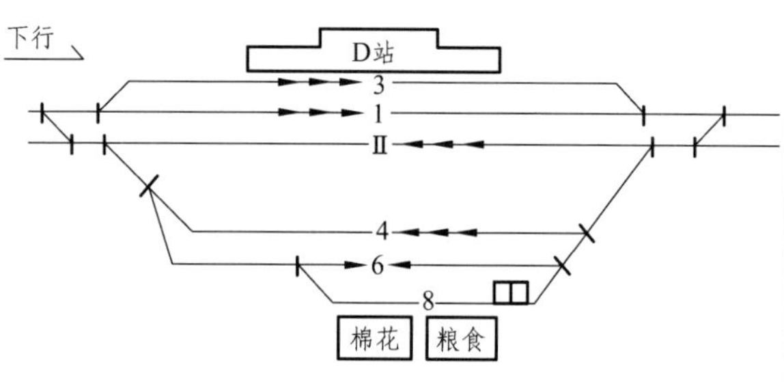

旅客列车车次		预计到开时刻	
调车领导人		值班干部签字	

【拓展提高】

1. 中间站车流组织

中间站车流是指在中间站进行装卸作业的重空车流，也称为区段管内车流。中间站车流组织的原则，是在加强货源组织的基础上，最大限度地组织直达、成组输送，以加速车流输送速度，缓和技术站作业。

中间站车流的输送方式主要有以下几种：

（1）开行普通摘挂列车。

普通摘挂列车是目前输送中间站车流广泛采用的一种方式，这种方式的优点是可以直接为区段内各中间站输送货物作业车，及时办理中间站车辆的甩挂、取送和对货位的调车作业。但是这种方式一般是利用牵引摘挂列车的本务机车担当各中间站的调车作业，不仅不能发挥本务机车的功率，而且由于列车在各中间站的停站时间长，因此，对货物列车的平均旅行速度和区间通过能力的影响较大。

（2）开行重点摘挂列车配合调度机车（或调车机车）作业。

重点摘挂列车是指在区段内指定的几个中间站进行摘挂作业的列车，一般指定停车的中间站应配备有调车机车或调度机车。重点摘挂列车摘下的车辆，由调度机车或调车机车送往本站或邻站的货物作业地点，本站或邻站货物作业地点作业完了的待挂车辆也由调度机车或调车机车取回，并按要求预先编成车组，等待重点摘挂列车挂走。

这种方式是减少摘挂列车停站作业次数，缩短作业时间，提高旅行速度，加速区段管内货物输送的有效办法。但是这种方式将会增加中间站调车机车的配备台数和调车机车往返于各中间站的次数，对区间通过能力的影响也较大。

（3）开行区段小运转列车。

除个别中间站的车流需由装车地直达列车或区段小运转列车输送外，大多数中间站的车流需要由摘挂列车输送，几乎每个区段都要开行摘挂列车。摘挂列车具有作业站次多、停站时间长、旅行速度及列车等级低等特点，研究摘挂列车作业组织，压缩其在站作业停留时间，对于提高区间通过能力，加速机车车辆周转具有十分重要的意义。

2. 加速摘挂列车作业的方法

为了加速摘挂列车在中间站的作业，在作业组织上主要可采取以下方法：

（1）选择调车行程短、作业方便的接车线。

上下行摘挂列车均应接入靠近货物线的股道，这样可以减少调车作业与接发列车进路的干扰，缩短调车行程。

（2）选择调车行程短、作业方便的停车位置，如图 4.5.4 所示。

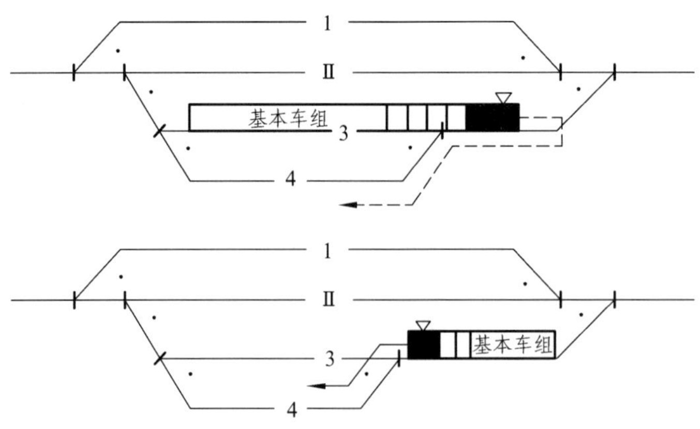

图 4.5.4 摘挂列车停车位置图

（3）组织两列摘挂列车机车互换作业。

如图 4.5.5 所示，41001 次列车尾部摘车 3 辆，送 4 道卸；41002 次在 4 道挂车 3 辆，挂于列车尾部。如果组织它们互换作业，即可避免本列车的机车由前部掉头至尾部的作业干扰和减少走行距离，从而大大压缩作业时间。

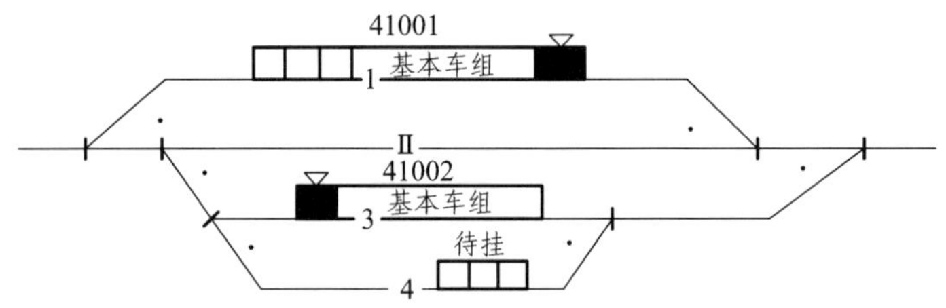

图 4.5.5 两列摘挂列车机车互换作业

（4）组织车站调车机车与本务机车配合作业。

在配备有调车机车的中间站，可让调车机车事先准备待挂车组，在邻线等候，摘挂列车到达后，组织本务机车负责在前部摘车，调车机车在尾部挂车，对摘下的车组，由调车机车负责分送至货物作业地点。

（5）减少带车数，避免越出站界调车。

带车数多，调车车列太长而没有调车牵出线时，调车时有可能越出站界。越出站界调车需要办理规定的手续，将会延长作业时间。

【相关实训】

已知：

（1）E 站是乙—丙的中间站，其位置及车站线路平面布置如图 4.5.6 所示。

（2）调度所下达的 41003 次摘挂列车在 E 站的作业计划为：摘下到达本站的重车 6 辆，挂走专 2 卸完的空罐车 2 辆。

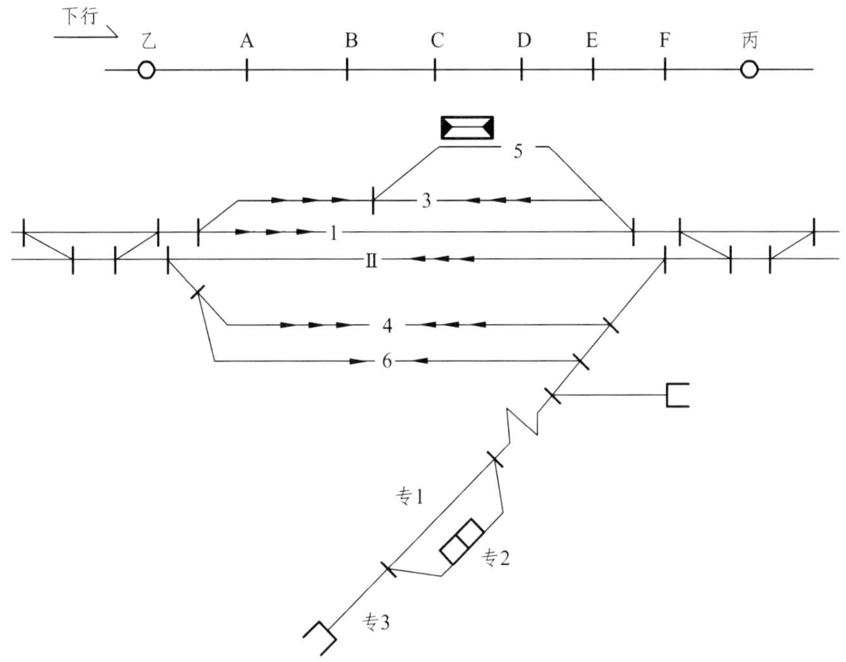

图 4.5.6 E 站位置及平面布置情况示意图

（3）上一作业站 D 站传来的 41003 次摘挂列车的编组顺序如下：

丙及其以远/30	E/1（汽油）	E/1（机油）	E/2（圆木）	E/2（整零）	本务机车

（4）E 站卸车股道及货位使用规定：整零在 5 道仓库卸，圆木在 5 道仓库右侧堆放场卸，汽油在专 1 卸，机油在专 2 卸。

要求：

编制 41003 次摘挂列车在 E 站利用本务机车进行摘挂调车的调车作业计划。

项目五　车站工作统计

【项目概述】

车站的运输工作应按计划进行，并根据具体情况对计划进行调整，在工作结束后还应对已完成的工作进行分析，为下一步计划和工作提供依据，而分析则应在统计的基础上进行。因此，车站统计工作是反映和考核车站工作完成的实绩，是作为组织运输生产、分析改进工作和加强经营管理的依据，也是铁路局和全路运输工作统计的基础。统计人员必须严格按《铁路货车统计规则》（简称《统规》）的有关规定，认真细致地工作，确保统计数字及时、准确和完整。

车站统计工作主要包括：现在车统计、装卸车统计和货车停留时间统计等内容。

统计工作中的各种报表，均以北京时间为标准，采用 18 点结算制，即自昨日 18:01 起至当日 18:00 止 24 小时为统计报告日。各种报表通过网络传输，逐级上报。

本项目主要介绍现在车统计、装卸车统计及货车停留时间统计的方法及主要表簿的填记方法。

【教学目标】

1. 技能目标

具备填记“货车出入登记簿”“装卸车报表”“号码制货车停留时间登记簿”和“非号码制货车停留时间登记簿”的能力，具备现在车统计、装卸车统计和货车停留时间统计的能力。

2. 知识目标

明确统计时对现在车的分类规定；熟悉装卸车统计的有关规定；掌握号码制及非号码制货车停留时间统计的原理；掌握“货车出入登记簿”“号码制货车停留时间登记簿”“非号码制货车停留时间登记簿”“装卸车报表”的填记方法。

任务一　填记“货车出入登记簿”

【任务介绍】

已知：

（1）乙站在线路上的位置如图 5.1.1 所示。

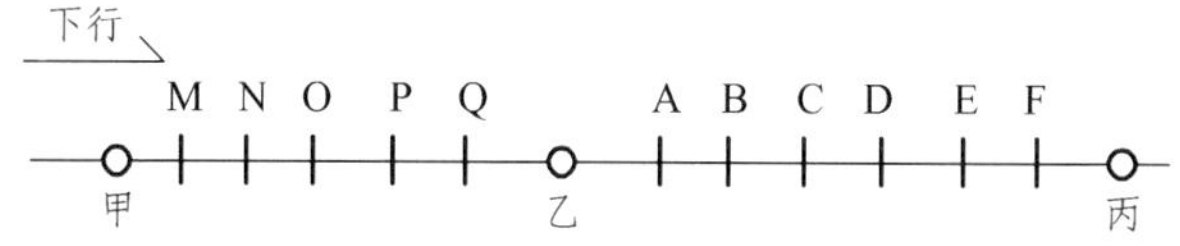

图 5.1.1　乙站位置示意图

（2）与乙站有关的列车编组计划如表 5.1.1 所示。

表 5.1.1　列车编组计划

编组站	解体站	列车种类	车　次
乙	甲	区段	30052
乙	甲	摘挂	40112
乙	丙	区段	30131
乙	丙	摘挂	40101
甲	丙	直通	20109、20111
丙	甲	直通	20110、20112
甲	乙	区段	30051、30053
丙	乙	区段	30138

（3）2012 年 6 月 18 日 18:01 ~ 0:00 列车实际到达和出发情况如表 5.1.2 所示。

表 5.1.2　列车到发情况

列车到达			
到达车次	到达时刻	编组内容	重车车种、车数
30051	18:20	丙/20，空/C5，乙—丙/21，乙/10	棚车/13，敞车/22，普通平车/12，两用平车/4
20110	18:58	甲/56	棚车/25，敞车/12，粘油罐车/14，轻油罐车/5
30138	20:10	甲/45，乙—甲/11	棚车/30，敞车/16，矿石车/10
20109	20:35	丙/51，空 NX/5（回送丙站厂修）	棚车/16，敞车/24，集装箱车/8，两用平车/3
30053	21:05	丙/28，空/P7，乙—丙/10，乙/10	棚车/28，敞车/20
20111	22:00	丙/45，空/C5（丙站路用车），空/P6	棚车/13，敞车/20，普通平车/9，散装水泥车/3
20112	22:10	甲/56	棚车/35，敞车/6，冷藏车/15
列车出发（中：表示中转车；作：表示作业车）			
出发车次	出发时刻	编组内容	重车车种、车数
40112	18:25	（乙—甲）中/33，作/10	棚车/17，敞车/12，普通平车/10，其他罐车/4
40101	19:15	（乙—丙）中/30	棚车/15，敞车/15

续表

列车出发（中：表示中转车；作：表示作业车）			
出发车次	出发时刻	编组内容	重车车种、车数
20110	19:48	原列	棚车/25，敞车/12，粘油罐车/14，轻油罐车/5
30131	20:45	（丙）中/46，作/10	棚车/13，敞车/22，普通平车/17，两用平车/4
20109	21:25	原列	棚车/16，敞车/24，集装箱车/8，两用平车/3
30052	22:25	（甲）中/56	棚车/32，敞车/12，散装粮食车/8，两用平车/4
20111	22:45	原列	棚车/13，敞车/20，普通平车/9，散装水泥车/3
20112	23:00	原列	棚车/35，敞车/6，冷藏车/15

要求：

按一小时结算制填记乙站 2012 年 6 月 18 日 18:01 ~ 0:00 的“货车出入登记簿（运统 4）”（见附页）。

【任务分析】

完成该项任务，需要解决以下问题：

（1）“货车出入登记簿”包括哪些内容？

（2）哪些货车是车站出入的货车？

（3）现在车是如何分类的？

（4）哪些车是运用重车和运用空车？

（5）哪些车是非运用车？

（6）不同结算制的标准换算小时如何确定？

【相关知识】

现在车统计是反映车站、铁路局管内以及合资、地方铁路内每日 18 点货车现有数及运用情况的依据，也是作为日常调度指挥，编制运输工作计划，调整运力配置以及经营管理的依据。

车站每日 18 点通过“现在车报表（运报-2）”、“18 点现在重车去向报表（运报-3）”等向铁路局上报。“货车出入登记簿”是编制“现在车报表”、“18 点现在重车去向报表”、“非号码制货车停留时间登记簿”的主要依据。

1. 车站出入的货车

出入车站的货车数是统计车站现在车及计算货车停留时间的依据。

车站出入的货车分为随同列车出入的货车和不随同列车出入的货车。

（1）随同列车（包括单机、轨道车）出入的货车。

① 对分界站：指经分界站与邻局及国外相互交接的货车。

② 对技术站：指在该站进行列车编解或有中转技术作业（指更换机车、换机车乘务员或进行列车车辆技术检查）列车上的货车。

如列车运行图规定在该站有中转技术作业的列车临时变为通过，或虽有停站时间但不进行中转技术作业时，不计算货车出入；但列车在枢纽地区临时变更发、到站所经过的编组站发生中转技术作业时，则计算货车出入；运行图未规定有中转技术作业的列车，虽有停站时间或临时停车，均不计算货车出入。

一个自然站划分为多个车场的，18 点运输统计报告仍按一个车站统计上报；对场与场间因货车转场或取送作业开行的列车，均不计算货车出入。

③ 对中间站：指实际摘挂的货车和始发、终到或停运列车上的货车，以及进行组合或拆组的重载（长大）列车上的货车。中间站利用列车停站时间进行不摘车装卸作业的货车，不论是否摘挂，均统计货车出入。

a. 停运列车：指未到达运行区段终止站，亦未到达整列货车装卸作业站而在中间站停运并摘走机车的列车（因自然灾害、事故等机车不能摘走，根据调度命令可视同机车摘走）。

b. 中间站始发、终到的列车：不包括在中间站临时更换机车或变更车次继续运行的列车。

（2）随同列车出入的货车其出入时分的确定。

① 以列车实际出发、到达或通过时分为准。

② 列车发出站界后因故退回或列车在区间分部运行时，对摘下的车辆视为未发出；加挂车辆时，对加挂的车辆以挂车后再次发出时分为准；分部运行时，对先到达前方站的车辆挂于其他列车发出时，该部分车辆以实际到达时分为准；如车辆分别拉向两端车站时，后方站到达的车辆以实际到达时分为准。

（3）不随同列车出入的货车。

不随同列车出入的货车包括：

① 新购货车；

② 报废货车；

③ 拨交货车；

④ 加入、退出的企业自备货车。

（4）不随同列车出入的货车其出入时分的确定。

① 新购入的货车。

由车站在“新造车辆竣工验收移交记录（车统 1 并车统 13）”（见表 5.1.3）上签字时起加入。

表 5.1.3 新造车辆竣工验收移交记录

新造车辆竣工验收移交记录（车统 1 并车统 13）

________（单位名称） 第____号

根据______合同，以下新造车辆已竣工，并经中国铁路总公司驻______厂（公司）车辆验收室验收，确认技术状态合格，可交付使用。兹将下列新造竣工车辆由__________（单位名称）移交给______局______站。

序号	车种车型	车号	加价项目			减价项目			配属局段	指定到达局名及站名	备注

本页小计：____辆

______厂（公司）代表盖章：（产品验收专用章） 日期： 年 月 日

中国铁路总公司驻____厂（公司）车辆验收室代表盖章： 日期： 年 月 日

接收人：______局______站代表盖章： 日期： 年 月 日

客货车配属局（段）代表盖章： 日期： 年 月 日

② 报废车。

根据中国铁路总公司批准的“货车报废记录单（车统 3）”（见表 5.1.4），车站由接到统计部门或车辆部门通知的时分起剔出。

报废车未解体前，车辆部门必须在车号下方涂打“报废车”字样及报废部令号，严禁编入列车越出站界。

③ 拨交货车。

根据中国铁路总公司命令拨交其他部门或由其他部门拨交铁路的货车，以双方在“车辆资产移交记录（车统 70）”（见表 5.1.5）上签字时起分别计算转出或转入。

④ 企业自备货车。

加入：

a. 新取得“过轨运输许可证”的，由该企业自备车过轨车站根据“过轨运输许可证”、“车辆检修合格证明”和“检修车辆竣工验收移交记录”，核实现车并填制货票后加入；

b. 新出厂的，自车站在“新造车辆竣工验收移交记录（车统 1 并车统 13）”上签字时起加入；

c. 一次性过轨的，自车辆送到车站并填妥货票时起加入。

退出：

a. “过轨运输许可证”到期交回注销的，办理过轨车站、车辆存放车站根据中国铁路总公司定期公布的“不再参加国家铁路过轨运输的企业自备货车”，核实现车后退出；

表 5.1.4 货车报废记录单

货车报废记录单（车统3）

中国铁路总公司 批准章

报废车记录

（车种、车号） 现停于 （站段工厂） 地点，

由于 （年月日地点发生事故或自然耗损）

1. 中梁______
2. 侧梁______
3. 端梁______
4. 枕梁______
5. 横梁______
6. 车体（如棚、守车车体、罐体）______
7. 转向架（型号）______
8. 车钩及缓冲器（型号）______
9. 制动装置______
10. 其他______

参加鉴定人员（单位、姓名）

______ ______ ______

铁路局章 车辆段章 铁路工厂章

铁路局审核意见______

表 5.1.5 车辆资产移交记录

车辆资产移交记录 （车统 70） 第____号

于______年___月___日由车辆段段长（姓名）站长（姓名）企业代表（姓名）组成的委员会，根据中国铁路总公司______年___月___日______字______号命令编制本记录以便由中国铁路总公司车辆中转入______的资产台账内。该车配属于______局，车种______车号轴数______载重量______吨轴距______毫米制动机型车钩型______制造年度及厂名______前次定期修理时间和修程（厂、段修）车辆技术状态（良或不良）

委员会组成者

______车辆段段长______签字

______站 站长______签字

领收的企业代表______签字

b. 一次性过轨的，自车辆到达货票记载车站时起退出。运行途中报废的企业自备货车由统计现在车的单位退出并电报通知自备车管理部门及办理过轨站销账。

⑤ 内用货车的加入、退出。

新购内用货车（含一次性过轨后的货车）自到达本企业时起加入；自内用货车报废时起退出，已办理一次性过轨的货车自离开本企业时起退出。

2. 现在车的分类方法

（1）按产权所属可分为部属铁路货车、企业自备货车和外国铁路货车。

① 部属铁路货车。

部属铁路货车指所有属于中国铁路总公司资产、涂有铁路路徽、按中国铁路总公司统一规定涂打车型标记和编号的货车。其中，部属非提速货车是指转向架不适应 120 km/h 运行速度要求的部属货车。

② 企业自备货车。

企业自备货车指所有属于企业（包括国家铁路运输企业、合资铁路、地方铁路及其下属企业）资产并取得“企业自备货车经国家铁路过轨运输许可证”（见图 5.1.2）（以下简称“过轨运输许可证”）和一次性过轨的货车。

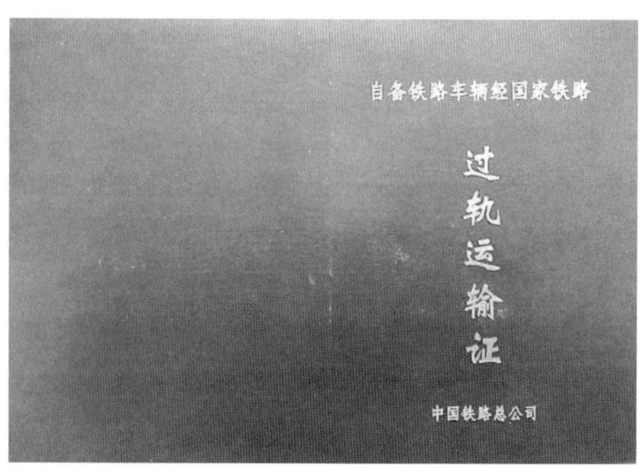

（a）

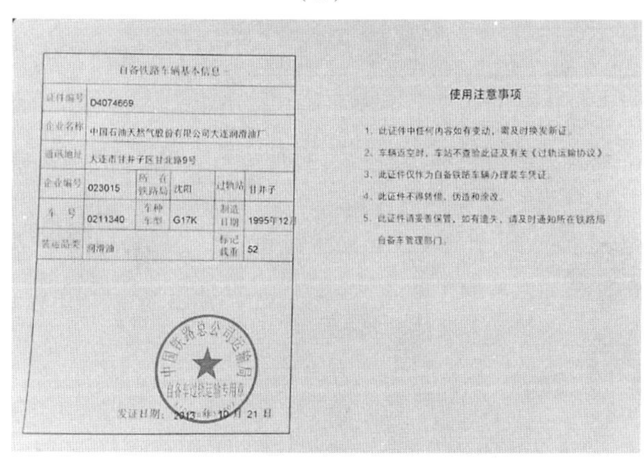

自备铁路车辆基本信息

证件编号	D4074669				
企业名称	中国石油天然气股份有限公司大连润滑油厂				
通讯地址	大连市甘井子区甘北路9号				
企业编号	023015	所在铁路局	沈阳	过轨站	甘井子
车号	0211340	车种车型	G17K	制造日期	1995年12月
装运品类	润滑油			标记载重	52

发证日期：2013年10月21日

使用注意事项

1. 此证件中任何内容如有变动，需及时换发新证。
2. 车辆返空时，车站不查验此证及有关《过轨运输协议》。
3. 此证件仅作为自备铁路车辆办理装车凭证。
4. 此证件不得转借、伪造和涂改。
5. 此证件请妥善保管，如有遗失，请及时通知所在铁路局自备车管理部门。

（b）

图 5.1.2 过轨运输许可证

企业自备货车不涂打铁路路徽，一般车体标明“×××自备车”、到站“×××站”。

取得“过轨许可证”的货车的车号左起第一位为0，第二位非0；一次性过轨的货车的车号左起第一、二位为00。

军方特殊用途货车（车体标明客车基本记号者除外）对照企业自备车办理。

③ 内用货车。

内用货车指属于企业（包括合资、地方铁路及其下属企业）资产但未取得“过轨运输许可证”，仅在本企业内承担社会运输任务的货车。

④ 外国铁路货车。

外国铁路货车指属于国外资产的铁路货车。

（2）按运用状况可分为运用车和非运用车。

3. 运用车

运用车是指参加铁路营业运输的部属铁路货车、企业自备货车、外国铁路货车及内用货车、企业租用、军方特殊用途车的重车。

运用车按其重空状态又可分为重车和空车。

（1）重车。

符合以下条件的运用车应按重车统计：

① 实际装有货物并具有货票的货车；

② 卸车作业未完的货车；

③ 倒装作业未卸完的货车；

④ 以“特殊货车及运送用具回送清单”（见表5.1.6）手续装载整车回送铁路货车用具（部属篷布、空集装箱及军用备品等）的货车；

⑤ 填制货票的游车。

表5.1.6　特殊货车及运送用具回送清单

<table>
<tr><td colspan="3">发　站</td><td>到　站（局）</td><td>经　由</td></tr>
<tr><td colspan="3">车种车号</td><td>铅封数</td><td>回送命令号码</td></tr>
<tr><td colspan="3">回送之货车或运送用具</td><td colspan="2">附　注</td></tr>
<tr><td>种类</td><td>号码</td><td>数量</td><td colspan="2"></td></tr>
<tr><td></td><td></td><td></td><td colspan="2"></td></tr>
<tr><td></td><td></td><td></td><td colspan="2"></td></tr>
<tr><td></td><td></td><td></td><td colspan="2"></td></tr>
<tr><td></td><td></td><td></td><td colspan="2"></td></tr>
<tr><td></td><td></td><td></td><td colspan="2"></td></tr>
<tr><td></td><td></td><td></td><td colspan="2"></td></tr>
<tr><td></td><td></td><td></td><td colspan="2" rowspan="4">发站日期戳　发站负责人签字
到站日期戳　到站负责人签字</td></tr>
<tr><td></td><td></td><td></td></tr>
<tr><td></td><td></td><td></td></tr>
<tr><td></td><td></td><td></td></tr>
</table>

（2）空车。

符合以下条件的运用车应按空车统计：

① 实际空闲的货车；

② 装车作业未完的货车；

③ 倒装作业未装完的货车；

④ 运用状态下的机械冷藏车的工作车。

4. 非运用车

非运用车是指不参加铁路营业运输的部属货车（包括租出空车）、企业自备内用检修车和在专用线、专用铁路内的已获得“过轨运输许可证”的企业自备货车、在站装卸作业的企业自备空车、在本企业内的内用空车、军方特殊用途空车以及部属特种用途车。

非运用车包括：备用车、检修车、代客货车、路用车、洗罐车、整备罐车、租出空车、在企业内的企业自备货车及军方特殊用途空车 9 种。

（1）备用车。

备用车是指为了保证完成临时紧急运输任务的需要而储备的技术状态良好的部属空货车。

① 备用车的分类。

a. 特殊备用车：指因运输市场发生结构变化，为调剂车种、满足运输需求，中国铁路总公司以备用车命令指定的大于本局月计划部分的某种空货车；

b. 军用备用车；

c. 专用货车备用车包括：罐车、冷藏车、集装箱车、矿石车、长大货物车、毒品专用车、家畜车、散装水泥车、散装粮食车、小汽车运输专用车和涂有“专用车”字样的一般货车；

d. 国境、港口站备用车。

② 备用车备用和解除的规定。

运用车转入备用或备用车解除备用，均需经中国铁路总公司备用车命令批准。

a. 备用车的备用和解除时间。

根据中国铁路总公司、铁路局当日调度命令批准，经备用基地检车员检查后，由车站调度员或值班员填写“运用车转变记录（运统 6）”（见表 5.1.7）并以签字的时分起算。

表 5.1.7 运用车转变记录（运统 6）

由___车 转入___车 部令第_____号局令第_____号

车 种	车 号	车 种	车 号	记 事

车站签字_____使用单位签字_____车辆段签字_______

签字时分_____月_____日_____时_____分

b. 货车转入备用的时分不得早于：

Ⅰ. 车站收到调度命令的时分；

Ⅱ. 作业车：卸车完了的时分；

Ⅲ. 到达空车：列车到达技检完了的时分。

c. 备用车解除时分不得迟于：

Ⅰ. 排空时：规定列车开始技检的时分；

Ⅱ. 装车时：调入装车地点的时分。

违反规定动用备用车时，必须调整运用车数和货车停留时间。

③ 备用车备满时间要求。

特殊备用车需备满 48 小时，其他备用车需备满 24 小时，才能解除备用。

备用时间不满或无令动用时，自备用时起按运用车统计（因紧急任务需要，经中国铁路总公司批准解除时，不受此项限制）。

④ 备用车停放规定。

备用车必须停放在铁路局批准的备用基地内，港口、国境站备用车必须停放在指定的港口、国境站。凡未停放在指定地点的均不准统计为备用车。

备用车在不同备用基地间不得转移，根据命令在同一备用基地内转移时，备用时间不连续计算，原存放站及新存放站均需备满规定时间。

⑤ 不准将重车、租出空车列入备用车。

（2）检修车。

定检到期或过期而扣下修理、摘车临修、事故破损、等待报废和回送检修等的部属铁路货车、企业自备货车，根据车辆部门填发的“车辆检修通知单（车统 23）”（见表 5.1.8）或“检修车回送单（车统 26）”（见表 5.1.9）统计为检修车。

表 5.1.8　车辆检修通知单（车统 23）

车辆检修通知单（车统 23）

第____号

送交_____站　　_____年____月____日

车次_______车辆停留在_____场______线

1. 车种车型____车号____

2. 轴数____载重____空重别____

3. 重车之装车站及局别_____到达站_____货物品名

4. 前回定检年月日及处所：厂修____段修____

辅修____轴检____

5. 主要损坏部分____

6. 修程________需要倒装否__________

7. 拨往何处修理___________

8. __________所 _________（检车员签章）

9. 车站值班员签字时间____年___月___日___时___分

10. 车站值班员签章___________

11. 拨到检修线时间____年___月___日___时___分

12. 收车人签章____

表 5.1.9 检修车回送单（车统 26）

检修车回送单（车统 26）

第____号

车种_____车号_____轴数_____

发送局及站____________________________________

到达局及站（车辆段或工厂所在站）______________

经由分界站名_____车辆应挂在列车中部或尾部____

前回检修年月日处所及修程______________________

不良部位______________________________________

填发日期　　　　　　　　　年　月　日　时　分

车辆段印　段长______签字

车辆到达工厂或车辆段所在站的时间　年　月　日　时　分

车站值班员______签字

车辆送到检修线的时间　　年　月　日　时　分

收车人______签字

修竣的车辆由车辆段或车辆厂填发“检修车辆竣工验收移交记录（车统 33 并车统 36）”（见表 5.1.10）作为修竣的依据，车站在“检修车辆竣工验收移交记录”上签字时起转入运用车。

表 5.1.10 检修车辆竣工验收移交记录（车统 33 并车统 36）

检修车辆竣工验收移交记录

（单位名称）　　　　　　　　　　　　　　　　　　　第____号

以下_____修程的车辆已检修竣工，并经中国铁路总公司（铁路局）驻_________车辆验收室验收，确认技术状态合格，可交付使用。兹将下列检修竣工车辆由__________移交给_____局_____站

序号	车种车型	车号	更改项目			加改项目			加价项目			减价项目		配属局段	指定到达局名及站名	备注
1																
2																
3																

本页小计：____辆

（单位名称）代表盖章：______　　　　日期：_____年___月___日（产品验收专用章）

中国铁路总公司（铁路局）驻________车辆验收室代表盖章　　　　日期：_____年___月___日

接收人：　　局______站代表盖章：________　　　______年____月____日____时____分

客货车配属局（段）代表盖章：　　　　　　　　日期：　　年　　月　　日

① 在铁路营业线上的外国铁路货车在运行过程中临时发生故障而需摘车修理时，按检修车统计。

② 机械冷藏列车中的车辆或机械发生故障需要扣留时，应全组填发“车辆检修通知单”，按检修车统计。修竣后，对未修理的车辆，在“检修车辆竣工验收移交记录（车统33并车统36）”上注明“撤销”字样。

③ 整备罐车超过整备规定时间（6小时）继续整备时，从超过时起按检修车统计。

（3）代客货车。

代客货车是指根据中国铁路总公司命令用以运送人员、行李及包裹的货车。

车站接到命令后，由车站和检车人员在“运用车转变记录”上签字时起转入“代客”，使用完了（指卸空，包括备品）时，填制“运用车转变记录”转回运用车。

代客空车根据调度命令以客运车次回送时，按代客统计；以货运车次回送时，按挂运凭证（回送清单、调度命令等）实际统计，无挂运凭证按运用车统计。

代客货车装载货物填制货票时，自代客或回送到达时起按运用车统计。

行包专列上的专用货车，不论重车、空车均按代客货车统计，单独列示。

（4）路用车。

路用车是指中国铁路总公司批准作为铁路各单位运送非营业运输物资或用于特殊用途的货车。

路用车分为特种用途车和其他路用车。特种用途车是指因为路内特殊用途需要专门制造的不能装运货物的特殊车辆（包括试验车、发电车、轨道检查车、检衡车、除雪车等）。上述车辆以外的路用车为其他路用车。

① 路用车的统计依据。

经中国铁路总公司批准的“路用车使用证明书”（见表5.1.11）是统计路用车的依据。使用单位应按规定涂打路用车使用标记。

表5.1.11　路用车使用证明书

路用车使用证明书

根据铁路总公司　2015年12月24日路（2016）字第6102号命令批准
使用单位：质量技术监督所
用途：轨道衡检定
使用区段：沈局管内、北京局
使用期间自2016年1月1日至2016年12月31日止
指定拨车站及车数：锦州 T3　计3辆
车辆停留站：锦州
实际拨给车辆（吨位、车种、车号）
收回车辆日期及车数：
记事：
填发单位：沈阳铁路局营销处（加盖公章）　　2015年12月25日

注：1. 实际拨给车辆和收回车辆日期及车辆数两栏由办理车站填写并报局。
2. 收费情况填入词栏。
3. 路用车的挂运必须使用批准原件，复印件无效。

路用车只准在批准的使用期限、使用区段和用途范围内使用，对违反使用规定的路用车，按运用车统计。

路用车装运货物并填制货票时，在重车状态下按运用车办理。

② 路用车的转变时分。

路用车的转变时分自使用单位收到车辆并在“运用车转变记录”上签字时起，至使用完了交回车辆并填制“运用车转变记录”转回运用车时止按路用车统计。

③ 防洪备料车的统计。

防洪备料车是根据中国铁路总公司（铁路局）命令为汛期防洪抢险，指定储备一定数量防洪备料的重车，在重车储备停留状态下按路用车统计，其他状态按运用车统计。

（5）洗罐车。

洗罐车指为了进行清洗的良好罐车。由洗罐单位填制“车辆装备单（车统 24）”（见表 5.1.12）送交车站签字时起统计为洗罐车；洗刷完了，由车站人员在“罐车洗刷交接记录单（车统 89）”（见表 5.1.13）上签字时起转回运用车；企业自备车发生洗罐时，洗罐单位一律填发“企业自备车装备单（车统 24Q）”统计为洗罐车，洗刷完了填发“企业自备车洗刷交接记录单（车统 89Q）”转回运用车。

表 5.1.12 车辆装备单（车统 24）

车辆装备单（车统 24）

安装事项________________ 第____号

指定送往__________线

车 种	车 号	车辆所在地点

通知送入指定线 月 日 时 分

实际送入 月 日 时 分

收到单据的车站值班员签字________________

检车员签字__________________

编制人签字__________________

表 5.1.13　罐车洗刷交接记录单（车统 89）

<table>
<tr><td colspan="14">罐车洗刷交接记录单（车统 89）
年　月　日　第　号</td></tr>
<tr><td rowspan="3">车种</td><td rowspan="3">车号</td><td rowspan="3">专用种别</td><td rowspan="3">轴数</td><td rowspan="3">载重吨位</td><td rowspan="3">原装油名称</td><td rowspan="3">采取的洗罐方法</td><td rowspan="3">洗罐后指定装油名称</td><td colspan="6">洗罐时分</td></tr>
<tr><td colspan="3">入线</td><td colspan="3">竣工</td></tr>
<tr><td>月</td><td>日</td><td>时分</td><td>月</td><td>日</td><td>时分</td></tr>
<tr><td></td><td></td><td></td><td></td><td></td><td></td><td></td><td></td><td></td><td></td><td></td><td></td><td></td><td></td></tr>
<tr><td></td><td></td><td></td><td></td><td></td><td></td><td></td><td></td><td></td><td></td><td></td><td></td><td></td><td></td></tr>
<tr><td></td><td></td><td></td><td></td><td></td><td></td><td></td><td></td><td></td><td></td><td></td><td></td><td></td><td></td></tr>
<tr><td></td><td></td><td></td><td></td><td></td><td></td><td></td><td></td><td></td><td></td><td></td><td></td><td></td><td></td></tr>
<tr><td></td><td></td><td></td><td></td><td></td><td></td><td></td><td></td><td></td><td></td><td></td><td></td><td></td><td></td></tr>
<tr><td colspan="14">上项罐车洗刷完了并经验收合格
交车人　洗罐站职名　姓名　签字
验车人部门　职名　姓名　签字
车站值班员签收　月　日　时　分　签字</td></tr>
</table>

为进行检修而洗罐时，应列入检修车内。由企业自行洗罐不能执行上述办法时，由铁路局规定平均洗罐时间（最长不能超过 4 小时），自货车送入洗罐交接地点起至规定时间止按洗罐车统计。

（6）整备罐车。

整备罐车是指在指定地点进行技术整备的整列（成组）固定编组石油直达罐车。在到达整备站时，按运用车统计；送入配属段整备线进行技术整备时，根据车辆部门填发的“车辆装备单”送交车站签字时起 6 小时内按整备罐车统计；超过 6 小时车辆部门应填发“车辆检修通知单”按检修车统计。

整备完了由车站在“检修车辆竣工验收移交记录”上签字时起转回运用车。如固定编组的石油直达罐车更换车辆时，需由车辆部门及时通知车站。

（7）租出空车。

租出空车包括：

① 企业租用的部属空货车。

② 新造及由国外购置的货车在交付使用前的试运转空车。

③ 部队训练使用的部属货车：

a. 使用停留车辆训练，按轴、按日核收使用费时，由交付使用时起至使用完了交回时止，按企业租用空车统计；

b. 在训练期间随同列车挂运核收 80% 运费时，自列车出发时起至到达时止，对装运物资的货车按运用车统计，运送人员的棚车按“代客”统计；

c. 用铁路机车单独挂运核收机车使用费时，按企业租用空车统计。

出租车及退租车由车站与使用单位在“运用车转变记录”上签字时起转入企业租用车或转回运用车。

（8）在企业内的企业自备货车。

在企业内的企业自备货车指在企业专用线、专用铁路内的已取得“过轨运输许可证”的该企业自备货车，包括没有（租用）专用线、专用铁路企业回到过轨站的自备空车以及在车站进行装卸作业的自备空车。在本企业内的内用空车按此项统计。

企业自备车运用与非运用转变时分的确定：对出入企业专用线、专用铁路的企业自备车，以将车辆送到交接地点时分为准；在站（包括过轨站）装卸作业的企业自备车，以装卸作业完了时分为准（到达过轨站、装卸作业站的空车自到达时分起转为非运用）。内用货车以装卸作业完了时分为准。

（9）军方特殊用途空车。

军方特殊用途空车指军方用于军事运输等特殊用途的空货车（车体基本记号标明为客车的除外）。

5.“货车出入登记簿（运统4）”

“货车出入登记簿（运统 4）”是分界站、技术站以及大量装卸站登记货车出入情况，作为编制“分界站货车出入报表（运报-1）”“现在车报表（运报-2）”以及“非号码制货车停留时间登记簿（运统9）”的资料。

“货车出入登记簿”的格式见附页，其填记依据及方法如下：

（1）方向栏：应区别列车到发方向，按出入时分顺序填记。

（2）车次栏：填记到发列车的车次，对不随同列车出入的货车填记出入的种别，例如“新造车”、“企业自备车”等。

（3）到发时分栏：根据“行车日志（运统2、运统3）”填记，不随同列车出入的货车，则根据各规定的出入时分填记。

（4）出、入的货车：凡计算车站出、入的货车，均填记在各有关栏内。

（5）专业运输公司租用车：本栏根据到、发列车中各专业运输公司租用车合计及租用作业转变的情况填入，作为填记“专业运输公司租用货车报表（运报-2ZY）”的资料。

（6）标准换算小时栏：将货车出（入）的实际分钟数，换算成十进位小时数填记在本栏内，各站可采用1小时、3小时、6小时等不同结算制的办法填记。

将货车出（入）的实际分钟数换算成十进位的小时数，有逆算法和正算法两种。

正算法：

$$\text{十进位标准换算小时}=\frac{\text{本统计阶段开始至货车出（入）时刻的分钟数}}{60}$$

逆算法：

$$\text{十进位标准换算小时}=\frac{\text{货车出（入）时刻至本统计阶段末的分钟数}}{60}$$

假设某货车19:20出（入），以1小时结算制为例，统计阶段为19:01～20:00，其正算法的标准换算小时为 20 ÷ 60 = 0.3；而逆算法标准换算小时为 40 ÷ 60 = 0.7。

若为 3 小时结算制，统计阶段为 18:01 ~ 21:00，则其正算法标准换算小时为 80 ÷ 60 = 1.3；而逆算法标准换算小时为 100 ÷ 60 = 1.7。

若为 6 小时结算制，统计阶段为 18:01 ~ 0:00，则其正算法标准换算小时为 80 ÷ 60 = 1.3；而逆算法标准换算小时为 280 ÷ 60 = 4.7。

1 小时结算制的正算法和逆算法的十进位标准换算小时可直接查表 5.1.14 和表 5.1.15 确定。

表 5.1.14　正算法十进位小时换算表

实际分数	1 ~ 2	3 ~ 8	9 ~ 14	15 ~ 20	21 ~ 26	27 ~ 32	33 ~ 38	39 ~ 44	45 ~ 50	51 ~ 56	57 ~ 60
十进位小时	0	0.1	0.2	0.3	0.4	0.5	0.6	0.7	0.8	0.9	1.0

表 5.1.15　逆算法十进位小时换算表

实际分数	1 ~ 3	4 ~ 9	10 ~ 15	16 ~ 21	22 ~ 27	28 ~ 33	34 ~ 39	40 ~ 45	46 ~ 51	52 ~ 57	58 ~ 60
十进位小时	1.0	0.9	0.8	0.7	0.6	0.5	0.4	0.3	0.2	0.1	0

目前，我国铁路规定统计时采用逆算法进行计算。

（7）换算车小时栏：以第 4 栏的标准换算小时分别乘以 5、7、9、11、13 栏对应的车数，即分别为 6、8、10、12、14 栏的换算车小时数，且 6 栏 = 8 栏 + 10 栏 + 12 栏 + 14 栏。

每日 18 点终了时，应将本日入、出的各项分别加总，并分出其中随同列车的入、出以及各种不随同列车的入、出合计数，作为填报“现在车报表（运报-2）”的依据。

【任务实施】

1. 填记乙站 18:01 ~ 0:00 入的货车

按列车到达时间顺序填记。

（1）30051 次。

① 30051 次由甲方向开来，方向栏填甲。

② 到达时刻为 18:20，标准换算小时栏查表确定为 0.7。

③ 合计车数栏为 56；合计换算车小时栏为 56 × 0.7 = 39.2。

④ 根据资料可知，30051 次是到达解体列车，其中有 10 辆到达本站卸为作业车，其余 46 辆则为有调中转车，故作业车车数栏为 10，对应的换算车小时栏为 10 × 0.7 = 7.0；有调中转车数栏为 46，对应的换算车小时栏为 46 × 0.7 = 32.2；运用重车合计栏为 51，其中棚车栏为 13，敞车栏为 22，普通平车栏为 12，两用平车栏为 4；运用空车合计栏为 5，其中敞车栏为 5。

（2）20110 次。

① 20110 次由丙方向开来，方向栏填丙。

② 到达时刻为 18:58，标准换算小时栏查表确定为 0。

③ 合计车数栏为 56；合计换算车小时栏为 56 × 0 = 0。

④ 根据资料可知，20110 次为无调中转列车，故全列 56 辆均为无调中转车，无调中转车数栏为 56，对应的换算车小时栏为 56 × 0 = 0；运用重车合计栏为 56，其中棚车栏为 25，敞车栏为 12，粘油罐车栏为 14，轻油罐车栏为 5。

（3）30138 次。

① 30138 次由丙方向开来，方向栏填丙。

② 到达时刻为 20:10，标准换算小时栏查表确定为 0.8。

③ 合计车数栏为 56；合计换算车小时栏为 56 × 0.8 = 44.8。

④ 根据资料可知，30051 次为到达解体列车，列车中没有到达乙站卸的车，因此，全列 56 辆均为有调中转车，故有调中转车数栏为 56，对应的换算车小时栏为 56 × 0.8 = 44.8；运用重车合计栏为 56，其中棚车栏为 30，敞车栏为 16，矿石车栏为 10。

（4）20109 次。

① 20109 次由甲方向开来，方向栏填甲。

② 到达时刻为 20:35，标准换算小时栏查表确定为 0.4。

③ 合计车数栏为 56；合计换算车小时栏为 56 × 0.4 = 22.4。

④ 根据资料可知，20109 次为无调中转列车，列车中有 5 辆空敞车是回送至丙站进行厂修的非运用车，其余 51 辆均为无调中转车，故无调中转车数栏为 51，对应的换算车小时栏为 51 × 0.4 = 20.4；非运用车数栏为 5，对应的换算车小时栏为 5 × 0.4 = 2.0；运用重车合计栏为 51，其中棚车栏为 16，敞车栏为 24，集装箱车栏为 8，两用平车栏为 3；非运用车合计栏为 5，其中平车栏为 5。

（5）30053 次。

① 30053 次由甲方向开来，方向栏填甲。

② 到达时刻为 21:05，标准换算小时栏查表确定为 0.9。

③ 合计车数栏为 55；合计换算车小时栏为 55 × 0.9 = 49.5。

④ 根据资料可知，30053 次为到达解体列车，列车中有 10 辆到达本站卸为作业车，其余 45 辆为有调中转车，故作业车车数栏为 10，对应的换算车小时栏为 10 × 0.9 = 9.0；有调中转车数栏为 45，对应的换算车小时栏为 45 × 0.9 = 40.5；运用重车合计栏为 48，其中棚车栏为 28，敞车栏为 20；运用空车合计栏为 7，其中棚车栏为 7。

（6）20111 次。

① 20111 次由甲方向开来，方向栏填甲。

② 到达时刻为 22:00，标准换算小时栏查表确定为 0。

③ 合计车数栏为 56；合计换算车小时栏为 56 × 0 = 0。

④ 根据资料可知，20109 次为无调中转列车，其中有 5 辆空敞车是挂往丙站的路用车，为非运用车，其余 51 辆均为无调中转车，故无调中转车数栏为 51，对应的换算车小时栏为 51 × 0 = 0；非运用车数栏为 5，对应的换算车小时栏为 5 × 0 = 0；运用重车合计栏为 45，其中棚车栏为 13，敞车栏为 20，普通平车栏为 9，散装水泥车栏为 3；运用空车合计栏为 6，其中棚车栏为 6；非运用车合计栏为 5，其中敞车栏为 5。

（7）20112 次。

① 20112 次由丙方向开来，方向栏填丙。

② 到达时刻为 22:10，标准换算小时栏查表确定为 0.8。

③ 合计车数栏为 56；合计换算车小时栏为 56 × 0.8 = 44.8。

④ 根据资料可知，20112 次为无调中转列车，列车中没有到达乙站卸的车，因此，全列 56 辆均为无调中转车，故无调中转车数栏为 56，对应的换算车小时栏为 56 × 0.8 = 44.8；运用重车合计栏为 56，其中棚车栏为 35，敞车栏为 6，冷藏车栏为 15。

填记结果如表 5.1.16 所示。

2. 填记乙站 18:01 ~ 0:00 出的货车

按列车出发时间顺序填记。

（1）40112 次。

① 40112 次开往甲方向，方向栏为甲。

② 出发时刻为 18:25，标准换算小时栏查表确定为 0.6。

③ 合计车数栏为 43；合计换算车小时栏为 43 × 0.6 = 25.8。

④ 根据资料可知，40112 次是乙站编组始发列车，列车中挂有 10 辆本站作业车，其余均为有调中转车，故作业车数栏为 10，对应的换算车小时栏为 10 × 0.6 = 6.0；有调中转车数栏为 33，对应的换算车小时栏为 33 × 0.6 = 19.8；运用重车合计栏为 43，其中棚车栏为 17，敞车栏为 12，普通平车栏为 10，其他罐车栏为 4。

（2）40101 次。

① 40101 次开往丙方向，方向栏为丙。

② 出发时刻为 19:15，标准换算小时栏查表确定为 0.8。

③ 合计车数栏为 30；合计换算车小时栏为 30 × 0.8 = 24.0。

④ 根据资料可知，40101 次是乙站编组始发列车，列车中没有挂本站作业车，因此，全列 30 辆均为有调中转车，故有调中转车数栏为 30，对应的换算车小时栏为 30 × 0.8 = 24.0；运用重车合计栏为 30，其中棚车栏为 15，敞车栏为 15。

（3）20110 次。

① 20110 次开往甲方向，方向栏为甲。

② 出发时刻为 19:48，标准换算小时栏查表确定为 0.2。

③ 合计车数栏为 56；合计换算车小时栏为 56 × 0.2 = 11.2。

④ 根据资料可知，20110 次为无调中转列车，全列均为无调中转车，因此，无调中转车数栏为 56，对应的换算车小时栏为 56 × 0.2 = 11.2；运用重车合计栏为 56，其中棚车栏为 25，敞车栏为 12，粘油罐车栏为 14，轻油罐车栏为 5。

（4）30131 次。

① 30131 次开往丙方向，方向栏为丙。

② 出发时刻为 20:45，标准换算小时栏查表确定为 0.3。

③ 合计车数栏为 56；合计换算车小时栏为 56 × 0.3 = 16.8。

④ 根据资料可知，30131 次是乙站编组始发列车，列车中挂有 10 辆本站作业车，其余 46 辆为有调中转车，故作业车数栏为 10，对应的换算车小时栏为 10 × 0.3 = 3.0；有调中转车数栏为 46，对应的换算车小时栏为 46 × 0.3 = 13.8；运用重车合计栏为 56，其中棚车栏为 13，敞车栏为 22，普通平车栏为 17，两用平车栏为 4。

表 5.1.16　货车出入登记簿（运统 4）

方向	车次	到发时分	标准换算小时	入																																
				合计		其中								运用重车																		运用空车				
						作业车		无调中转		有调中转		非运用车																								
				车数	换算车小时	车数	换算车小时	车数	换算车小时	车数	换算车小时	车数	换算车小时	计	棚车	敞车	普通平车	两用平车	轻油罐车	粘油罐车	其他罐车	冷藏车	集装箱车	矿石车	长大货物车	毒品车	家畜车	散装水泥车	散装粮食车	特种车	其他	计	棚车	敞车	普通平车	两用平车
1	2	3	4	5	6	7	8	9	10	11	12	13	14	15	16	17	18	19	20	21	22	23	24	25	26	27	28	29	30	31	32	33	34	35	36	37
甲	30051	18:20	0.7	56	39.2	10	7.0			46	32.2			51	13	22	12	4														5		5		
丙	20110	18:58	0	56	0			56	0					56	25	12			5	14																
丙	30138	20:10	0.8	56	44.8					56	44.8			56	30	16								10												
甲	20109	20:35	0.4	56	22.4			51	20.4			5	2.0	51	16	24		3					8													
甲	30053	21:05	0.9	55	49.5	10	9.0			45	40.5			48	28	20																7	7			
甲	20111	22:00	0	56	0			51	0			5	0	45	13	20	9											3				6	6			
丙	20112	22:10	0.8	56	44.8			56	44.8					56	35	6						15														

入																																			
运用空车													非运用车																		专业运输公司租用车				记事
轻油罐车	粘油罐车	其他罐车	冷藏车	集装箱车	矿石车	长大货物车	毒品车	家畜车	散装水泥车	散装粮食车	特种车	其他	计	棚车	敞车	普通平车	两用平车	轻油罐车	粘油罐车	其他罐车	冷藏车	集装箱车	矿石车	长大货物车	毒品车	家畜车	散装水泥车	散装粮食车	特种车	其他	集装箱公司	特货公司	特租集	快运公司	
38	39	40	41	42	43	44	45	46	47	48	49	50	51	52	53	54	55	56	57	58	59	60	61	62	63	64	65	66	67	68	69	70	71	72	73
													5				5																		
													5		5																				

（5）20109 次。

① 20109 次开往丙方向，方向栏为丙。

② 出发时刻为 21:25，标准换算小时栏查表确定为 0.6。

③ 合计车数栏为 56；合计换算车小时栏为 $56 \times 0.6 = 33.6$。

④ 根据资料可知，20109 次为无调中转列车，挂有的 5 辆回送丙站进行厂修的空车为非运用车，其余 51 辆均为无调中转车，故无调中转车数栏为 51，对应的换算车小时栏为 $51 \times 0.6 = 30.6$；非运用车数栏为 5，对应的换算车小时栏为 $5 \times 0.6 = 3.0$；运用重车合计栏为 51，其中棚车栏为 16，敞车栏为 24，集装箱车栏为 8，两用平车栏为 3；非运用车合计栏为 5，其中平车栏为 5。

（6）30052 次。

① 30052 次开往甲方向，方向栏为甲。

② 出发时刻为 22:25，标准换算小时栏查表确定为 0.6。

③ 合计车数栏为 56；合计换算车小时栏为 $56 \times 0.6 = 33.6$。

④ 根据资料可知，30052 次是乙站编组始发列车，列车中没有挂本站作业车，因此，全列均为有调中转车，故有调中转车数栏为 56，对应的换算车小时栏为 $56 \times 0.3 = 33.6$；运用重车合计栏为 56，其中棚车栏为 32，敞车栏为 12，散装粮食车栏为 8，两用平车栏为 4。

（7）20111 次。

① 20111 次开往丙方向，方向栏为丙。

② 出发时刻为 22:45，标准换算小时栏查表确定为 0.3。

③ 合计车数栏为 56；合计换算车小时栏为 $56 \times 0.3 = 16.8$。

④ 根据资料可知，20111 次为无调中转列车，挂有的 5 辆到丙站的路用车为非运用车，其余 51 辆均为无调中转车，故无调中转车数栏为 51，对应的换算车小时栏为 $51 \times 0.3 = 15.3$；非运用车数栏为 5，对应的换算车小时栏为 $5 \times 0.3 = 1.5$；运用重车合计栏为 45，其中棚车栏为 13，敞车栏为 20，普通平车栏为 9，散装水泥车栏为 3；运用空车合计栏为 6，其中棚车栏为 6；非运用车合计栏为 5，其中敞车栏为 5。

（8）20112 次。

① 20112 次开往甲方向，方向栏为甲。

② 出发时刻为 23:00，标准换算小时栏查表确定为 0。

③ 合计车数栏为 56；合计换算车小时栏为 $56 \times 0 = 0$。

④ 根据资料可知，20112 次为无调中转列车，全列均为无调中转车，因此，无调中转车数栏为 56，对应的换算车小时栏为 $56 \times 0 = 0$；运用重车合计栏为 56，其中棚车栏为 35，敞车栏为 6，冷藏车栏为 15。

填记结果如表 5.1.17 所示。

【拓展提高】

1. “现在车报表（运报-2）”

“现在车报表（运报-2）”是用于统计车站每日 18:00 当时的货车按运用别、重空别、车种别的现车车数，并通过网络传输上报铁路局。其格式如表 5.1.18 所示。

表 5.1.17　货车出入登记簿（运统 4）

方向	车次	到发时分	标准换算小时	出																																
				合计		其中								运用重车																		运用空车				
						作业车		无调中转		有调中转		非运用车																								
				车数	换算车小时	车数	换算车小时	车数	换算车小时	车数	换算车小时	车数	换算车小时	计	棚车	敞车	普通平车	两用平车	轻油罐车	粘油罐车	其他罐车	冷藏车	集装箱车	矿石车	长大货物车	毒品车	家畜车	散装水泥车	散装粮食车	特种车	其他	计	棚车	敞车	普通平车	两用平车
1	2	3	4	5	6	7	8	9	10	11	12	13	14	15	16	17	18	19	20	21	22	23	24	25	26	27	28	29	30	31	32	33	34	35	36	37
甲	40112	18:25	0.6	43	25.8	10	6.0			33	19.8			43	17	12	10				4															
丙	40101	19:15	0.8	30	24.0					30	24.0			30	15	15																				
甲	20110	19:48	0.2	56	11.2			56	11.2					56	25	12			5	14																
丙	30131	20:45	0.3	56	16.8	10	3.0			46	13.8			56	13	22	17	4																		
丙	20109	21:25	0.6	56	33.6			51	30.6			5	3.0	51	16	24		3					8													
甲	30052	22:25	0.6	56	33.6					56	33.6			56	32	12		4											8							
丙	20111	22:45	0.3	56	16.8			51	15.3			5	1.5	45	13	20	9											3				6	6			
甲	20112	23:00	0	56	0			56	0					56	35	6						15														

出																																			
运用空车													非运用车																		专业运输公司租用车				记事
轻油罐车	粘油罐车	其他罐车	冷藏车	集装箱车	矿石车	长大货物车	毒品车	家畜车	散装水泥车	散装粮食车	特种车	其他	计	棚车	敞车	普通平车	两用平车	轻油罐车	粘油罐车	其他罐车	冷藏车	集装箱车	矿石车	长大货物车	毒品车	家畜车	散装水泥车	散装粮食车	特种车	其他	集装箱公司	特货公司	特租集	快运公司	
38	39	40	41	42	43	44	45	46	47	48	49	50	51	52	53	54	55	56	57	58	59	60	61	62	63	64	65	66	67	68	69	70	71	72	73
													5				5																		
													5		5																				

表 5.1.18　现在车报表（运报-2）

局名或月日	昨日结存	现在车								现在车计	运用车合计	运用车																			
		入				出						重车																		空车	
		到达	新购货车	新许可加入	其他	发出	报废车	退出企业自备车	其他			计	棚车	敞车	普通平车	两用平车	轻油罐车	粘油罐车	其他罐车	冷藏车	集装箱车	矿石车	长大货物车	毒品车	家畜车	散装水泥车	散装粮食车	特种车	其他	计	棚车
													P	C	N	NX	GQ	GN	GT	B	X	K	D	W	J	U	L	T			P
	1	2	3	4	5	6	7	8	9	10	11	12	13	14	15	16	17	18	19	20	21	22	23	24	25	26	27	28	29	30	31

运用车																非运用车															
空车																非运用车合计	备用车														
敞车	普通平车	两用平车	轻油罐车	粘油罐车	其他罐车	冷藏车	集装箱车	矿石车	长大货物车	毒品车	家畜车	散装水泥车	散装粮食车	特种车	其他		计	棚车	敞车	普通平车	两用平车	轻油罐车	粘油罐车	其他罐车	冷藏车	集装箱车	矿石车	长大货物车	毒品车	家畜车	散装水泥车
C	N	NX	GQ	GN	GT	B	X	K	D	W	J	U	L	T				P	C	N	NX	GQ	GN	GT	B	X	K	D	W	J	U
32	33	34	35	36	37	38	39	40	41	42	43	44	45	46	47	48	49	50	51	52	53	54	55	56	57	58	59	60	61	62	63

非运用车																												
备用车			检修车																			代客货车	行包专用货车	路用车	洗罐车	整备罐车	租出空车	在企业内货车	军特用方殊途空车
散装粮食车	特种车	其他	计	棚车	敞车	普通平车	两用平车	轻油罐车	粘油罐车	其他罐车	冷藏车	集装箱车	矿石车	长大货物车	毒品车	家畜车	散装水泥车	散装粮食车	特种车	其他								
L	T			P	C	N	NX	GQ	GN	GT	B	X	K	D	W	J	U	L	T									
64	65	66	67	68	69	70	71	72	73	74	75	76	77	78	79	80	81	82	83	84	85	86	87	88	89	90	91	92

车站编制“现在车报表（运报-2）”的依据有：“列车编组顺序表”“行车日志”“货车出入登记簿”“检修车登记簿”“运用车转变记录”“非运用车登记簿”“部备用货车登记簿”“号码制货车停留时间登记簿”“非号码制货车停留时间登记簿”“新造车辆竣工验收移交记录”“车辆资产移交记录”和“车辆报废单”等有关资料。

2.“18 点现在重车去向报表（运报-3）”

“18 点现在重车去向报表（运报-3）”反映每日 18 点当时铁路局管内所有重车的去向，是作为铁路局组织卸车和掌握重车流向的依据。车站根据 18 点当时运用重车货票、列车编组顺序表或其他货运单据上记载的到站编制，铁路局根据车站报送的“18 点现在重车去向报表”及 18 点在途列车确报编制。

“18 点现在重车去向报表（运报-3）”的格式如表 5.1.19 所示。

表 5.1.19 18 点现在重车去向报表（运报-3）

<table>
<tr><th rowspan="3">局名或月日</th><th colspan="5">自局管内卸车</th><th colspan="4">移交外局车数</th><th rowspan="3">合计重车数</th></tr>
<tr><th rowspan="2">车数</th><th colspan="4">其 中</th><th rowspan="2">局</th><th rowspan="2">局</th><th rowspan="2">…</th><th rowspan="2">移交重车合计</th></tr>
<tr><th>棚车</th><th>敞车</th><th>平车</th><th>罐车</th></tr>
<tr><td></td><td>1</td><td>2</td><td>3</td><td>4</td><td>5</td><td>6</td><td>7</td><td>…</td><td>24</td><td>25</td></tr>
<tr><td></td><td></td><td></td><td></td><td></td><td></td><td></td><td></td><td></td><td></td><td></td></tr>
<tr><td></td><td></td><td></td><td></td><td></td><td></td><td></td><td></td><td></td><td></td><td></td></tr>
<tr><td></td><td></td><td></td><td></td><td></td><td></td><td></td><td></td><td></td><td></td><td></td></tr>
<tr><td></td><td></td><td></td><td></td><td></td><td></td><td></td><td></td><td></td><td></td><td></td></tr>
<tr><td></td><td></td><td></td><td></td><td></td><td></td><td></td><td></td><td></td><td></td><td></td></tr>
</table>

编制说明：

（1）整车分卸按最终到站统计。

（2）对到达国外、合资、地方铁路的重车按所到达的分界站（无分界站时为交接站）所属局统计。

（3）到达本局管内的重车经由邻局运送时，按到达邻局统计。

（4）重车到站不明时，按到达列车运行方向前方编组站径路统计。

（5）“18 点现在重车去向报表”中合计的重车应与“现在车报表”中的重车数一致。

任务二 填记“装卸车报表”

【任务介绍】

已知：

某铁路局货运营业站乙站 3 月 2 日装卸车作业具体情况见附页“乙站装卸车作业大表（运货-7 甲）”，其中装车货物均为本站承运。

要求：

统计乙站 3 月 2 日的装卸作业情况，并填记乙站的部属货车“装卸车报表（货报-1）”第 1 栏至第 44 栏，“装卸车报表（货报-1）”如表 5.2.1 所示。

【任务分析】

完成该项任务，需解决以下问题：

（1）“装卸车报表”包括哪些内容？

（2）装车数如何确定？

（3）卸车数如何确定？

（4）增加使用车数和增加卸空车数如何确定？

（5）装卸作业次数如何确定？

【相关知识】

装卸车统计反映铁路完成的货车装卸作业和货运量情况，据以考核经营业绩，为改善运输组织，改进货物运输工作提供统计信息和资料。车站每天都要通过编制“装卸车报表”（货报－1）等向铁路局上报装卸车情况。

1. 装车数的统计方法

凡在铁路货运营业站承运并填制货票，以运用车运送货物的装车，均统计为装车数。

（1）整车货物。

① 由营业站承运的装车；

② 港口站的装车及不同轨距联轨站换装货物的装车；

③ 填制货票的游车；

④ 填制货票免费回送货主的货车用具和加固材料的整车装车；

⑤ 按 80% 核收运费的企业自备车、企业租用车和路用车的装车（按轴公里计费的除外）；

⑥ 填制货票核收运费的站内搬运的装车。

（2）集装箱货物。

整车集装箱在装车站装载自站发送的集装箱，其换算箱数占全部换算箱数一半及以上的装车。各类型集装箱换算箱数按“集装箱技术参数表”（见表 5.2.2）的规定计算。

2. 国家铁路运输企业、合资铁路、地方铁路装车数的统计方法

（1）国家铁路运输企业。

国家铁路是指国务院铁路主管部门（即中国铁路总公司）独立投资或以中国铁路总公司为主投资建设和管理的铁路。国家铁路运输企业指部属铁路局，涉及专业运输公司需作特别指明。

① 承运装车数。

在国家铁路运输企业车站自站的装车（包括在国家铁路运输企业分界站、接轨站制票运往合资、地方铁路的装车）统计为承运装车数。

表 5.2.1 装卸车报表（货报-1）

类别	装车数合计	其中		使用车合计	其中增加使用车	车种																	卸车数合计	待卸车数	卸空车合计	其中增加卸空车	车种							
		承运装车数	交接装车数			棚车	敞车	普通平车	两用平车	轻油罐车	粘油罐车	其他罐车	冷藏车	集装箱车	矿石车	长大货物车	毒品车	家畜车	散装水泥车	散装粮食车	特种车	其他					棚车	敞车	普通平车	两用平车	轻油罐车	粘油罐车	其他罐车	冷藏车
	1	2	3	4	5	6	7	8	9	10	11	12	13	14	15	16	17	18	19	20	21	22	23	24	25	26	27	28	29	30	31	32	33	34
部																																		
企																																		
合																																		

车种									装卸作业次数	到达局别使用车																		
集装箱车	矿石车	长大货物车	毒品车	家畜车	散装水泥车	散装粮食车	特种车	其他		合计	哈局	沈局	北局	太局	呼局	郑局	武局	西局	济局	上局	南局	广局	柳局	成局	昆局	兰局	乌局	青藏公司
35	36	37	38	39	40	41	42	43	44	45	46	47	48	49	50	51	52	53	54	55	56	57	58	59	60	61	62	63
部																												
企																												
合																												

表 5.2.2　集装箱技术参数表

箱型	箱　类	箱主代码	起始箱号	截止箱号	自重/t	箱体标记最大允许总重/t	换算箱数（装卸车）
20 英尺	通用集装箱	TBJ	510001	575000	2.21	24.00	2.0
			300011	301710	2.24	30.48	3.0
			400001	400500	2.98	30.48	3.0
			580000	629999	2.24	30.48	3.0
20 英尺	板架式汽车集装箱	TBP	100000	100831	4.30	28.30	2.8
			000087	000088	4.30	28.30	2.8
	弧形罐式集装箱	TBG	500000	500001	6.30	30.48	3.0
			500052	501999	6.30	30.48	3.0
	双层汽车集装箱	TBQ	600003	600004	3.70	15.00	1.5
			500000	500229	3.70	15.00	1.5
	干散货集装箱	TBB	500000	509149	3.10	30.48	3.0
	散装水泥罐式集装箱	TBG	540001	541050	4.95	30.48	3.0
	水煤浆罐式集装箱	TBG	520001	520100	4.25	30.48	3.0
	折叠式台架集装箱	TBP	200001	210000	2.50	30.00	3.0
	框架罐式集装箱	TBG	510001	511000	4.15	30.48	3.0
40 英尺	通用集装箱	TBJ	300003	300005	3.88	30.48	3.0
			700000	700119	3.79	30.48	3.0
			710000	715999	3.88	30.48	3.0
48 英尺	通用集装箱	TBJ	800001	800404	4.65	30.48	3.0
50 英尺	双层汽车集装箱	TBQ	800000	801599	10.53	30.48	3.0
			801600	801899	11.61	30.48	3.0

② 交接装车数。

由非国家铁路控股合资铁路（以下简称非控股铁路）、地方铁路、国境分界站接入并填制有货票的重车或换装货物的装车（不包括通过合资、地方铁路运输的重车及到达分界站或接轨站卸车的重车）统计为交接装车数。

（2）合资铁路。

合资铁路指中国铁路总公司与其他部委、地方政府、企业或其他投资者合资建设和经营的铁路，分为国家铁路控股合资铁路和非国家铁路控股合资铁路。国家铁路控股合资铁路按国家铁路统计。

① 管内装车数（包括装往国家铁路分界站、接轨站卸车的装车）。

a. 部属铁路货车。

使用部属铁路货车在本合资铁路管内自装自卸所产生的装车。

b. 企业自备货车。

使用企业自备货车在本合资铁路管内自装自卸所产生的装车。

c. 内用货车。

使用内用货车并填制正式货票（国家铁路货票或地方税务部门监制的票据）在本合资铁路管内自装自卸所产生的装车。

② 输出装车数。

与全路办理一票直通货物运输的合资铁路自管内装往国家铁路或其他合资、地方铁路所产生的装车。

（3）地方铁路。

地方铁路指地方人民政府投资建设和管理的铁路。

① 管内装车数（包括装往国家铁路分界站或接轨站卸车的装车）。

a. 部属铁路货车。

使用部属铁路货车在本地方铁路管内自装自卸所产生的装车。

b. 企业自备货车。

使用企业自备货车在本地方铁路管内自装自卸所产生的装车。

c. 内用货车。

使用内用货车并填制正式货票（国家铁路货票或地方税务部门监制的票据）在本地方铁路管内自装自卸所产生的装车。

② 输出装车数。

与全路办理一票直通货物运输的地方铁路自管内装往国家铁路或其他合资、地方铁路所产生的装车。

③ 交接装车数。

由国家铁路运输企业、合资铁路或其他地方铁路接入或通过并填制货票的重车。

3. 卸车数的统计方法

凡填制货票以运用车运送、到达铁路货运营业站的卸车，均统计为卸车数。

（1）整车货物。

① 到达营业站的货物的卸车；

② 港口站的卸车及不同轨距联轨站换装货物的卸车；

③ 填制货票的游车；

④ 填制货票免费回送货主的货车用具和加固材料的整车卸车；

⑤ 按 80% 核收运费的企业自备车、企业租用车和路用车的卸车（按轴公里计费的除外）；

⑥ 填制货票核收运费的站内搬运的卸车。

（2）集装箱货物。

整车集装箱在终到站到达自站的集装箱，其换算箱数占全部换算箱数一半及以上的卸车。

4. 国家铁路运输企业、合资铁路、地方铁路卸车数的统计方法

（1）国家铁路运输企业。

在国家铁路运输企业营业站的卸车，包括由合资、地方铁路接入到达分界站（接轨站）的卸车。

（2）合资铁路。

① 管内卸车数（不包括管内装车到达国家铁路分界站或接轨站的卸车）。

a. 部属铁路货车。

使用部属铁路货车在本合资铁路管内自装自卸所产生的卸车。

b. 企业自备货车。

使用企业自备货车在本合资铁路管内自装自卸所产生的卸车。

c. 内用货车。

使用内用货车并填制正式货票（国家铁路货票或地方税务部门监制的票据）在本合资铁路管内自装自卸所产生的卸车。

② 输入卸车数。

由国家铁路运输企业或其他合资铁路、地方铁路与本合资铁路办理一票直通货物运输的重车到达本合资铁路管内的卸车。

（3）地方铁路。

① 管内卸车（不包括管内装车到达国家铁路分界站或接轨站的卸车）。

a. 部属铁路货车。

使用部属铁路货车在本地方铁路管内自装自卸所产生的卸车。

b. 企业自备货车。

使用企业自备货车在本地方铁路管内自装自卸所产生的卸车。

c. 内用货车。

使用内用货车并填制正式货票（国家铁路货票或地方税务部门监制的票据）在本地方铁路管内自装自卸所产生的卸车。

② 输入卸车数。

由国家铁路运输企业或其他合资、地方铁路与本地方铁路办理一票直通货物运输的重车到达本地方铁路管内的卸车。

5. 增加使用车和增加卸空车的计算

增加使用车、增加卸空车为车站因装卸铁路货车用具或货物倒装等而使用或卸空的车辆。除以下规定外，一律不得统计为增加使用车和增加卸空车：

（1）集装箱车。

① 在装车站装载中转集装箱，其换算箱数超过全部换算箱数一半的装车按增加使用车计算。

② 在终到站到达中转集装箱，其换算箱数超过全部换算箱数一半的卸车按增加卸空车计算。

（2）铁路货车用具。

整车装运铁路货车用具（篷布、空集装箱及军用备品等）的装卸按增加使用车或增加卸空车计算。

（3）倒装作业。

运用重车在运送途中发生倒装作业（不包括装载整理）的计算：

① 一车倒装两车时计算增加使用车一辆，两车倒装一车时计算增加卸空车一辆。

② 当日卸车后不能当日装车时，当日计算增加卸空车一辆，再装车时可再计算增加使用车一辆。

③ 当日一车倒装一车时不计算增加使用车和增加卸空车数。

6. 装卸作业次数的计算

装卸作业次数为车站在一定时期内完成的装车、卸车作业及其他货车作业的总次数。

① 凡计算装卸车数的均计算作业次数。

② 货物倒装车、整车装卸铁路货车用具和按增加使用车及增加卸空车计算的整装集装箱车，均按实际作业车数计算作业次数。整车货物倒装全部卸空后，又原车装运时，按两次作业计算。

③ 整车分卸的货车在运送途中站进行卸车时，按一次作业计算。

7. 待卸车数

凡到达铁路营业站的重车在本统计报告日内实际尚未卸完的，均统计为待卸车数。

8. 不计算装卸车数和作业次数的货车

① 各种非运用车的装卸（按一般货运手续办理的装车应转为运用车）。

② 变更到站的重车。

③ 不论是否摘下而进行货物装载整理的货车。

④ 在本企业专用线内或不经过铁路营业线的两个企业间搬运货物的装卸。

9.“装卸车报表（货报-1）”

“装卸车报表”的格式如表 5.2.1 所示，“装卸车报表”由国家铁路运输企业货运营业站按部属货车、企业自备货车、综合分别编制并逐级汇总上报。

（1）“装卸车报表”的编制依据主要有：

① 货票。

②“装卸车清单（货统 2）”“承运簿（铁运 10）”“卸货簿（铁运 11 甲）”“装卸车作业大表（运货-7 甲）”、运单或其他装卸作业表、单据。

“承运簿（铁运 10）“格式如表 5.2.3 所示，“卸货簿（铁运 11 甲）”格式如表 5.2.4 所示。

表 5.2.3 货物承运簿（铁运 10）

序号	搬入日期	承运日期	托运人	收货人	到站	货物名称	件数	重量	货车装妥日期	车种车号	货车标重	货票号码	施封号码或篷布号码	备注

表 5.2.4　卸货簿（铁运 11 甲）

货车卸妥日期	车种车号	货票号码	发站（局）	货物名称	件数	重量 /kg	收货人	堆放地点	搬出时间	搬出证号码	铁路标记	记事

“乙站装卸车作业大表”的格式见附页，由于各站的具体作业情况不完全相同，因此表格的组成也不完全相同，该表由车站货运员或货调填记。

③ 国境站货物交接单、分界（交接）站货物交接记录单（货统 3）。

（2）表内关系。

① 使用车合计（4 栏）= 装车数（1 栏）+ 增加使用车数（5 栏）= 6 ~ 22 栏之和；装车数（1 栏）= 承运装车数（2 栏）+ 交接装车数（3 栏）。

② 卸空车合计（25 栏）= 卸车数（23 栏）+ 增加卸空车数（26 栏）= 27 ~ 43 栏之和。

【任务实施】

首先，确定 3 月 2 日统计日的时间起止范围：3 月 1 日 18:01 至 3 月 2 日 18:00。根据“乙站装卸车作业大表”（见附页）记载的信息可知：

1. 卸车作业记录 23 车

（1）其中 21 辆在本统计日结束前卸完，而车号为 5521208 和 5523638 的矿石车，在本统计日结束前未卸完，不能统计为卸车数，应统计为待卸车数，因此，待卸车数栏（24 栏）填记 2。

（2）在本统计日结束前卸完的 21 辆中，车号为 3308787 的棚车是回送铁路篷布的卸车，不能统计为卸车数，而应统计为增加卸空车数，因此，卸车数合计栏（23 栏）填记 20，增加卸空车栏（26 栏）填记 1。

（3）卸空车数为卸车数与增加卸空车数之和，因此，卸空车合计栏（25 栏）填记 21。

（4）不同车种的卸空车数分别填记：棚车（27 栏）4，敞车（28 栏）9，普通平车（29 栏）1，两用平车（30 栏）2，轻油罐车（31 栏）4，粘油罐车（32 栏）1。

2. 装车作业记录 10 车

（1）其中 9 辆在本统计日结束前装完，而车号为 6244133 的轻油罐车在本统计日结束前未装完，不能统计为装车数，应为待装车数。

（2）在本统计日结束前装完的 9 辆中，车号为 5267657 和 5266562 的两用平车是回送铁路空集装箱的装车，不能统计为装车数，而应统计为增加使用车数，因此，承运装车数栏（2 栏）填记 7，增加使用车栏（5 栏）填记 2。

（3）装车数为承运装车数与交接装车数之和，本站无交接装车数，因此，装车数合计栏（1 栏）填记 7。

（4）使用车数为装车数与增加使用车数之和，因此使用车合计栏（4 栏）填记 9。

（5）不同车种的装车数分别填记：棚车（6 栏）2，敞车（7 栏）4，两用平车（9 栏）2，粘油罐车（11 栏）1。

3. 倒装车记录

车号为4326519的敞车因临时故障倒装、卸车及装车均在本统计日内完成，因此，不统计增加卸空车数和增加使用车数。

4. 装卸作业次数

（1）凡计算装卸车数的均计算作业次数，即装7次，卸20次。

（2）整车装卸铁路货车用具的按实际作业车数计算作业次数，即卸1次（铁路篷布），装2次（铁路空集装箱）。

（3）货物倒装车按实际作业车数计算作业次数，即卸1次，装1次。

综上所述，乙站本统计日的装卸作业次数为7 + 20 + 1 + 2 + 1 + 1 = 32（次），因此，装卸作业次数栏（44栏）填记32。

【拓展提高】

区间装卸作业统计：在区间内止线进行装卸作业的货车，由办理货运手续的车站统计装卸车数和货物作业停留时间，非办理货运手续的车站的货车出入及其停留按中转车统计。在非营业站内的装卸视同区间装卸。

1. 随同货物列车（包括小运转列车）进入区间的装卸

（1）本站办理货运手续。

① 货车由本站挂入列车发往区间。

货车到达时算入，发往区间时算出，同时作为装卸作业完了时刻，从货车到达本站时起至发往区间时止，本站统计为货物作业停留时间。

② 随同列车挂来经过本站进入区间。

以列车发出或通过时刻同时计算出入，并作为装卸作业完了时刻，本站只计算作业次数，不统计货物作业停留时间。

③ 货车由邻站随同列车进入区间。

a. 若作业完了经过本站继续运行，以列车到达或通过本站时刻同时计算出入，并作为装卸作业完了时刻，本站只计算作业次数，不统计货物作业停留时间。

b. 若货车在本站摘下或列车到达本站终止，列车到达本站时算入，并作为装卸作业完了时刻，货车发出时算出，从列车到达本站时起至货车发出时止，本站统计为货物作业停留时间。

④ 货车由邻站随列车进入区间，装卸作业未完，随列车经过本站进入下一区间继续装卸时，以列车通过（或本站发出）时刻同时计算出入，并作为装卸作业完了时刻，本站只计算作业次数，不统计货物作业停留时间。

若列车在本站折返原区间继续装卸时，列车到达时算入，列车发出时算出，并作为装卸作业完了的时刻，从列车到达本站时起至列车由本站发出时止，本站统计为货物作业停留时间。

（2）邻站办理货运手续。

① 货车由本站挂入列车发往区间。

货车到达时算入，列车发出时算出，从货车到达时起至列车发出时止，本站统计中转停留时间。

② 货车由邻站随同列车进入区间，装卸作业完了列车到达本站终止或货车摘下。

列车到达本站时算入，货车发出时算出，从列车到达本站时起至货车发出时止，本站统计中转停留时间。

③ 货车随列车挂来经过本站进入区间，或由邻站随列车进入区间，装卸作业完了，列车经过本站继续运行，列车在本站不论停留与否，均不统计中转车数和中转停留时间。

2. 按调车作业调入区间的装卸

凡随同货物列车（包括小运转列车）以外的车次进入区间，或以货物列车进入区间，在两个营业站之间装卸后原方向返回时，均视为调车作业进入区间装卸。

（1）本站办理货运手续。

① 货车由本站调入区间。

a. 若装卸作业完了返回本站，返回到本站的时刻为装卸作业完了时刻，由本站发出时算出，从货车到达本站时起至区间作业完了返回本站再由本站发出时止，本站统计为货物作业停留时间。

b. 若装卸作业完了调往邻站，到达邻站时本站算出，同时为装卸作业完了时刻，从货车到达本站时起至区间作业完了开到邻站时止，本站统计为货物作业停留时间；从货车到达邻站时起至由邻站发出时止，邻站统计为中转作业停留时间，并将到达时间通知办理货运手续的车站。

② 货车由邻站调入区间。

a. 若装卸作业完了返回邻站，邻站调入区间时本站算入，返回到邻站时本站算出，同时为装卸作业完了时刻，从货车由邻站调入区间时起至区间作业完了返回邻站时止，本站统计为货物作业停留时间；从货车到达邻站时起至调入区间时止及区间作业完了返回邻站时起至由邻站发出时止，邻站统计为中转作业停留时间及两次中转车数，并将调入区间的时间和装卸作业完了的时间通知办理货运手续的车站。

b. 若作业完了调往本站，货车由邻站调入区间本站算入，装卸作业完了调到本站时刻为装卸作业完了时刻，本站发出时算出，从货车由邻站调入区间时起至区间作业完了开往本站再由本站发出时止，本站统计为货物作业停留时间；从货车到达邻站时起至调入区间时止，邻站统计为中转作业停留时间，并将调入区间时间通知办理货运手续的车站。

（2）邻站办理货运手续。

货车由本站调入区间且若装卸作业完了返回本站，货车到达本站时算入，调入区间时算出，装卸作业完了调到本站时算入（同时为装卸作业完了时刻），由本站发出时算出，从货车到达本站时起至调入区间及装卸完了调到本站时起至由本站发出时止，本站统计货物作业停留时间及两次中转车数，并将调入区间的时间和装卸作业完了时间通知办理货运手续站；邻站从调入区间时起至装卸完了时止，邻站统计货物作业停留时间。

（3）在区间装卸作业完了以前的各站往返，均不计算货车出入。

任务三　填记“号码制货车停留时间登记簿”并统计

【任务介绍】

已知：

（1）乙站3月2日“乙站装卸车作业大表”填记情况见附页。

（2）车号部门通知的货物作业车出发情况如表5.3.1所示。

表5.3.1　货物作业车出发情况

顺　号	车　种	号　码	出发日期	出发时刻	出发车次
1	NX_{17}	5267657	2/3	11:13	30013
2	NX_{17}	5266562	2/3	11:13	30013
3	G_{60}	6256985	2/3	11:13	30013
4	G_{60}	6257364	2/3	11:13	30013
5	C_{61}	4310110	2/3	11:13	30013
6	C_{63}	4326519	2/3	17:15	30019
7	P_{64GK}	3469999	2/3	8:00	41005
8	P_{70}	3864683	2/3	5:28	40014
9	G_{17}	6083661	2/3	12:10	31104
10	C_{64}	1450602	2/3	17:35	31108
11	C_{70}	1596589	2/3	17:35	31108
12	C_{64}	4824946	2/3	16:55	31106
13	C_{64}	4904816	2/3	16:55	31106
14	C_{62B}	4790123	2/3	0:34	30017
15	C_{62B}	4790124	2/3	0:34	30017

（3）车辆部门通知的车辆检修作业情况如下：

车辆C_{63}4326519，3月1日23:30填发“车辆检修通知单”摘车临修，3月2日14:00填发“检修车辆竣工验收移交记录”修竣。

要求：

（1）填记乙站“号码制货车停留时间登记簿（运统8）”（见附页）。

（2）用号码制方法统计乙站 3 月 2 日完成的停时和入线前、出线后、作业地点的一车平均停留时间。

（3）填记乙站“货车停留时间报表”（运报 – 4）第 13 ~ 27 栏。

【任务分析】

完成该项任务，需要解决以下问题：

（1）“号码制货车停留时间登记簿”包括哪些内容？

（2）“号码制货车停留时间登记簿”如何填记？

（3）什么是入线前、出线后和作业地点停留时间？

（4）各项停留时间如何确定？

（5）号码制货车停留时间统计的原理是什么？如何进行统计？

【相关知识】

货车停留时间统计反映了运用车的货物作业和中转作业停留时间完成情况，是作为检查、分析、改善车站的运输组织工作，提高货车使用效率的依据。

凡计算车站出入的运用车，由到达、转入或加入时起至发出、转出或退出时止的全部停留时间（不包括其中转入非运用车的停留时间）均应统计停留时间，但中间站利用列车停站时间进行装卸，装卸完了仍随原列车继续运行（不摘车装卸作业）时，只计算作业次数，不计算停留时间。

1. 货车停留时间分类

货车停留时间按货车在车站的作业性质可分为货物作业停留时间和中转作业停留时间。

（1）货物作业停留时间。

货物作业停留时间为运用车在站线（包括区间）及专用线（包括路产专用线）内进行装卸、倒装作业所停留的时间。

（2）中转停留时间。

中转停留时间为运用车在车站进行各种中转技术作业所停留的时间。

按中转作业的性质不同，中转作业停留时间分为无调中转停留时间和有调中转停留时间两种。

2. 货车停留时间的计算

① 一次货物作业平均停留时间（$t_{货}$）：

$$t_{货}=\frac{\text{统计阶段内本站货物作业车总停留车小时}}{\text{统计阶段内完成的货物作业总次数}}$$

② 有调中转车平均停留时间（$t_{有}$）：

$$t_{有}=\frac{\text{统计阶段内有调中转车总停留车小时}}{\text{统计阶段内有调中转车总数}}$$

③ 无调中转车平均停留时间（$t_{无}$）：

$$t_{无}=\frac{统计阶段内无调中转车总停留车小时}{统计阶段内无调中转车总数}$$

④ 中转车平均停留时间（$t_{中}$）：

$$t_{中}=\frac{统计阶段内无调中转车及有调中转车的总停留车小时之和}{统计阶段内无调中转车总数及有调中转车总数之和}$$

计算的平均停留时间保留一位小数，第二位小数四舍五入。

3. 货车停留时间统计方法

货车停留时间的统计方法有号码制和非号码制两种。

4. 号码制统计方法

号码制货车停留时间统计利用“号码制货车停留时间登记簿（运统 8）”进行，在表中逐车登记每一辆货车，然后对当日发出的各种作业性质的货车进行结算。“号码制货车停留时间登记簿（运统 8）”的格式及内容见附页。

（1）“号码制货车停留时间登记簿”的填记依据及填记方法。

① 每日初将昨日未发出的货车信息用红笔移入当日最前部，然后继续填记当日到发货车。

② 列车车次、货车车种及车号栏：根据“列车编组顺序表（运统 1）”填记。

③ 列车到发月、日、时分栏：根据“行车日志（运统 2、3）”填记。

④ 第 6～13 栏：根据“装卸车清单（货统 2）”“货车调送单（货统 46）”或专用线取送车辆记录中的货车调到交接地点及装卸完了的时分填记。

若在站线卸车后调入另一站线装车，或在专用线卸车后调入另一专用线装车的双重作业车，在第 6～9 栏或第 10～13 栏内，另以分子填记第二次作业的起止时分。

⑤ 非运用车转入、转出栏（24 栏、25 栏）：根据“运用车转变记录（运统 6）”“非运用车登记簿（运统 7）”中的转变时分填记。

以上所有时分均填记实际时分。

⑥ 作业过程不全的货物作业车：在第 6～13 栏及第 20～23 栏内画一横线。

凡无入线前停留时间、作业地点停留时间或出线后停留时间者，均属作业过程不全的货物作业车。

⑦ 作业种类栏（17 栏）按以下简称填记：

装车：“装”；卸车：“卸”；双重作业：“双”；货物倒装：“倒”；无调中转：“无”；有调中转：“有”。

⑧ 非运用车停留时间栏（26 栏）：转出时分与转入时分的差数。

⑨ 中转车停留时间栏、作业车停留时间栏（18 栏、19 栏）：发出时分与到达时分的差数，再减去其中转为非运用车的停留时间。

（2）号码制货车停留时间统计方法。

统计日结束时，对“号码制货车停留时间登记簿（运统 8）”中记载的当日发出的货车（已填记第 14 ~ 16 栏）加以结算，当日未发出的货车则不参加结算。

① 将全天各项停留时间（第 18 ~ 23 栏）分别加总，加总后应进整：1 小时以下满 30 分的进为 1 小时，30 分以下的舍去。

② 货物作业车中在第 6 ~ 13 栏及第 20 ~ 23 栏画有横线的车数与停留时间，需单独加以结算。

③ 作业过程的各停留时间全天合计进整数之和（即第 20 ~ 23 栏全天合计进整数之和），与货物作业车全天停留时间合计进整数（即第 19 栏合计进整数）不等时，按第 19 栏合计进整数调整各作业过程停留时间全天合计进整数。

④ 货物作业次数按第 17 栏记载及有关规定计算。

按上述方法统计和结算后，即可计算当日的各项指标。

（3）货物作业过程停留时间的划分。

货物作业车在站停留时间按其作业过程可分为入线前停留时间、出线后停留时间以及在货物作业地点（站线或专用线）停留时间。

① 入线前停留时间。

入线前停留时间指由货车到达时起至送到装卸地点时止的时间，若为双重作业车还应增加由卸车完了时起至送到另一装车地点时止的时间。

入线前停留时间的长短，主要取决于列车到达作业、解体作业和送车作业的效率。这一过程的工作，主要由车站运转部门负责组织进行。

② 作业地点停留时间。

作业地点停留时间指由货车送到装卸地点时起至装卸作业完了时止的时间，在专用线进行作业时，若规定以企业自备机车取送车辆时，以双方将货车送到规定地点的时分计算。

站线（专用线）作业停留时间的长短，主要取决于车站（专用线）组织装卸作业的效率。这一过程的工作，主要由车站（专用线）货运部门、装卸部门负责组织进行。

③ 出线后停留时间。

出线后停留时间指由货车装卸作业完了时起至发出时止的时间。

出线后停留时间的长短主要取决于取车、集结、编组和出发等技术作业的效率，主要由车站运转部门负责组织进行。

（4）号码制统计的优缺点及适用情况。

号码制统计方法是按每一辆货车的实际到发时分结算的，统计的货车停留车小时比较准确。同时，号码制统计方法按货物作业车的作业过程进行统计，能反映入线前、出线后和站线（专用线）作业停留时间延长或缩短的情况，便于车站进行分析和改进组织工作。但号码制统计方法仅结算当日发出车辆的停留车小时、作业次数和车数，没有发出的车辆不结算，不能准确反映当日工作的实绩，并且逐车登记，逐栏结算，工作繁琐。

因此，号码制统计方法适用于货车出入少的车站，以及使用“非号码制货车停留时间登记簿”的车站，用以统计本站货物作业车的作业过程及其停留时间，作为填报“货车停留时间报表（运报-4）”（见表 5.3.2）的资料。

表 5.3.2 货车停留时间报表（运报-4）

局名或月日	一次货物作业停留时间			中转车停留时间								
				无调中转			有调中转			合计		
	作业次数	车辆小时	一次平均	车数	车辆小时	一车平均	车数	车辆小时	一车平均	车数	车辆小时	一车平均
	1	2	3	4	5	6	7	8	9	10	11	12

装卸量较大的车站货物作业车作业过程														
作业车数	车辆小时	一次平均	入线前停留时间			站线作业时间			专用线作业时间			出线后停留时间		
			车数	车辆小时	一车平均	车数	车辆小时	一车平均	车数	车辆小时	一车平均	车数	车辆小时	一车平均
13	14	15	16	17	18	19	20	21	22	23	24	25	26	27

【任务实施】

1. 填记“号码制货车停留时间登记簿”

（1）昨日未发出货车的填记。

上一统计日为 3 月 1 日,3 月 1 日统计日的起止时间为 2 月 28 日 18:01 至 3 月 1 日 18:00，凡是在 3 月 1 日 18 点前未从车站发出的货车均属昨日未发出的货车，根据资料：号码为 4790123、4790124、3864683、3469999 的 4 辆货车属这种情况，因此，先将 3 月 1 日表格中登记的这 4 辆车的相关信息用红笔填在 3 月 2 日表格的最上部。

（2）第 1～17 栏的填记。

根据 3 月 2 日“乙站装卸车作业大表”（见附页）中填记的信息，以及货车出发情况、修竣情况等资料，按规定逐车逐项填记在 3 月 2 日“号码制货车停留时间登记簿”（见附页）的第 1～17 栏内，同一货车应填记在同一行。

（3）号码为 4326519 的倒装货车的填记。

① 该车在到达列检时发现故障需摘车修理，根据资料可知：填发“车辆检修通知单”的时间为 3 月 1 日 23:30，此时间为转入非运用车的时间。

② 由于在送修前需先将车上的货物卸下，而货车在卸车作业时间内按运用车统计，因此，自该货车调送到卸车地点时起转回至运用车，自卸完时起又转回至非运用车。

③ 该货车在 3 月 2 日 14:00 修竣，此时间为转回至运用车的时间。

将上述信息按规定填记在第 24、25 栏内。

（4）非运用车停留时间（第 26 栏）的填记。

非运用车停留时间是指该货车作为非运用车而在站内停留的时间，以号码为 4326519 的倒装货车为例：

该车 3 月 1 日 23:30 转入非运用车，3 月 2 日 1:30 调入卸车地点时转回运用车，因此，该车自 3 月 1 日 23:30 至 3 月 2 日 1:30 作为非运用车停留，停留时间为 2 小时。

该车 3 月 2 日 3:50 卸完转入非运用车，3 月 2 日 14:00 修竣又转回运用车，因此，该车自 3 月 2 日 3:50 至 3 月 2 日 14:00 也是作为非运用车停留，停留时间为 10 小时 10 分。

故该货车作为非运用车的总停留时间为 12 小时 10 分，填记为 12.10。

（5）作业种类（第 18 栏）的填记。

根据第 1 ~ 17 栏填记的信息，即可知道各货车的作业种类，按规定简字填记。

（6）作业车停留时间（第 19 栏）的填记。

作业车停留时间是指该货车自到达车站时起至由车站发出时止，作为运用车而在站内停留的时间，即第 5 栏与第 16 栏两项时间的差值，如果该货车在第 26 栏有记载，则还应减去第 26 栏记载的时间。

仍以号码为 4326519 的倒装货车为例，该车 3 月 1 日 1:30 到达车站，3 月 2 日 17:15 由车站出发，在站内总停留时间为 18 小时 15 分。但该车在第 26 栏有记载，时间为 12 小时 10 分，因此，还应减去该项时间，最终该车作为运用车在站内的停留时间为 6 小时 05 分，该车 19 栏填记为 6.05。

（7）入线前停留时间（第 20 栏）的填记。

对于一次货物作业车而言，入线前停留时间指货车自到达车站时起至调入作业地点时止的时间，即第 5 栏与第 7 栏（或第 11 栏）两项时间的差值；而双重货物作业车还需增加货车卸完调移至装车地点的这段时间，即自第一次作业完了时起至调入第二次作业地点时止的时间，这段时间按表中填记的相关数据计算确定并填记。

（8）作业地点停留时间（第 21、22 栏）的填记。

货车自调入作业地点时起至在该作业地点作业完了时止的时间为货车在该作业地点的停留时间，即第 9 栏与第 7 栏两项时间的差值，或第 13 栏与第 11 栏两项时间的差值，前者填记在第 21 栏内，后者填记在第 22 栏内。

（9）出线后停留时间（第 23 栏）的填记。

出线后停留时间指作业完了时起（若为双重作业车则自第二次作业完了时起），至该货车由车站发出时止的时间，即第 16 栏与第 9 栏（或第 13 栏）第二次时间两项时间的差值。

注意：

① 当日未发出货车的第 19 ~ 23 栏不计算不填记；

② 每辆货车的第 19 栏的数字应等于第 20、21、22、23 栏的数字之和。

乙站 3 月 2 日“号码制货车停留时间登记簿”填记结果见附页。

2. 统计当日完成的停时

（1）合计当日发出货车的各项停留时间。

统计日终了时，将当日发出的货车的各项停留时间进行合计，当日未发出的货车，即第 14、15、16 栏内无记载的货车的停留时间不参加合计。

第 19、20、21、22、23 栏全天合计数分别为 203.16、56.25、55.10、42.10、49.31。

（2）将合计结果进整。

全天合计的分钟数满 30 分进为 1 小时，不满 30 分则舍去，因此，第 19、20、21、22、23 栏全天合计数分别进整为 203、56、55、42、50。

（3）确定是否需对全天合计进整数进行调整。

检查第 19 栏全天合计进整数是否等于第 20、21、22、23 栏全天合计数进整数之和，若相等不需调整，若不相等则需调整。经验算：56 + 55 + 42 + 50 = 203，因此不需调整。

需要调整时，第 19 栏合计进整数不变，调整第 20、21、22、23 栏合计进整数。

（4）确定当日计算作业次数。

根据作业种类（第 17 栏）填记的情况，“双”为 2 次，“装”或“卸”为 1 次，“倒”根据情况确定是装或是卸，即可确定当日计算的作业次数。

经确定，乙站 3 月 2 日的计算作业次数为 25 次。

（5）计算乙站 3 月 2 日完成的停时。

停时指一次货物作业平均在站停留时间，计算公式为

$$停时 = 货物作业车在站总停留车小时 \div 货物作业次数$$

货物作业车在站总停留车小时，即第 19 栏合计进整数为 203 车小时，代入公式进行计算：

$$停时 = 203 \div 25 = 8.1\ (\text{h})$$

3. 统计当日入线前、出线后、作业地点的一车平均停留时间

（1）入线前一车平均停留时间。

$$入线前一车平均停留时间 = 入线前总停留车小时 \div 入线前停留的车数$$

入线前总停留车小时为第 20 栏全天合计进整数 56 车小时，入线前停留车数可从表中查出为 15 车，代入公式进行计算：

$$入线前一车平均停留时间 = 56 \div 15 = 3.7\ (\text{h})$$

（2）出线后一车平均停留时间。

$$出线后一车平均停留时间 = 出线后总停留车小时 \div 出线后停留的车数$$

出线后总停留车小时为第 23 栏全天合计进整数 50 车小时，出线后停留车数可从表中查出为 15 车，代入公式进行计算：

$$出线后一车平均停留时间 = 50 \div 15 = 3.3\ (\text{h})$$

（3）作业地点一车平均停留时间。

$$作业地点一车平均停留时间 = 分别各作业地点总停留车小时 \div 该作业地点停留的车数$$

作业地点总停留车小时为第 21、22 栏全天合计进整数分别为 55 车小时和 42 车小时，站线、专用线停留车数可从表中查出分别为 9 车和 7 车，代入公式进行计算：

$$站线一车平均停留时间 = 55 \div 10 = 5.5\ (\text{h})$$

$$专用线一车平均停留时间 = 42 \div 7 = 6.0\ (\text{h})$$

以上统计结果可作为填报“货车停留时间报表（运报-4）”的资料。

【相关实训】

（1）某中间站利用号码制方法统计货物作业停留时间，6 月份停时指标为 8.0 小时，已知 6 月 29 日结算时，本月累计完成装车 20 车，卸车 30 车，累计停留车小时总数为 405 车小时。30 日 44101 次 5:28 甩下重车 10 辆，计划卸完后再装 5 辆，就刚好完成本月的装卸车任务。

若该批车辆按计划装卸完毕后随另一列车挂走，该列车最晚不能晚于何时发出才能保证完成月度计划停时指标（当日无其他货物作业车停留）？

（2）某中间站计划每日卸 8 车，装 6 车，计划停时为 8.0 小时。某日 44001 次列车 2:00 甩重车 8 辆，其中 2 辆卸后排空于当日 11:00 由 44102 次列车挂走，其余 6 辆卸后装车于当日由 44103 次列车挂走。

试问 44103 次列车最晚不能晚于何时必须发车才能保证完成当日停时指标（当日无其他货物作业车停留）？

任务四　填记“非号码制货车停留时间登记簿”并统计

【任务介绍】

已知：

（1）2012 年 6 月 18 日 18 点，乙站现在车总数为 187 辆，其中：货物作业车 59 辆，有调中转车 110 辆，非运用车 18 辆。

（2）乙站 2012 年 6 月 18 日 18:01 ~ 0:00 货车出入情况如表 5.1.17、表 5.1.18 所示。

（3）乙站 2012 年 6 月 18 日 18:01 ~ 0:00 车辆扣修情况如表 5.4.1 所示。

表 5.4.1　车辆检修通知单（车统 23）

车辆检修通知单（车统 23）　　　第____号

送交 乙 站　　　2012 年 6 月 18 日

车次 30051 车辆停留在 到发 场 6 线

1. 车种车型 P_{62K}　车号 3121691
2. 轴数 4　载重 60 吨　空重别 重
3. 重车之装车站及局别________到达站 甲 货物品名 小麦
4. 前回定检年月日及处所：厂修________段修________
辅修________轴检________
5. 主要损坏部分 2 位车梯裂损
6. 修程 临修　需要倒装否 否
7. 拨往何处修理 站修线
8. 西列检所 张长江（检车员签章）
9. 车站值班员签字时间 2012 年 6 月 18 日 18 时 50 分
10. 车站值班员签章 王丁
11. 拨到检修线时间____年___月___日___时____分
12. 收车人签章__________

（4）乙站 2012 年 6 月 18 日 18:01 ~ 24:00 车辆修竣情况如表 5.4.2 所示。

表 5.4.2　检修车辆竣工验收移交记录（车统 33 并车统 36）

检修车辆竣工验收移交记录（车统 33 并车统 36）

乙站车辆段　　　　　　　　　　　　　　　　　　　　　　第＿＿号

以下_段_修程的车辆已检修竣工，并经中国铁路总公司（铁路局）驻_乙站车辆段_车辆验收室验收，确认技术状态合格，可交付使用。兹将下列检修竣工车辆由_乙站车辆段_移交给＿＿局_乙_站

序号	车种车型	车号	更改项目			加改项目			加价项目			减价项目		配属局段	指定到达局名及站名	备注
			折角塞门改造													
1	C_{70}	1605955														
2	C_{70}	1606136														
3	C_{70}	1607482														

本页小计：_3_辆

乙站车辆段代表盖章：李刚　　　　　日期：_2012_年_6_月_18_日（产品验收专用章）

中国铁路总公司（铁路局）驻_乙站车辆段_车辆验收室代表盖章　赵越　　日期：_2012_年_6_月_18_日

接收人：＿＿局_乙_站代表盖章：_刘文_　　　　_2012_年_6_月_18_日_22_时_16_分

客货车配属局（段）代表盖章：　　　　日期：　　年　　月　　日

注意：上述车辆修竣后取回调车线集结。

（5）乙站 2012 年 6 月 18 日 18:01 ~ 0:00 备用车转变情况如表 5.4.3 所示。

表 5.4.3　部备用货车登记簿（运统 7-A）

转入备用车				车种	车号	未备满 24 或 48 小时调回时分		实际解除备用车				备注
转入日期		命令号码						解除日期		命令号码		
月日	时分	局令	部令			月日	时分	月日	时分	局令	部令	
1	2	3	4	5	6	7	8	9	10	11	12	13
6、16	20:00			C_{62B}	4658941			6、18	21:08			
6、16	20:00			C_{62B}	4832071			6、18	21:08			
6、16	20:00			C_{62B}	4918522			6、18	21:08			
6、16	20:00			C_{62B}	4942731			6、18	21:08			
6、16	20:00			C_{62B}	4892395			6、18	21:08			
6、16	20:00			C_{62B}	4862374			6、18	21:08			
6、16	20:00			C_{62B}	4831590			6、18	21:08			

续表

转入备用车				车种	车号	未备满24或48小时调回时分		实际解除备用车				备注
转入日期		命令号码						解除日期		命令号码		
月日	时分	局令	部令			月日	时分	月日	时分	局令	部令	
1	2	3	4	5	6	7	8	9	10	11	12	13
6、16	20:00			C_{62B}	4651563			6、18	21:08			
6、16	20:00			C_{62B}	4891042			6、18	21:08			
6、16	20:00			C_{62B}	4911791			6、18	21:08			

注意：上述车辆解除备用后取回调车线集结。

（6）乙站 18:01 ~ 0:00 完成的货物作业次数为 34 次。

要求：

（1）按 1 小时结算制填记乙站 18:01 ~ 0:00 的“非号码制货车停留时间登记簿（运统 9）”（见附页）。

（2）用非号码制方法统计乙站至 0:00 时完成的中时和停时。

【任务分析】

完成该项任务，需解决以下问题：

（1）“非号码制货车停留时间登记簿”包括哪些内容？

（2）“非号码制货车停留时间登记簿”如何填记？

（3）各结存栏和各停留车小时栏如何确定？

（4）非号码制货车停留时间统计的原理是什么？如何进行统计？

【相关知识】

非号码制统计利用“非号码制货车停留时间登记簿（运统 9）”进行，“非号码制货车停留时间登记簿”的格式见附页。

1.“非号码制货车停留时间登记簿”的填记依据

① 货车到发时分、车数、换算车小时栏：根据“货车出入登记簿（运统 4）”填记；

② 货车转变时刻栏：根据“检修车登记簿（运统 5）”“非运用车登记簿（运统 7）”“备用车登记簿（运统 7-A）”填记。

2.“非号码制货车停留时间登记簿”的填记方法

（1）凡计算车站出入货车的一切运用车及非运用车，均需在本簿内登记。

（2）每日 18 点开始登记前，先将昨日各项结存车数移入本日“昨日结存”行各栏内。

（3）各到达和发出的车数、换算车小时栏。

根据“货车出入登记簿（运统 4）”结算每个小时内随同列车和不随同列车出入的车数以及换算车小时的总数，填入本小时的有关栏内。

（4）各转入和转出的车数、换算车小时栏。

根据“检修车登记簿”“非运用车登记簿”“备用车登记簿”及装卸车情况，结算每个小时内由运用车转入非运用车和非运用车转回运用车的车数及换算车小时的总数，填入本小时有关栏内。

（5）转入、转出各栏按下列规定填记：

① 由非运用车转回运用车的货车，按转入非运用前的作业种别填记，但进行装车时，必须转入作业车（包括解除备用时间不满的货车）；

② 到达的非运用车和由运用车转入非运用车、非运用车转回运用车前后作业种别不同时，则按转回运用的实际作业种别填记；

③ 转入、转出需要倒退时间订正时，为了简化手续，不倒退时间涂改，可在记事栏内注明原因、车数及时间，在当日总结时一次调整计算；同一小时内产生转入、转出时，也应在记事栏注明原因。

3. 统计阶段末的结算方法

每行的出入车数及换算小时数填记完了后，按下列方法结算。

（1）结存栏：即每个统计阶段末结存的车数。

采用 1 小时结算制统计时：

$$\frac{\text{每小时末}}{\text{结存车数}}=\frac{\text{上小时末}}{\text{结存车数}}+\frac{\text{本小时内}}{\text{入的车数}}-\frac{\text{本小时内}}{\text{出的车数}}$$

若采用 3 小时、6 小时、12 小时结算制时，结存栏则根据下式计算：

$$\frac{\text{统计阶段末}}{\text{结存车数}}=\frac{\text{上统计阶段末}}{\text{结存车数}}+\frac{\text{本统计阶段内}}{\text{入的车数}}-\frac{\text{本统计阶段内}}{\text{出的车数}}$$

（2）各停留小时栏：即每个统计阶段内货车产生的停留车小时。

采用 1 小时结算制统计时：

$$\frac{\text{每小时内的}}{\text{停留车小时}}=\frac{\text{上小时末}}{\text{结存车数}}+\frac{\text{本小时内入的}}{\text{换算车小时}}-\frac{\text{本小时内出的}}{\text{换算车小时}}$$

若采用 3 小时、6 小时、12 小时结算制时，则根据下式计算：

$$\frac{\text{统计阶段内的}}{\text{停留车小时}}=\frac{\text{上统计阶段末}}{\text{结存车数}}\times\frac{\text{统计阶段}}{\text{小时数}}+\frac{\text{本统计阶段内入的}}{\text{换算车小时总数}}-\frac{\text{本统计阶段内出的}}{\text{换算车小时总数}}$$

4. 日终结算方法

每日 18 点终了时，按以下方法进行结算。

（1）将一昼夜间到达、发出、转入、转出的各种车数加总填入合计行对应栏目内，即为到达、发出、转入、转出的各种货车的总数。

（2）将一昼夜间各种货车的停留小时栏数字加总填入合计行，即为各对应货车一昼夜产生的总停留车小时数。

（3）一昼夜中转车数的确定：

中转车数 = 无调中转车数 + 有调中转车数

① 无调中转车数按下式确定：

（到达的无调中转车合计数 + 发出的无调中转车合计数）÷ 2

② 有调中转车数按下式确定：

（到达的有调中转车合计数 + 发出的有调中转车合计数）÷ 2

5. 计算各种货车停留时间

按规定将有关统计数字代入相关公式中即可计算出各种货车停留时间。

【任务实施】

1. 填记“非号码制货车停留时间登记簿”（见附页）

（1）填记昨日 18 点全站结存车数，即第 6、16、22、32、42 栏，根据资料分别为 187、59、0、110、18。

（2）填记每小时内到达、发出的总车数及货物作业车、有调中转车、无调中转车数，即第 2、4、8、12、18、20、24、28 栏。

根据“货车出入登记簿”（见表 5.1.15 和表 5.1.16）填记的有关数据，将各小时内到达、发出的车数及不同种别的车数相加即可。

① 18:01 ~ 19:00

到达车数 = 56 + 56 = 112，其中作业车 10，无调中转车 56，有调中转车 46；

发出车数 = 43，其中作业车 10，有调中转车 33。

② 19:01 ~ 20:00

到达车数 = 0；

发出车数 = 30 + 56 = 86，其中无调中转车 56，有调中转车 30。

③ 20:01 ~ 21:00

到达车数 = 56 + 56 = 112，其中无调中转车 51，有调中转车 56，非运用车 5；

发出车数 = 56，其中作业车 10，有调中转车 46。

④ 21:01 ~ 22:00

到达车数 = 55 + 56 = 111，其中作业车 10，无调中转车 51，有调中转车 45，非运用车 5；

发出车数 = 56，其中无调中转车 51，非运用车 5。

⑤ 22:01 ~ 23:00

到达车数 = 56，其中无调中转车 56；

发出车数 = 56 + 56 + 56 = 168，其中无调中转车 107，有调中转车 56，非运用车 5。

⑥ 23:01 ~ 24:00

到达车数 = 0;

发出车数 = 0。

（3）填记每小时内到达、发出的各种货车的换算车小时，即第 3、5、9、13、19、21、25、29 栏。

根据表 5.1.17 和表 5.1.18 第 6、8、10、12、14 栏填记的有关数据，按每小时分别相加填记即可。以 18:01 ~ 19:00 为例：

到达换算车小时（第 3 栏）= 39.2 + 0 = 39.2，第 9 栏 = 7.0 + 0 = 7.0，第 19 栏 = 0，第 25 栏 = 32.2；

发出换算车小时（第 5 栏）= 25.8，第 13 栏 = 6.0，第 29 栏 = 19.8。

（4）根据其他资料填记各转入、转出车数及对应换算车小时。

① 扣修 30051 次列车中一辆棚车进行站修，该车为有调中转车，自车站在“车辆检修通知单”上签字时刻 18:50 起由有调中转车转出，同时转入非运用车，此时的逆算法标准换算小时为 0.2，换算车小时则为 1 × 0.2 = 0.2。因此，在 18:01 ~ 19:00 行中第 30、36 栏填记数字 1，在 31、37 栏填记数字 0.2。

② 修竣的 3 辆车根据资料可知修后取回调车线集结，即为有调中转车，这 3 辆车自车站在“检修车辆竣工验收移交记录”单上签字时刻 22:16 起由非运用车转出，同时转入有调中转车，此时的逆算法标准换算小时为 0.7，换算车小时则为 3 × 0.7 = 2.1。因此，在 22:01 ~ 23:00 行中第 26、40 栏填记数字 3，在第 27、41 栏填记数字 2.1。

③ 解除备用的 10 辆车根据资料可知解除备用后取回调车线集结，即为有调中转车，这 10 辆车自“部备用货车登记簿”上登记的解除时分 21:08 起由非运用车转出，同时转入有调中转车，此时的逆算法标准换算小时为 0.9，换算车小时则为 10 × 0.9 = 9.0。因此，在 21:01 ~ 22:00 行中第 26、40 栏填记数字 10，在第 27、41 栏填记数字 9.0。

（5）计算并填记每小时末各结存栏，即第 6、16、22、32、42 栏。以 18:01 ~ 19:00 为例：

第 6 栏 = 187 + 112 − 43 = 256，第 16 栏 = 59 + 10 − 10 = 59，第 22 栏 = 0 + 56 − 0 = 56，第 32 栏 = 110 + 46 − 33 = 122，第 42 栏 = 18 + 1 − 0 = 19。

注意：每行第 6 栏的数字应等于该行其他各结存栏数字之和。

（6）计算并填记每小时内的停留车小时，即第 7、17、23、33、43 栏。以 18:01 ~ 19:00 为例：

第 7 栏 = 187 × 1 + 39.2 − 25.8 = 200.4，第 17 栏 = 59 × 1 + 7 − 6 = 60.0，第 23 栏 = 0 × 1 + 0 − 0 = 0，第 33 栏 = 110 × 1 + 32.2 − 19.8 = 122.2，第 43 栏 = 18 × 1 + 0.2 − 0 = 18.2。

注意：

① 每行第 7 栏的数字应等于该行其他各停留车小时栏数字之和；

② 计算时是用上小时末结存车数进行加、减，而不是用上小时的停留时间进行加、减。

填记结果如表 5.4.4 所示。

表 5.4.4 非号码制货车停留时间登记簿（运统 9）

时间	货车出入总数 到达 车数	货车出入总数 到达 换算车小时	货车出入总数 发出 车数	货车出入总数 发出 换算车小时	货车出入总数 结存	货车出入总数 停留车小时	其中 货物作业车 入 到达 车数	货物作业车 入 到达 换算车小时	货物作业车 入 转入 车数	货物作业车 入 转入 换算车小时	货物作业车 出 发出 车数	货物作业车 出 发出 换算车小时	货物作业车 出 转出 车数	货物作业车 出 转出 换算车小时	货物作业车 结存	货物作业车 停留车小时	无调中转车 到达 车数	无调中转车 到达 换算车小时	无调中转车 发出 车数	无调中转车 发出 换算车小时	无调中转车 结存	无调中转车 停留车小时	有调中转车 入 到达 车数	有调中转车 入 到达 换算车小时	有调中转车 入 转入 车数	有调中转车 入 转入 换算车小时	有调中转车 出 发出 车数	有调中转车 出 发出 换算车小时	有调中转车 出 转出 车数	有调中转车 出 转出 换算车小时	有调中转车 结存	有调中转车 停留车小时	非运用车 入 到达 车数	非运用车 入 到达 换算车小时	非运用车 入 转入 车数	非运用车 入 转入 换算车小时	非运用车 出 发出 车数	非运用车 出 发出 换算车小时	非运用车 出 转出 车数	非运用车 出 转出 换算车小时	非运用车 结存	非运用车 停留车小时	记事
1	2	3	4	5	6	7	8	9	10	11	12	13	14	15	16	17	18	19	20	21	22	23	24	25	26	27	28	29	30	31	32	33	34	35	36	37	38	39	40	41	42	43	44
昨日结存					187										59						0										110										18		
18:01~19:00	112	39.2	43	25.8	256	200.4	10	7.0			10	6.0			59	60.0	56	0			56	0	46	32.2			33	19.8	1	0.2	122	122.2			1	0.2					19	18.2	
19:01~20:00	0	0	86	35.2	170	220.8									59	59.0			56	11.2	0	44.8					30	24.0			92	98.0									19	19.0	
20:01~21:00	112	67.2	56	16.8	226	220.4					10	3.0			49	56.0	51	20.4			51	20.4	56	44.8			46	13.8			102	123.0	5	2.0							24	21.0	
21:01~22:00	111	49.5	56	33.6	281	241.9	10	9.0							59	58.0	51	0	51	30.6	51	20.4	45	40.5	10	9.0					157	151.5	5	0			5	3.0	10	9.0	14	12.0	
22:01~23:00	56	44.8	168	50.4	169	275.4									59	59.0	56	44.8	107	15.3	0	80.5			3	2.1	56	33.6			104	125.5					5	1.5	3	2.1	6	10.4	
23:01~24:00	0	0	0	0	169	169.0									59	59.0					0	0									104	104.0									6	6	
合计	391		409			1327.9	20		0		20		0			351	214		214			166.1	147		13		165		1			724.2	10		1		10		13			86.6	
0:01~1:00																																											
1:01~2:00																																											
2:01~3:00																																											
3:01~4:00																																											
4:01~5:00																																											

2. 0:00 结算

（1）合计 18:01 ~ 0:00 6 个小时的各种货车总数，即第 2、4、8、10、12、14、18、20、24、26、28、30、34、36、38、40 栏。

注意：第 2 栏的数字应等于第 8、18、24、34 栏数字之和，第 4 栏的数字应等于第 12、20、28、38 栏数字之和。

合计结果分别为 391、409、20、0、20、0、214、214、147、13、165、1、10、0、10、13。

（2）合计货物作业车、有调中转车、无调中转车在站总停留车小时。

① 合计无调中转车在站总停留车小时，即第 23 栏合计 = 166.1 车小时；

② 合计有调中转车在站总停留车小时，即第 33 栏合计 = 724.2 车小时；

③ 合计货物作业车在站总停留车小时，即第 17 栏合计 = 351.0 车小时。

3. 计算乙站至 0:00 时完成的中时和停时

（1）计算确定中转车数。

① 无调中转车数 = (第 18 栏合计数 + 第 20 栏合计数) ÷ 2
= (214 + 214) ÷ 2
= 214（辆）

② 有调中转车数 = (第 24 栏合计数 + 第 28 栏合计数) ÷ 2
= (147 + 165) ÷ 2
= 156（辆）

③ 中转车数 = 无调中转车数 + 有调中转车数
= 214 + 156
= 370（辆）

（2）确定中转车在站总停留车小时。

中转车在站总停留车小时 = 第 23 栏合计数 + 第 33 栏合计数
= 166.1 + 724.2
= 890.3（车小时）

（3）计算完成的中时。

中时 = 中转车总停留车小时 ÷ 中转车数
= 890.3 ÷ 370
= 2.4（小时）

（4）计算完成的停时。

停时 = 货物作业车总停留车小时 ÷ 货物作业次数
= 351.0 ÷ 34
= 10.3（小时）

【相关实训】

（1）某技术站计划中时 2.1 小时，某日 17:00 统计结算时，中转车结存 85 车，中转车停留车小时累计为 1647 车小时，此时中时为 2.2 小时。

17:01～18:00 中转车到发情况为 17:25 发出有调中转车 45 车，17:58 到达无调中转车 55 车。

若该站采用 1 小时结算制，标准换算小时采用逆算法，试按非号码制统计原理，计算 18:00 中时（该日中时）完成情况。

（2）某站 6 月份计划装车 300 车，卸 420 车，计划停时 10.0 小时。截止到 6 月 20 日 18:00 该站已装 180 车、卸 260 车，作业车停留车小时累计为 4 550 车小时。

试问下旬该站如何组织装卸车工作才能完成装卸车任务，下旬停时不超过多少才能保证完成月计划停时指标？

（3）某站 5 月停时指标为 8.5 小时，至 29 日 18:00 累计完成货物作业次数 250 次，停时为 8.6 小时，停留车小时为 2 138 车小时，根据计划 30、31 日还要装 6 车，卸 4 车。

试问最后两日的停时不超过多少才能完成月计划指标？

项目六 车站通过能力与改编能力

【项目概述】

车站通过能力是指车站在现有设备条件下，采用先进合理的技术作业过程，一昼夜所能够接、发各方向的货物列车数及运行图规定的旅客列车数（客运站通过能力是旅客列车数及运行图规定的货物列车数）。车站通过能力包括咽喉道岔组通过能力和到发线通过能力。

车站改编能力是指在合理使用技术设备条件下，车站的固定调车设备一昼夜能够解体和编组的货物列车数或车数。车站改编能力包括驼峰解体能力和调车场尾部编组能力。

车站通过能力和改编能力是铁路通过能力的重要组成部分。为了适应运量的需求，协调车站各项设备之间的作业，查出车站设备和作业组织上的薄弱环节，科学合理地运用各项技术设备组织运输生产，必须查定和计算车站通过能力和改编能力。这是车站技术管理的一项重要内容，也是车站行车组织工作的一项重要任务。

【教学目标】

1. 技能目标

具备分析车站到发车流特征的能力；具备确定车站咽喉道岔组和计算咽喉道岔通过能力的能力；具备确定车站到发线通过能力的能力；具备确定车站改编能力的能力。

2. 知识目标

明确车站通过能力及改编能力的含义；明确影响车站能力的主要因素；掌握车站通过能力及改编能力的计算方法；了解提高车站能力的措施和方法。

任务一 分析车站的车流特征

【任务介绍】

已知：

（1）乙站在线路上的位置如图 6.1.1 所示。

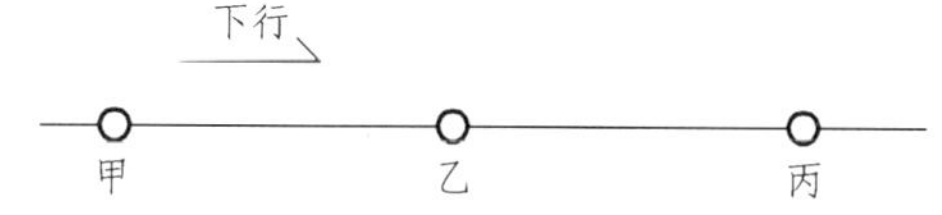

图 6.1.1 乙站位置示意图

（2）乙站具有代表性的典型日均车流量如表 6.1.1 所示。

表 6.1.1 乙站车流汇总表（分母为空车）

由＼往		甲方向			丙方向			终到本站	合计
		甲—乙间	甲及其以远	计	乙—丙间	丙及其以远	计		
甲方向	无调车	—	—	—	—	540	540	—	540
	有调车	—	—	—	60	360/25	420/25	25/10	445/35
	计	—	—	—	60	900/25	960/25	25/10	985/35
丙方向	无调车	—	540	540	—	—	—	—	540
	有调车	65	360	425	—	—	—	60	485
	计	65	900	965	—	—	—	60	1 025
本站始发		15	20	35	5	20/35	25/35	—	60/35
合计		80	920	1 000	65	920/60	985/60	85/10	—

要求：

计算乙站日均办理车数、装卸车数、中转重车数、中转空车数、无调中转车数、无调比、有调车数及有调比。

【任务分析】

完成该项任务，需要解决以下问题：

（1）车流汇总表由哪些内容组成？如何组成？

（2）什么是车站办理车数？如何确定办理车数？

（3）如何确定装卸车数？

（4）什么是有调车？如何确定有调车数？

【相关知识】

车流分析的目的是对车站的到发车流的动态实行经常的监督和系统的分析，掌握其变化的规律，研究制定车站技术设备的运用方案，针对某些作业环节、某项设备运用作出局部性的调整措施，以适应一定时期的车流特征，保证车站运输生产的顺利进行。因此，车流分析是研究分析车站技术设备运用方案不可缺少的重要依据。

车站的车流量是指在一定时期内，站内车辆的去向（流向）和数量（流量）的总称。车站行车量是指车站每昼夜所办理的货物列车和旅客列车的列数或车数。当列车编组计划、列车运行图发生改变时，应重新选定计划车流量和行车量，选定的计划车流应以表格形式呈现，即为车站的车流汇总表。

车流分析可依据车站的车流汇总表进行，车流汇总表的格式根据每个车站的具体情况不同而不尽相同，但是结构组成大同小异，包括每支车流的来向和去向（即由、往）；每支车流的总流量及分别有调和无调的流量大小；到达本站的重空车流的大小；由本站发出的重空车流的大小等。

利用车流汇总表可以分析车站的工作性质及任务，研究车流的特征和变化规律，为制定和调整车站技术设备运用方案提供依据。

根据车流汇总表，应计算的数据主要包括以下几项：

1. 办理车数

车站办理车数等于接入重空车总数与发出重空车总数之和。

2. 中转重车数

中转重车数即在本站不进行装卸作业的重车总数。

3. 中转空车数

中转空车数为在本站不进行装卸作业的空车总数，即：中转空车数 = 无调中转空车数 + 有调中转空车数。

由于本站可能利用到达的空车先装车，而后用卸后的空车顶替排出，若在车流汇总表中无法直接查出有调中转空车数和无调中转空车数，则中转空车数近似地取接入和发出空车数中较小者的数值。

4. 本站装、卸车数

终到站为本站的重车需要在本站进行卸车，由本站始发的重车需要在本站进行装车，但是本站货物作业车数并不一定等于卸车数加装车数，如果卸后空车全部用于装车，则作业车数与卸车数相等；如果除了卸后空车用于装车外，还补充使用了其他空车进行装车，则作业车数为卸车数与补充装车的空车数之和；如果卸后空车全部排走，装车所用空车全部使用其他空车，则作业车数为卸车数与装车数之和。

因此，通过车流汇总表很难确定本站货物作业车数，但是可以确定本站的装卸车数。

5. 无调车数和有调车数

无调车是指在本站不进行调车作业的运用货车，无调中转车即为无调车，但有调车并不完全等于有调车中转车，因为到达本站卸的货车是货物作业车，但也需在站进行调车作业，所以货物作业车也属于有调车。

无调车和有调车流量的大小在很大程度上取决于列车编组计划规定的列车开行方案，对本站而言，无调中转列车数越多，车站的无调车数也越多，有调车数相对就越少，改编作业量也越小，对调车设备的要求也越低。

6. 无调比和有调比

无调比和有调比分别为无调车数、有调车数在接入总车流中所占的比重。若无调车比重在一半以上，一般认为该站车流具有区段站车流特征；若有调车比重在一半以上，则认为该站车流具有编组站车流特征。

【任务实施】

1. 计算乙站办理车数

（1）确定接入的重空车总数。

由甲往丙方向、由甲终到本站、由丙往甲方向、由丙终到本站的车均需接入，通过车流汇总表查出这 4 支车流量分别为 960/25、25/10、965、60，相加为 960/25 + 25/10 + 965 + 60 = 985/35 + 1 025 = 2 045，即甲方向合计行与丙方向合计行的数字相加。

（2）确定发出的重空车总数。

由甲往丙方向、由丙往甲方向的车流，途经乙站，既需要接入也需要发出，另外本站装卸后始发的重空车即本站始发至甲方向、本站始发至丙方向的车也需要由本站发出，通过车流汇总表查出这 4 支车流分别为 960/25、965、35、25/35，相加为 960/25 + 965 + 35 + 25/35 = 2 045，即甲方向合计列与丙方向合计列的数字相加。

（3）确定乙站办理车数。

办理车数 = 接入总车数 + 发出总车数 = 2 045 + 2 045 = 4 090。

2. 确定乙站装卸车数

（1）终到乙站的重车需卸车为卸车数，查车流汇总表为 85。

（2）乙站始发的重车需装车为装车数，查车流汇总表为 60。

因此，乙站日均装车 60 辆，卸车 85 辆。

3. 确定乙站中转重空车数

凡是在乙站不进行装卸作业的重空车均为中转车。

（1）中转重车数。

中转重车数为由甲往丙方向与由丙往甲方向的重车数之和，查表为 960 + 965 = 1 925。

（2）中转空车数。

本站的车流汇总表中可直接查出中转空车数，即由甲往丙方向的有调中转空车数为 25。

4. 确定乙站无调车数、有调车数

车流汇总表已根据列车开行规定将各方向的有调车和无调车进行了分类，因此，可直接查出无调车数和有调车数。

（1）无调车数。

无调车数为由甲至丙与由丙至甲的无调车数之和，查表为 540 + 540 = 1 080。

（2）有调车数。

有调车数为由甲至丙、由丙至甲的有调车数，以及终到本站的重空车数之和，查表为 420/25 + 425 + 85/10 = 965。

5. 计算乙站无调比和有调比

（1）无调比。

无调比 = 无调车数 ÷ 接入总车数 = 1 080 ÷ 2 045 = 52.8%。

（2）有调比。

有调比 = 有调车数 ÷ 接入总车数 = 965 ÷ 2 045 = 47.2%。

从计算结果看，乙站具有区段站的车流特征。

任务二　确定车站咽喉道岔组

【任务介绍】

已知：

（1）乙站衔接甲、丙两个方向，甲至丙为下行方向，丙端咽喉区布置情况如图 6.2.1 所示。

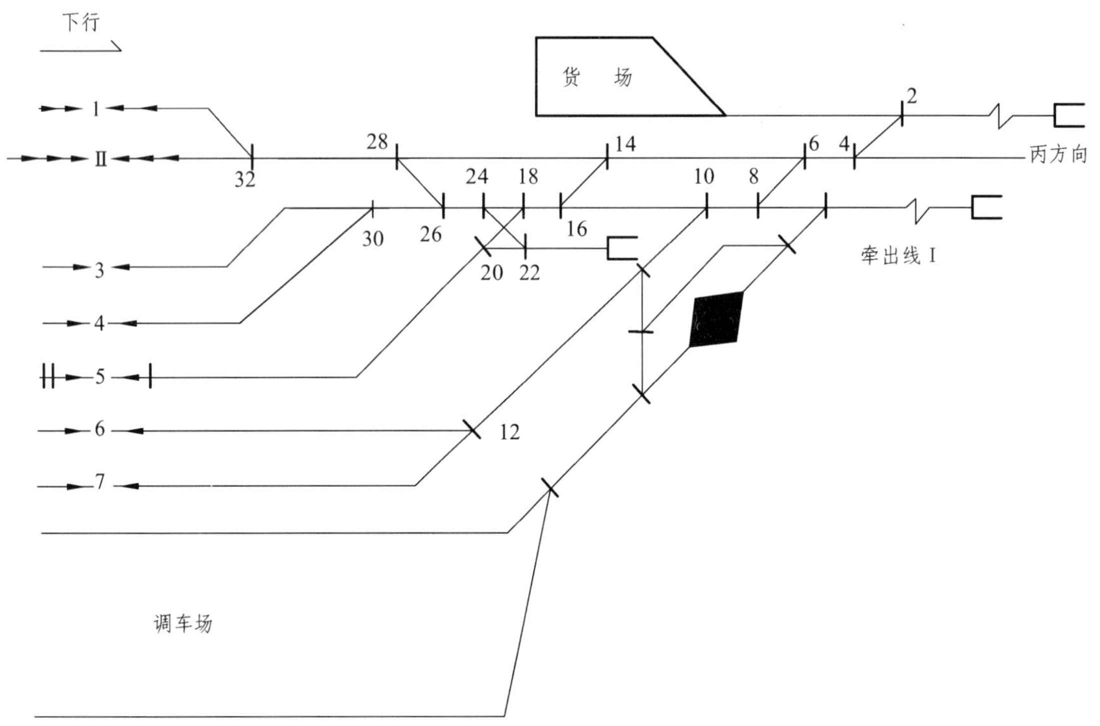

图 6.2.1　乙站丙端咽喉布置示意图

（2）乙站相关行车量如下：

① 途经乙站的旅客列车 8 对；

② 途经乙站的无调中转货物列车 12 对；

③ 乙—甲、乙—丙两区段内开行的区段列车均为 9 对，摘挂列车均为 2 对。

（3）乙站到发线使用方案如表 6.2.1 所示。

表 6.2.1　到发线固定用途

股道	容车数	固定用途
1	65	旅客列车到发
3、4	65	无调中转货物列车到发
5		机车走行
6、7	70	改编货物列车到发

（4）乙站牵出线 I 上配备一台调车机车，负责全站到达解体列车的解体工作和货场取送工作。

（5）作业有关规定。

① 旅客列车和无调中转货物列车按规定在本站换挂机车，机务段位于第三象限；

② 调车机车每昼夜需入段进行两次整备；

③ 调车机车每昼夜货场固定取送 6 次。

（6）乙站各项作业占用道岔的时间标准如表 6.2.2 所示。

表 6.2.2　各项作业占用道岔时间标准　　单位：min

作业项目	每次占用	作业项目	每次占用
旅客列车接车（$t_{接车}^{客}$）	6	机车出入段（$t_{机}$）	3
旅客列车发车（$t_{发车}^{客}$）	5	解体转线（$t_{牵}$）	6
货物列车接车（$t_{接车}$）	7	货场取送（$t_{取/送}$）	6
货物列车发车（$t_{发车}$）	6		

要求：

确定乙站丙方向咽喉道岔组。

【任务分析】

完成该项任务，需解决以下问题：

（1）什么是咽喉道岔组？如何确定？

（2）如何对咽喉道岔进行分组？

（3）如何确定占用咽喉道岔的作业项目及各项作业占用的次数？

（4）各项作业占用咽喉道岔的时间由哪些因素组成？

【相关知识】

1. 咽喉道岔组的含义

咽喉道岔组是指在合理固定到发线使用方案和作业进路的条件下，某方向接、发车进路上负荷最大的道岔（组），即作业最繁忙、每昼夜被主要作业占用时间最长的道岔。

2. 确定咽喉道岔（组）的思路

① 根据设备的使用方案，确定有哪些作业项目将占用该端咽喉；

② 根据行车量及作业规定，确定占用该端咽喉的每项作业一昼夜分别占用咽喉的次数；

③ 确定占用该端咽喉的每项作业每次占用咽喉的时间标准；

④ 确定每项作业一昼夜分别占用该端咽喉的总时间，即：占用次数 × 每次占用的时间标准；

⑤ 根据每项作业规定的作业径路，确定每项作业所占用的道岔；

⑥ 合计各道岔一昼夜被各项作业占用的总时间；

⑦ 根据需要确定哪些作业是主要作业，将各道岔一昼夜被主要作业占用的时间加总，即可确定被主要作业占用时间最长的道岔，即车站咽喉道岔（组）。

3. 将咽喉道岔分组

从以上确定咽喉道岔组的思路可以看到，要从咽喉区众多的道岔中找到最繁忙的那一组，需要逐个道岔进行计算，工作量是非常大的。经过分析可知，有些道岔是不能同时被两项作业分别占用的，这些道岔只要有一付被某项作业占用，其他道岔也同时被这项作业占用，只要把它们当成一组来计算即可，没必要再逐个计算。因此，确定咽喉道岔组时可通过对咽喉区的道岔进行分组，以减少计算工作量。另外，一些明显不可能或不应该成为最繁忙道岔的也可以不必进行计算。

道岔分组的原则：不能被两条进路同时分别占用的道岔应合并为一组，能被两条进路同时分别占用的道岔则不能并为一组。例如，同一条直线梯线上的道岔应并为一组，同一条渡线两端的道岔应分开，两个背向布置的道岔应分开，两个对向布置的道岔应并为一组等。

常见道岔分组情况如图 6.2.2 所示。

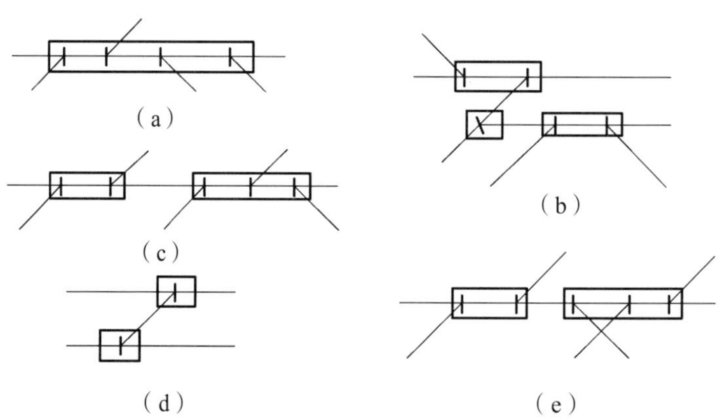

图 6.2.2 道岔分组

4. 各项作业占用咽喉道岔组的时间标准

占用咽喉道岔组的作业分为接车、发车和调车作业，确定咽喉道岔组之前必须查定这些作业每次占用咽喉道岔组的时间标准。

确定各项作业占用的时间标准时保留一位小数，第二位四舍五入。

（1）接车占用咽喉道岔组的时间 $t_{接车}$。

$$t_{接车}=t_{准}+t_{进}$$

式中　$t_{准}$——准备接车进路（包括开放信号）的时间，电气集中设备为 0.1 ~ 0.15 min；

$t_{进}$——列车通过进站距离的时间，指自接车进路准备完毕时起至进路解锁时止的一段时间，min。

（2）发车占用咽喉道岔组的时间 $t_{发车}$。

$$t_{发车}=t_{准}+t_{出}$$

式中　$t_{出}$——列车通过出站距离的时间，指自发车进路准备完毕后列车起动时起至进路解锁时止的一段时间，min。

（3）调车占用咽喉道岔组的时间。

① 解体转线占用咽喉道岔组的时间 $t_{牵}$。

解体转线占用咽喉道岔组的时间是指自准备到达解体车列由到发线向牵出线牵出转线进路时起，至进路解锁时止的一段时间。可用查定方法或按下式计算：

$$t_{牵}=t_{准}+0.06\frac{L_{牵}}{v_{牵}}$$

式中　$L_{牵}$——车列牵出时行经的距离，m；

$v_{牵}$——车列牵出的平均速度，km/h；

$t_{准}$——准备进路时间。

② 编组转线占用咽喉道岔组的时间 $t_{转}$。

编组转线占用咽喉道岔组的时间是指自准备编成车列由牵出线向到发线的转线进路时起，至进路解锁时止的一段时间。可采用查定方法或按下式计算：

$$t_{转}=t_{准}+0.06\frac{L_{转}}{v_{转}}$$

式中　$L_{转}$——车列转线时走行的距离，m；

$v_{转}$——车列转线的平均速度，km/h。

③ 取车（送车）占用咽喉道岔组的时间 $t_{取(送)}$。

取车（送车）占用咽喉道岔组的时间是指自准备取（送）进路时起，至进路解锁时止的一段时间。可采用写实查定的方法确定。

④ 机车出、入段占用咽喉道岔组的时间 $t_{机}$。

机车出、入段占用咽喉道岔组的时间是指自准备机车出（入）段进路时起至进路解锁时止的一段时间，包括机车出段占用和入段占用。可采用写实的方法查定。

⑤ 咽喉道岔组妨碍时间。

某项作业占用了作业径路上的有关道岔，但并未占用本道岔却需停止使用本道岔的时间称为妨碍占用时间。

为了较为合理地计算咽喉道岔组的通过能力，不仅要考虑各种作业实际占用咽喉道岔的时间，而且还要考虑咽喉道岔被妨碍占用的时间。

咽喉道岔被妨碍占用的时间，可以分为直接妨碍时间和间接妨碍时间两种。

a. 直接妨碍时间。

当开通敌对进路，使咽喉道岔在定、反位两个方向均有中断使用的时间，这项时间叫作咽喉道岔的直接妨碍时间，如图 6.2.3 所示。当调车作业（一）由 1 道经由 44、42、40、38 号道岔横切 1、2 道进行调车时，致使 36、34 号道岔无论定、反位均中断使用，对 36、34 号道岔而言这项中断使用时间就是直接妨碍时间。

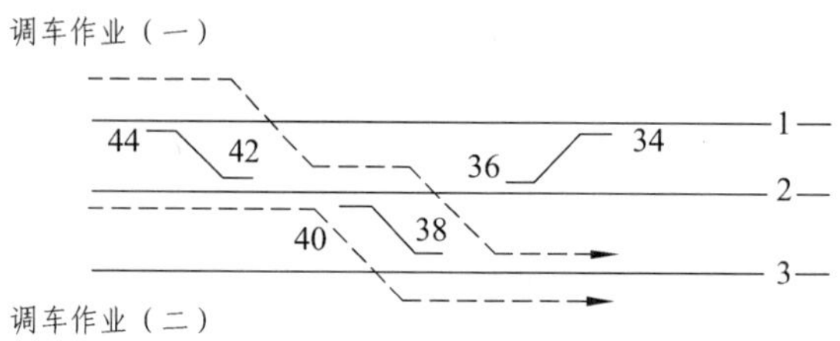

图 6.2.3　道岔妨碍示意图

b. 间接妨碍时间。

当开通敌对进路，使该咽喉道岔只有定位或反位一个方向需中断使用，另一个方向没有影响，这项中断时间叫作间接妨碍时间。图 6.2.3 中当调车作业（二）由 2 道经由 42、40、38 号道岔进行作业时，不影响 34 号道岔定位的使用，只影响 34 号反位使用，这项 34 号反位的中断使用时间叫作间接妨碍时间。

对咽喉道岔各项妨碍时间，可根据写实资料确定。

5. 利用表格进行计算

确定咽喉道岔组可利用表格进行，表格形式如表 6.2.3 所示。

表 6.2.3　咽喉道岔组计算表

顺序	作业进路名称	占用次数	每次占用时分/min	总占用时分/min	各道岔组占用时分/min			
					②	④	⑥	⑧
1	下行旅客列车 1 道发							
2	上行旅客列车接 1 道							
3	下行旅客列车机车出入段							
4	下行无调中转列车 3、4 道发							
5	上行无调中转列车接 3、4 道							
6	下行无调中转列车机车出入段							

续表

顺序	作业进路名称		占用次数	每次占用时分/min	总占用时分/min	各道岔组占用时分/min			
						②	④	⑥	⑧
7	下行编组始发列车6、7道发								
8	上行到达解体列车接6、7道								
9	下行6、7道编组始发列车机车出段								
10	下行6、7道到达解体列车机车入段								
11	解体列车转线								
12	货场取送车								
13	调车机车整备出入段								
合计	道岔组被占用总时分 $t_{总}$ /min								
	其　中	固定作业占用时间 $\sum t_{固}$ /min							
		主要作业占用时间（$t_{总}-\sum t_{固}$）							

【任务实施】

1. 对乙站丙端咽喉的道岔进行分组

根据道岔分组的原则，对丙端主要咽喉道岔进行分组的情况如图6.2.4所示。

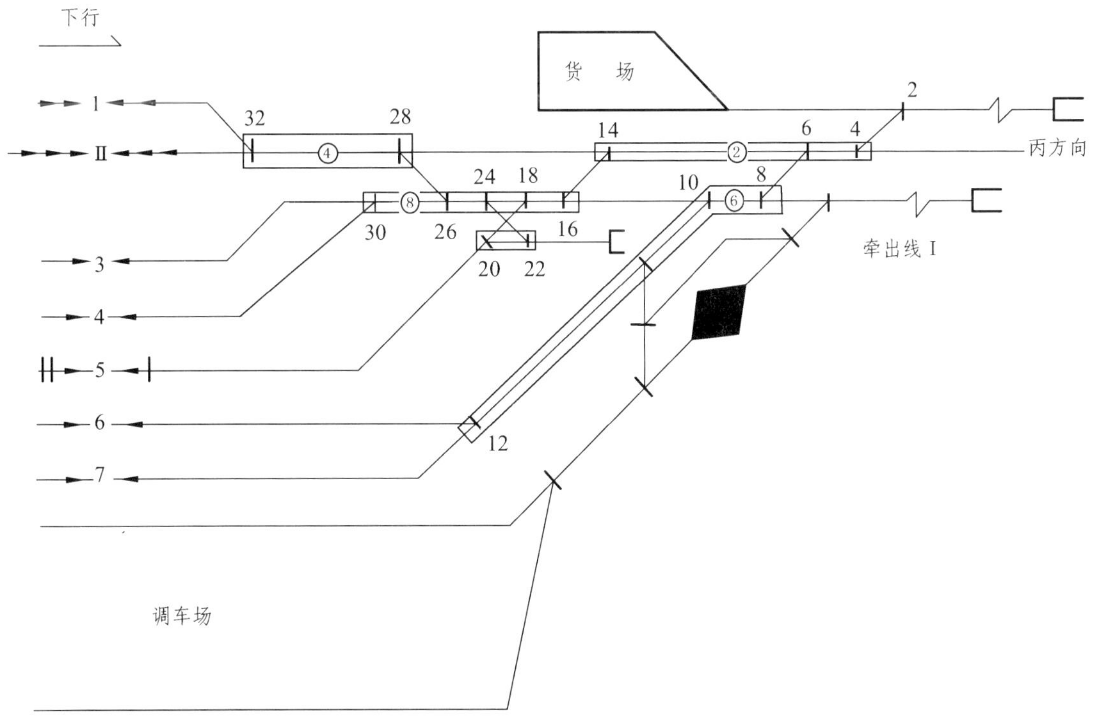

图6.2.4　丙端咽喉道岔分组情况

2. 分析确定乙站丙端咽喉所有作业项目

根据乙站线路使用方案和作业有关规定，列出占用丙端咽喉进行作业的作业项目。

（1）客、货列车到达作业。

① 下行列车到达占用甲端咽喉不占用丙端咽喉，不必列入。

② 上行列车到达占用丙端咽喉不占用甲端咽喉，必须列入。

（2）客、货列车出发作业。

① 下行列车出发占用丙端咽喉不占用甲端咽喉，必须列入。

② 上行列车出发占用甲端咽喉不占用丙端咽喉，不必列入。

（3）客、货列车机车出、入段作业。

① 下行到达和出发列车机车。

由于机务段设在第三象限（左端），而下行到达和出发列车的机车在右端，因此，下行到达列车的机车入段及下行出发列车的机车出段既占用丙端咽喉也占用甲端咽喉，必须列入。

② 上行到达和出发列车机车。

上行到达和出发列车的机车在左端，出、入段时只占用甲端咽喉不占用丙端咽喉，不必列入。

（4）解体、编组转线作业。

① 由于牵出线 I 上的调车机车担当全站所有到达解体列车的解体作业，解体时需由到达线向牵出线转线，而转线时需占用丙端咽喉，因此，解体转线作业必须列入。

② 由于牵出线 I 上的调车机车不担当编组作业，即丙端咽喉没有编成车列的转线作业，因此，编组转线作业不必列入。

（5）取送作业。

按规定牵出线 I 上的调车机车还需担当货场取送工作，而货场取送时需占用丙端咽喉，必须列入。

（6）调车机车出、入段作业。

按规定调车机车需入段进行整备，而牵出线 I 上的调车机车整备时出、入段既占用丙端咽喉也占用甲端咽喉，因此必须列入。

3. 确定各道岔组被各项作业占用的次数

根据乙站行车量和其他作业规定，确定各道岔组被各项作业占用的次数。

（1）旅客列车有关作业。

① 旅客列车到达、出发。

按规定途经乙站的旅客列车为 8 对，即上、下行旅客列车各到达 8 次，上、下行旅客列车各出发 8 次，因此，与丙端咽喉有关的为下行旅客列车出发占用 8 次，上行旅客列车到达占用 8 次。

② 旅客列车机车出、入段。

按规定旅客列车机车在乙站换挂，即到达的机车需摘下入段，出发前新的机车需出段挂上车列，即每个列车需要机车出、入段各一次，因此，与丙端咽喉有关的为下行旅客列车机车出段占用 8 次，下行旅客列车机车入段占用 8 次。

（2）货物列车有关作业。

① 无调中转货物列车到达、出发。

按规定途经乙站的无调中转货物列车为 12 对，即上、下行无调中转货物列车各到达 12

次，上、下行无调中转货物列车各出发 12 次，因此，与丙端咽喉有关的为上行无调中转货物列车到达占用 12 次，下行无调中转货物列车出发占用 12 次。

② 无调中转货物列车机车出、入段。

按规定无调中转货物列车机车在乙站换挂，即到达的机车需摘下入段，出发前新的机车需出段挂上车列，即每个列车需要机车出、入段各一次，因此，与丙端咽喉有关的为下行无调中转货物列车机车出段占用 12 次，下行无调中转货物列车入段占用 12 次。

③ 区段列车到达、出发。

乙—甲、乙—丙两区段内开行的区段货物列车均为 9 对，即上、下行区段货物列车各到达 9 次，上、下行区段货物列车各出发 9 次，因此，与丙端咽喉有关的为上行区段列车到达占用 9 次，下行区段列车出发占用 9 次。

④ 区段列车机车出、入段。

下行到达区段列车机车需入段，下行出发区段列车机车需出段，即与丙端咽喉有关的为下行到达区段列车机车入段占用 9 次，下行出发区段列车机车出段占用 9 次。

⑤ 摘挂列车到达、出发。

乙—甲、乙—丙两区段内开行的摘挂列车均为 2 对，即上、下行摘挂货物列车各到达 2 次，上、下行摘挂货物列车各出发 2 次，因此，与丙端咽喉有关的为上行摘挂列车到达占用 2 次，下行摘挂列车出发占用 2 次。

⑥ 摘挂列车机车出、入段。

下行到达摘挂列车机车需入段，下行出发摘挂列车机车需出段，即与丙端咽喉有关的为下行到达摘挂列车机车入段占用 2 次，下行出发摘挂列车机车出段占用 2 次。

（3）解体转线作业。

凡是到达乙站的区段列车和摘挂列车均需解体，由于上、下行到达的区段列车各 9 列，上、下行到达的摘挂列车各 2 列，即解体列车共 22 列，因此，与丙端咽喉有关的为解体转线占用 22 次。

（4）货场取送作业。

按规定每昼夜调车机车去货场取送 6 次，每去一次需要占用咽喉道岔组 2 次，即来回各一次，因此，与丙端咽喉有关的为货场取送占用 12 次。

（5）调车机车出、入段。

按规定调车机车每昼夜应整备 2 次，机车每次整备需要出、入各一次，即每次整备需占用咽喉道岔组 2 次，因此，与丙端咽喉有关的为调车机车整备入段占用 2 次，整备出段占用 2 次。

4. 确定每项作业占用的道岔组及妨碍占用的道岔组

根据最大平行进路原则确定各项作业的基本径路。

① 旅客列车 1 道接、发：占用②、④号道岔组，此时其他道岔组未被妨碍；

② 下行旅客列车机车出、入段：占用④、⑧号道岔组和机走线，此时其他道岔组未被妨碍；

③ 无调中转货物列车 3、4 道接发：占用②、⑧号道岔组，此时④号道岔组被妨碍占用；

④ 下行无调中转货物列车机车出、入段：占用⑧号道岔组和机走线，此时其他道岔组未被妨碍；

⑤ 区段和摘挂列车 6、7 道接发：占用②、⑥号道岔组，此时其他道岔组未被妨碍；

⑥ 下行到、发区段和摘挂列车机车出、入段：占用⑥、⑧号道岔组和机走线，此时其他道岔组未被妨碍；

⑦ 解体车列转线：占用⑥号道岔组，此时其他道岔组未被妨碍；

⑧ 货场取送车：占用②、⑥号道岔组，此时其他道岔组未被妨碍；

⑨ 调车机车整备出、入段：占用⑥号道岔组和机走线，此时其他道岔组未被妨碍。

5. 分别每项作业，计算对应道岔组被该作业所占用的总时间

某项作业占用某道岔组的总时间等于该项作业占用总次数与该项作业每次占用时间标准之积。

6. 分别计算各道岔组被各项作业占用的总时间

对应某道岔组，将其被所有作业占用的时间加总即可。

7. 计算确定乙站丙方向咽喉道岔组

通过表 6.2.3 计算确定乙站咽喉道岔组，计算过程及结果如表 6.2.4 所示。

表 6.2.4 乙站丙端咽喉道岔组计算表

顺序	作业进路名称	占用次数	每次占用时分/min	总占用时分/min	各道岔组占用时分/min			
					②	④	⑥	⑧
1	下行旅客列车 1 道发	8	5	(40)	(40)	(40)		
2	上行旅客列车接 1 道	8	6	(48)	(48)	(48)		
3	下行旅客列车机车出入段	16	3	(48)		(48)		(48)
4	下行无调中转列车 3、4 道发	12	6	72	72	72		72
5	上行无调中转列车接 3、4 道	12	7	84	84	84		84
6	下行无调中转列车机车出入段	24	3	72				72
7	下行编组始发列车 6、7 道发	11	6	66	66		66	
8	上行到达解体列车接 6、7 道	11	7	77	77		77	
9	下行 6、7 道编组始发列车机车出段	11	3	33			33	33
10	下行 6、7 道到达解体列车机车入段	11	3	33			33	33
11	解体列车转线	22	6	132			132	
12	货场取送车	12	6	(72)	(72)		(72)	
13	调车机车整备出入段	4	3	(12)			(12)	(12)
合计	道岔组被占用总时分 $t_{总}$ /min				459	292	425	354
	其中	固定作业占用时间 $\sum t_{固}$ /min			160	136	84	60
		主要作业占用时间（$t_{总}-\sum t_{固}$）			299	156	341	294

经过计算，被各项作业占用总时间最多的道岔组即为咽喉道岔组。如乙站丙端咽喉列入计算的②、④、⑥、⑧四个道岔组一昼夜被主要作业占用的总时间，经计算分别为 299 min、156 min、341 min、294 min，因此，⑥号道岔组为丙端咽喉最繁忙道岔组即咽喉道岔组。

任务三　计算车站咽喉通过能力

【任务介绍】

已知：

（1）乙站丙端咽喉布置情况如图 6.2.1 所示。

（2）乙站丙端咽喉道岔分组情况如图 6.2.4 所示。

（3）乙站丙端丙方向咽喉道岔组为⑥号道岔组，⑥号道岔组被占用的时间如表 6.2.4 所示。

（4）咽喉道岔组的空费系数取 0.2。

（5）规定的行车量同任务二。

要求：

采用利用率法计算确定乙站丙端咽喉通过能力。

【任务分析】

完成该项任务，需要解决以下问题：

（1）什么是咽喉通过能力？

（2）车站能力计算方法有哪几种？

（3）利用率计算法的原理是什么？如何计算？

（4）哪些作业是固定作业？

（5）什么是空费系数？

（6）计算时各因素如何取值？

【相关知识】

1. 车站咽喉通过能力

车站咽喉通过能力包括咽喉道岔组通过能力和车站咽喉区通过能力。

（1）咽喉道岔组通过能力。

对于技术站，咽喉道岔组通过能力是指在合理固定到发线使用方案和作业进路的条件下，某方向接、发车进路上的咽喉道岔组一昼夜能够接、发该方向的货物列车数及运行图规定的旅客列车数。

咽喉道岔组的通过能力是按方向别接车或发车进路上繁忙道岔组确定的通过能力，其目的是为了检算区间通过能力与车站咽喉通过能力是否协调。

（2）车站咽喉区通过能力。

对于技术站，车站咽喉区通过能力是指车站某咽喉区各进路上的咽喉道岔组一昼夜能够接、发各方向的货物列车数及运行图规定的旅客列车数之和。

咽喉区通过能力是按车站咽喉区确定的通过能力，其目的是为了检算车站内部咽喉区通过能力与到发线通过能力是否协调。

2. 影响车站咽喉通过能力的因素

影响车站咽喉通过能力的因素主要包括：

① 车站布置图类型。横列式区段站比纵列式或客货纵列式布置图咽喉的通过能力小，尽头式客运站比通过式客运站布置图咽喉的通过能力小。

② 咽喉区的衔接方向及其平行进路数。衔接方向少，平行进路多，咽喉通过能力大。

③ 每昼夜占用咽喉区的次数及每次占用咽喉的时间。

④ 咽喉区的交叉干扰程度。进路交叉多，妨碍时间增加，咽喉通过能力降低。

⑤ 列车到发的均衡程度。列车到发不均衡，将增加咽喉的空费时间，使咽喉通过能力降低。

3. 车站能力的计算方法

计算车站通过能力和改编能力的方法主要有直接计算法和利用率计算法两种。

（1）利用率计算法的原理。

利用率计算法的原理是：先求出该项设备能力的利用率，再根据利用率求出该项设备完成某项主要作业的能力的方法。

由于利用率计算法能反映出在完成规定任务的情况下，车站各项设备的利用程度，因此，这是目前计算车站设备能力的基本方法。

利用率计算法首先需要计算出某项设备的利用率，然后再根据目前该项设备所完成的任务量求出能力值。

（2）利用率计算法的一般计算公式。

① 某项设备的能力利用率。

$$\text{某项设备的能力利用率}=\frac{\text{一昼夜完成各项主要作业占用该项设备的总时间}}{\text{该项设备一昼夜可供主要作业使用的总时间}}$$

在设备一昼夜可供主要作业使用的总时间里，还应考虑一定的空费时间（折扣），即

$$K=\frac{t_{总}-\sum t_{固}}{(1\,440M-\sum t_{固})\cdot(1-\gamma)}$$

式中　$t_{总}$——一昼夜全部作业（包括主要作业和固定作业）占用设备的总时间，min；

$\sum t_{固}$——各种固定作业占用该项设备的总时间，min；

1 440——一昼夜的分钟数；

M——平行进行同一种作业的设备数量；

γ——该项设备的空费系数或作业妨碍系数。

某项设备一昼夜不能被利用进行任何作业的空闲时间称为该项设备的空费时间，空费时间占一昼夜时间的比值称为空费系数。

② 该项设备的能力。

$$\text{该项设备完成某项主要作业的能力}=\frac{\text{目前承担该项主要作业的任务量}}{\text{该项设备的能力利用率}}$$

即

$$N=\frac{n}{K}+n_{\text{固}}$$

式中　N——车站通过能力或改编能力，列/天、辆/天；

n——目前按规定承担的某项主要作业的任务量；

$n_{\text{固}}$——该项设备一昼夜完成的固定作业的任务量。

4. 主要作业和固定作业的规定

各种因素对车站能力的影响基本上可以集中表现在各项作业占用设备的次数和每次占用的时分两项数字上，这两项数字是计算车站能力的原始数据。为了合理计算车站能力，应将占用设备的全部作业划分为主要作业和固定作业两类。

（1）主要作业。

车站的主要作业是指随车站的行车量增减而增减的作业，对于技术站主要包括各种货物列车的到达、解体、编组（不包括摘挂列车的编组）、出发、转线及其本务机车出、入段等作业。这一类作业占用设备次数多，随行车量的变化其数量增减也较大。

（2）固定作业。

固定作业是指与行车量增减无关的作业，这些作业不随车流的变化而变化。

计算技术站通过能力和改编能力时，以下各项作业按固定作业计算。

①图定旅客列车（不含临时旅客列车及非运行图规定的临时加开的旅游列车）的到达、出发、车底的调移及其本务机车出入段等作业；

② 图定摘挂列车的编组作业（一般仅限于列车运行图中规定的作业次数，随运量变化而有显著变化者除外）；

③ 向车辆段、机务段及货物装卸地点定时取送车辆的作业；

④ 调车组和机车乘务组交接班、吃饭及调车机车的整备作业；

⑤ 运行图规定的长期利用“天窗”进行的施工、检修作业，若图定“天窗”为隔日进行，则取其半值。

5. 计算精度要求

① 能力利用率 K：保留两位小数，第三位四舍五入。

② 能力值：以列数表示时，保留一位小数，第二位四舍五入；以辆数表示时，小数全舍不计。

【任务实施】

1. 确定乙站丙方向咽喉道岔组一昼夜被全部作业占用的总时间 $t_{总}$

由表 6.2.4 可知，乙站丙端咽喉道岔组⑥号道岔组一昼夜被所有作业占用的总时间为 425 min。

2. 确定②号道岔组一昼夜被固定作业占用的总时间 $\sum t_{固}$

根据固定作业的规定，表 6.2.4 中第 1、2、3、12、13 项作业为固定作业，在其占用时间上加“( )”以示区别，这几项作业一昼夜占用⑥号道岔组的总时间为 84 min。

3. 确定 M

一个方向上只能有一组咽喉道岔组，因此 M 取 1。

4. 计算乙站丙方向咽喉道岔组通过能力利用率 K

将各项因素代入公式进行计算：

$$K=\frac{t_{总}-\sum t_{固}}{(1440M-\sum t_{固})\cdot(1-\gamma)}=\frac{425-84}{(1440-84)\times(1-0.2)}=0.31$$

5. 计算乙站丙方向咽喉道岔组通过能力

① 确定当前乙站丙方向规定的接发货物列车数。

根据资料可知，接 12 + 9 + 2 = 23 列，发 12 + 9 + 2 = 23 列，接发共 46 列，即 $n=46$ 列。

② 确定当前乙站丙方向规定的接发旅客列车数。

根据资料可知接 8 列，发 8 列，接发共 16 列，即 $n_{固}=16$ 列。

③ 计算乙站丙方向咽喉道岔组通过能力：

$$N=\frac{46}{0.31}+16=164.4\text{（列/天）}$$

6. 计算乙站丙端咽喉通过能力

由于乙站丙端只衔接一个丙方向，因此，丙方向咽喉道岔组的通过能力就是丙端咽喉的通过能力，即乙站丙端咽喉每昼夜接发的货物列车数和图定旅客列车数之和为 164.4 列。

任务四　计算车站到发线通过能力

【任务介绍】

已知：

（1）乙站衔接甲、丙两个方向。

（2）乙站到发线数量如图 6.2.1 所示，到发线固定使用规定如表 6.2.1 所示。
（3）乙站行车量同任务二。
（4）查定的各项作业占用到发线和咽喉道岔的时间标准如表 6.4.1 所示。

表 6.4.1 各项作业占用设备的时间标准

单位：min

时间标准 列车种类	接车占用咽喉道岔时间（$t_{接车}$）	在到发线上的平均停留时间（$t_{停}$）	列车通过出站距离的时间（$t_{出}$）	解体车列转线时间（$t_{牵}$）	编成车列转线时间（$t_{转}$）
无调中转货物列车	7	45	5		
到达解体货物列车	7	40		6	
编组始发货物列车		30	5		6
旅客列车	6	12	5		

（5）到发线空费系数取 0.15。

要求：

采用利用率计算法确定乙站货物列车到发线的通过能力。

【任务分析】

完成该项任务，需解决以下问题：
（1）什么是到发线通过能力？如何计算？
（2）各种列车占用到发线的时间由哪些因素组成？

【相关知识】

1. 车站到发线通过能力

对技术站而言，车站到发线通过能力是指办理列车到发作业的线路，一昼夜所能接、发各方向的货物列车数和运行图规定的旅客列车数。

编组站到达场到达线的通过能力是指在驼峰解体能力、到达场技术作业时间、列车到达间隔分布规律以及允许的接车延误率等条件一定的情况下，到达线一昼夜所能办理的最多货物列车数。

编组站出发场发车线的通过能力是指在同时发车进路数、区间通过能力利用率、出发技术作业时间、列车到达与转线分布规律和允许的转线延误率等条件一定的情况下，发车线一昼夜所能办理的最多货物列车数。

接车（转线）延误率是指不能及时接车（转线）的延误概率，即一昼夜延误接车（转线）列数与一昼夜接入（转线）列车数的比值。

车站到发线通过能力包括货物列车到发线和旅客列车到发线通过能力，技术站、货运站主要计算货物列车到发线通过能力，客运站主要计算旅客列车到发线通过能力。

2. 影响车站到发线通过能力的主要因素

① 列车到达的不均衡性。

② 列检能力。列检人员不足，将产生待检时间，使占用到发线的时间增加。

③ 列车到达正点率。

④ 空费系数，即到发线一昼夜不能利用的空闲时间与货物列车占用到发线的总时间之比，该值越大，对其通过能力的影响也越大。

⑤ 列车占用到发线的作业时间。

⑥ 列车以外的其他作业时间，这些时间越多，对到发线通过能力影响越大。

3. 各种货物列车占用到发线的时间标准

① 无调中转列车占用到发线的时间标准 $t_{中占}$。

$$t_{中占}=t_{接车}+t_{中停}+t_{出}$$

式中 $t_{中停}$——无调中转列车在到发线上的平均停留时间，指自列车到达停妥时起，至列车出发起动时止的时间，min。

② 部分改编中转列车占用到发线的时间标准 $t_{部占}$。

$$t_{部占}=t_{接车}+t_{部停}+t_{出}$$

式中 $t_{部停}$——部分改编中转列车在到发线上的平均停留时间，指自列车到达停妥时起，至列车出发起动时止的时间，min。

③ 解体列车占用到发线的时间标准 $t_{解占}$。

$$t_{解占}=t_{接车}+t_{解停}+t_{牵}$$

式中 $t_{解停}$——解体列车在到发线的平均停留时间，指自列车到达停妥时起，至列车转线或推峰起动时止的一段时间，min；

$t_{牵}$——解体列车转线或推峰占用到发线的时间，指自车列转线或推峰起动时起，至腾空该到发线时止的一段时间，min。

④ 始发列车占用到发线的时间标准 $t_{编占}$。

$$t_{编占}=t_{转}+t_{编停}+t_{出}$$

式中 $t_{转}$——编组转线占用到发线的时间，指自准备转线调车进路时起，至整个车列转入发车线警冲标内方停妥时止的一段时间，min；

$t_{编停}$——始发列车在到发线上停留的时间，指自车列转入出发线停妥时起，至列车出发起动时止的一段时间，min。

⑤ 单机占用到发线的时间标准 $t_{机占}$。

按运行图规定接发单机占用到发线的时间，$t_{机占}$可采用写实的方法进行查定。

4. 货物列车到发线通过能力计算

计算货物列车到发线通过能力一般采用利用率计算法，其步骤与方法如下：

（1）计算一昼夜全部作业占用到发线的总时间 $t_{总}$。

$$t_{总}=n_{中}t_{中占}+n_{部}t_{部占}+n_{解}t_{解占}+n_{编}t_{编占}+n_{机}t_{机占}+\sum t_{固}+\sum t_{其他}$$

式中 $n_{中}$、$n_{部}$、$n_{解}$、$n_{编}$、$n_{机}$——占用到发线的无调中转、部分改编中转、到达解体及编组始发列车的列数和单机数；

$\sum t_{固}$——固定作业占用到发线的总时间，min；

$\sum t_{其他}$——其他作业占用到发线的总时间，包括机车走行线能力不足或未设走行线时机车出入段占用，合理的坐编占用时间，接发军用列车占用时间，冷藏列车加冰（盐）占用时间，牲畜列车给水、上饲料占用时间等，min。

（2）计算货物列车到发线通过能力利用率 K。

$$K=\frac{t_{总}-\sum t_{固}}{(1\,440m_{到发}-\sum t_{固})\cdot(1-\gamma_{空})}$$

式中 $m_{到发}$——扣除机车走行线后可用于接发货物列车的线路数（不包括正线）。

（3）计算货物列车到发线通过能力。

货物列车到发线通过能力应按方向别分别计算接车和发车能力。到发场接、发 i 方向货物列车的到发线通过能力为

$$N_{接}^{i}=\frac{n_{接}^{i}}{K}$$

$$N_{发}^{i}=\frac{n_{发}^{i}}{K}$$

式中 $n_{接}^{i}$、$n_{发}^{i}$——当前规定的 i 方向接入、发出的货物列车数。

【任务实施】

1. 确定各种列车占用到发线的时间标准

（1）无调中转列车占用时间标准：

$$t_{中占}=t_{接车}+t_{中停}+t_{出}=7+45+5=57\text{（min）}$$

（2）到达解体列车占用时间标准：

$$t_{解占}=t_{接车}+t_{解停}+t_{牵}=7+40+6=53\text{（min）}$$

（3）编组始发列车占用时间标准：

$$t_{编占}=t_{转}+t_{编停}+t_{出}=6+30+5=41\text{（min）}$$

（4）旅客列车占用时间标准。

旅客列车在乙站不始发、不终到，作业情况同无调中转货物列车，因此，旅客列车占用到发线的时间标准为

$$t_{客占}=t_{接车}+t_{客停}+t_{出}=6+12+5=23\text{（min）}$$

2. 确定乙站一昼夜货物列车到发线被占用的总时间

（1）确定乙站可供货物列车使用的到发线数。

根据资料，乙站可用于接发货物列车的到发线为 3、4、6、7 道 4 条线路。若 1 道规定为客货列车共用，则为 5 条。

（2）确定占用货物列车到发线的各种作业数量。

4 条货物列车到发线按使用规定不接发旅客列车，乙站也无规定接发的单机，也无其他作业占用货物列车到发线，因此，这 4 条货物列车到发线只接发 24 列无调中转、22 列到达解体和 22 列编组始发货物列车；若 1 道规定为客货列车共用，则还应接发 16 列旅客列车。

（3）确定一昼夜占用货物列车到发线的总时间

$$
\begin{aligned}
t_{总} &= n_{中}t_{中占} + n_{部}t_{部占} + n_{解}t_{解占} + n_{编}t_{编占} + n_{机}t_{机占} + \sum t_{固} + \sum t_{其他} \\
&= 24 \times 57 + 0 + 22 \times 53 + 22 \times 41 + 0 + 0 + 0 = 3\ 436\ (\text{min})
\end{aligned}
$$

若 1 道规定为客货列车共用，则还应增加 $16 \times 23 = 368$（min），共 3 804 min。

3. 计算乙站货物列车到发线通过能力利用率

将各项因素代入公式进行计算：

$$
K = \frac{t_{总} - \sum t_{固}}{(1\ 440 m_{到发} - \sum t_{固}) \cdot (1 - \gamma_{空})} = \frac{3\ 436 - 0}{(1\ 440 \times 4 - 0) \times (1 - 0.15)} = 0.70
$$

若 1 道规定为客货列车共用，则到发线数取值为 5，固定作业时间为 368 min，总时间为 3 804 min，代入公式计算出的到发线通过能力利用率将为

$$
K = \frac{t_{总} - \sum t_{固}}{(1\ 440 m_{到发} - \sum t_{固}) \cdot (1 - \gamma_{空})} = \frac{3\ 804 - 368}{(1\ 440 \times 5 - 368) \times (1 - 0.15)} = 0.59
$$

4. 计算乙站货物列车到发线通过能力

（1）接、发丙方向货物列车的能力。

按规定，当前乙站接丙方向货物列车数为 12 列无调中转、11 列到达解体列车；发丙方向货物列车数为 12 列无调中转、11 列编组始发列车。因此，接、发丙方向货物列车的能力为

$$
N_{接}^{丙} = \frac{n_{接}^{丙}}{K} = \frac{12 + 11}{0.70} = 32.9\ (列/天)
$$

$$
N_{发}^{丙} = \frac{n_{发}^{丙}}{K} = \frac{12 + 11}{0.70} = 32.9\ (列/天)
$$

若 1 道规定为客货列车共用，则

$$
N_{接}^{丙} = \frac{n_{接}^{丙}}{K} = \frac{12 + 11}{0.59} = 40.0\ (列/天)
$$

$$N_{发}^{丙}=\frac{n_{发}^{丙}}{K}=\frac{12+11}{0.59}=40.0\text{（列/天）}$$

（2）接、发甲方向货物列车的能力。

按规定，当前乙站接甲方向货物列车数为 12 列无调中转、11 列到达解体列车；发甲方向货物列车数为 12 列无调中转、11 列编组始发列车。因此，接、发甲方向货物列车的能力为

$$N_{接}^{甲}=\frac{n_{接}^{甲}}{K}=\frac{12+11}{0.70}=32.9\text{（列/天）}$$

$$N_{发}^{甲}=\frac{n_{发}^{甲}}{K}=\frac{12+11}{0.70}=32.9\text{（列/天）}$$

若 1 道规定为客货列车共用，则

$$N_{接}^{甲}=\frac{n_{接}^{甲}}{K}=\frac{12+11}{0.59}=40.0\text{（列/天）}$$

$$N_{发}^{甲}=\frac{n_{发}^{甲}}{K}=\frac{12+11}{0.59}=40.0\text{（列/天）}$$

（3）乙站到发线接、发各方向货物列车的能力。

接车能力：　$N_{接}^{丙}+N_{接}^{甲}=32.9+32.9=65.8$（列/天）

发车能力：　$N_{发}^{丙}+N_{发}^{甲}=32.9+32.9=65.8$（列/天）

任务五　计算车站改编能力

【任务介绍】

已知：

（1）乙站衔接甲、丙两个方向。

（2）乙站设备及平面布置情况如图 6.5.1 所示。

（3）乙站丙端设有简易驼峰一座，配备调车机车一台，主要担当解体、货场和站修线取送作业及整场作业；甲端设有平面牵出线一条，配备调车机车一台，主要担当编组、专用线和机务段取送作业。

（4）乙站行车量同任务二。

（5）查定的各项作业占用固定调车设备的时间标准如表 6.5.1 所示。

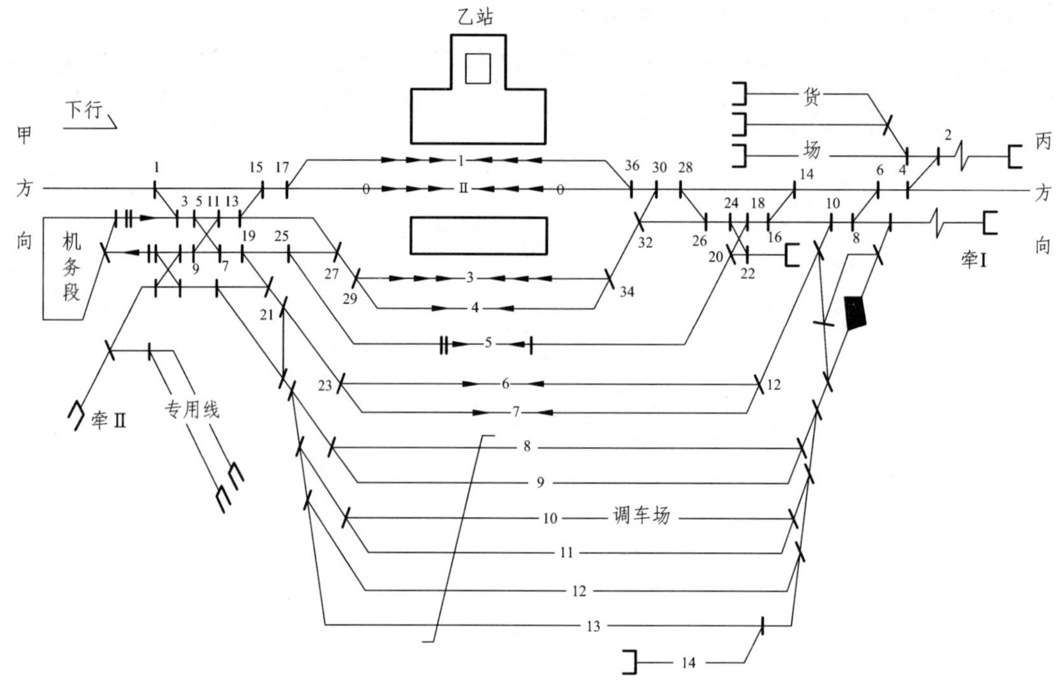

图 6.5.1　乙站平面布置示意图

表 6.5.1　各项作业占用固定调车设备的时间标准　　单位：min

作业项目	每次占用	作业项目	每次占用
解体车列	30	站修线取送	20
编组区段列车	30	整场	15
编组摘挂列车	40	整备	40
专用线取送	40	交接班	30
货场取送	30	调车人员吃饭	25
机务段取送	40		

（6）有关作业次数规定。

① 每昼夜各地点取送车作业规定：货场 6 次，专用线 4 次，机务段 2 次，站修线 2 次；

② 整场作业根据以往作业规律，平均每 4 小时一次，即每昼夜 6 次；

③ 机车入段整备作业每昼夜 2 次；

④ 交接班每昼夜 2 次；

⑤ 调车人员吃饭每昼夜 2 次。

（7）驼峰空费系数取 0.05。

要求：

（1）采用直接计算法确定乙站简易驼峰解体能力；

（2）采用直接计算法确定乙站牵出线编组能力；

（3）确定乙站最终改编能力。

【任务分析】

完成该项任务，需解决以下问题：

（1）什么是驼峰解体能力和牵出线编组能力？

（2）直接计算法的原理是什么？如何计算？

（3）一台调车机车单推单溜时，驼峰解体能力如何计算？

（4）一台调车机车时，牵出线编组能力如何计算？

（5）车站最终改编能力如何确定？

【相关知识】

1. 驼峰解体能力和牵出线编组能力

车站改编能力包括驼峰解体能力和牵出线编组能力两种。

驼峰解体能力是指驼峰在现有技术设备、作业组织方法及调车机车数量的条件下，一昼夜能够解体的货物列车数或车数。

牵出线编组能力是指牵出线在现有技术设备、作业组织方法及调车机车数量的条件下，一昼夜能够编组的货物列车数或车数。

2. 影响车站驼峰解体能力的主要因素

（1）妨碍时间。

产生妨碍驼峰解体时间的原因主要有：

客车妨碍——旅客列车到达时横切峰前到达场出口，妨碍驼峰调车机车分解车列；

反接妨碍——到达场出口咽喉反驼峰方向接改编列车时，妨碍驼峰调车机车分解车列；

挂机妨碍——改编列车自到达场入口咽喉到达时，妨碍驼峰调车机车连挂待解车列；

机车妨碍——在到达场出口咽喉处，本务机车入段时妨碍调车机车推峰。

（2）整场时间。

影响整场时间的主要因素有：调车场采用的调速方式、调车场线路的有效长度、线路数量、解体钩数、气候条件及调车人员的技术水平、作业分工等。

（3）解送禁溜车时间。

影响解送禁溜车时间的主要因素有：车列中禁溜车的数量、禁溜车组在车列中的位置及峰顶禁溜车暂存线的出岔位置。

（4）驼峰间隔时间。

驼峰间隔时间越长，解体效率就越低。

（5）辅助生产时间。

辅助生产时间包括交接班时间、吃饭时间和整备时间，这些时间越长，解体能力越小。

（6）推峰速度。

推峰速度高，车组溜得快，效率高；反之，则效率低。

（7）驼峰调车机车台数和作业组织方式。

3. 影响调车场尾部牵出线编组能力的因素

影响调车场尾部编组能力的因素主要有：

① 编组站站型。编组站站型不同，平均编组一个列车所需的时间各异。

② 调车机车台数。

③ 调速系统。调车场采用不同的调速系统，尾部连挂的时间也不同。

④ 编发列车的比重。设置编发线并增加编发列车的比重，可减少编组转线作业，有效提高尾部编组能力。

4. 调车机车的分工

（1）调车场两端调车机车的分工。

① 一端解体、一端编组，或一端以解体为主，一端以编组为主。

适用于调车场一端设有驼峰，另一端设有牵出线的车站。由驼峰负责解体，牵出线负责编组，可以充分发挥驼峰和牵出线设备的效能。

② 每一端负责固定解编一个方向的列车。

适用于横列式车站，其调车场两端设有简易驼峰或牵出线，而两个方向的改编作业量又大致相等的车站。其优点是可以充分利用调车设备，均衡两端调车机车负担，减少重复作业，便于采用解编结合的调车方法。

③ 以一端调车机车为主，另一端为辅。

解编作业基本上由主调车机车担当，另一端调车机车负责车辆取送、车组摘挂作业，必要时协助主调车机车进行解编作业。适用于解编作业量不大的车站。

（2）调车场同端调车机车的分工。

当在调车场的某一端，具有一条以上的牵出线或驼峰溜放线，配属一台以上的调车机车，共同担负调车场一端的解编工作时，为使各台调车机车平行作业，互不干扰，调车场同端的调车机车的作业也应进行分工，分工方式有两种：

① 固定作业区域。

这种分工方式是将每台调车机车固定在一条牵出线或驼峰溜放线上，专门担负一定方向的列车解体或编组工作。这种方式有利于建立良好的作业秩序，作业计划组织比较简单。但是，当各方向解编任务不够均衡或车流波动较大时，难免会产生忙闲不均、作业不够协调、调车机车能力不能充分利用等情况。

② 不固定作业区域。

这种分工方式是不固定每台调车机车占用的牵出线或驼峰溜放线，由调车领导人根据作业计划的要求，考虑各台调车机车的作业进度，灵活掌握、机动分配每台机车的作业区域和所担负的任务。这种方式只要运用得当，能够克服前一种方式的缺陷，更好地发挥调车机车的生产效能。但是，它也给调车作业增加了复杂性，要求调车工作领导人具备较高的计划组织水平和调车组人员具有比较全面熟练的工作技能。

5. 直接计算法

（1）直接计算法的原理。

直接计算法是利用公式直接计算出某项设备能力的方法。当某项技术设备担当的作业种类比较单一时，可采用直接计算法计算。

（2）直接计算法的一般计算公式。

$$\text{某项设备的能力}=\frac{\text{该项设备一昼夜可供主要作业使用的总时间}}{\text{平均完成一次主要作业的时间标准}}$$

$$N=\frac{(1\,440M-\sum t_{\text{固}})\cdot(1-\gamma)}{t_{\text{占均}}}+n_{\text{固}}$$

式中 $t_{\text{占均}}$——平均办理一次主要作业占用设备的时间，min。

6. 使用一台调车机车实行单推单溜时驼峰解体能力的计算

主要担当解体作业的驼峰解体能力可采用直接计算法进行计算。当使用一台调车机车实行单推单溜时，驼峰的解体能力按下式计算：

$$N_{\text{解}}^{\text{单单}}=(1-\alpha_{\text{空}})\frac{1\,440-\sum t_{\text{固}}^{\text{单单}}}{t_{\text{解占}}^{\text{单单}}}$$

$$B_{\text{解}}^{\text{单单}}=N_{\text{解}}^{\text{单单}}m_{\text{解}}$$

式中 $N_{\text{解}}^{\text{单单}}$——使用一台调车机车实行单推单溜的解体能力，列/天、辆/天；

$\alpha_{\text{空}}$——驼峰空费系数，一般采用 0.03 ~ 0.05；

$\sum t_{\text{固}}^{\text{单单}}$——一台调车机车单推单溜时，固定作业占用驼峰的总时间，按下式计算：

$$\sum t_{\text{固}}^{\text{单单}}=\sum t_{\text{交接}}+\sum t_{\text{吃饭}}+\sum t_{\text{整备}}+\sum t_{\text{客妨}}+\sum t_{\text{占}}^{\text{取送}}+\sum t_{\text{未占}}^{\text{取送}}$$

其中 $\sum t_{\text{交接}}$、$\sum t_{\text{吃饭}}$——调车组和乘务组的交接班、吃饭时间，min；

$\sum t_{\text{整备}}$——调车机车一昼夜的整备时间，min；

$\sum t_{\text{客妨}}$——一昼夜旅客列车横切峰前咽喉妨碍驼峰解体的时间，min；

$\sum t_{\text{占}}^{\text{取送}}$——列入固定作业的取送等调车作业占用或中断驼峰使用的时间，min；

$\sum t_{\text{未占}}^{\text{取送}}$——驼峰调车机车应担当的取送调车作业中未占用驼峰的时间，min。

$t_{\text{解占}}^{\text{单单}}$——采用单推单溜作业方案时解体一个车列平均占用驼峰的时间，按下式计算：

$$t_{\text{解占}}^{\text{单单}}=t_{\text{空程}}+t_{\text{推}}+t_{\text{分解}}+t_{\text{禁溜}}+t_{\text{整场}}+t_{\text{妨}}$$

其中 $t_{\text{空程}}$——调车机车自驼峰作业地点起动时起，经到达场入口咽喉折返与到达场车列连挂并完成试牵引时止的时间，min；

$t_{推}$——驼峰机车推送车列的时间，min；

$t_{分解}$——自车列的第一辆车进入驼峰信号机内方时起，至最后一组车溜出后调车机车停轮时止的纯分解时间，不包括分解过程中产生的进路交叉妨碍时间和解送禁溜车时间，min；

$t_{禁溜}$——每解体一个车列平均摊到的解、送禁溜车的时间，min；

$t_{整场}$——每解体一个车列平均摊到的整场时间，min；

$t_{妨}$——每解体一个车列平均摊到的妨碍时间，min。

$m_{解}$——解体车列的平均编成辆数。

7. 调车场尾部牵出线编组能力计算

主要担当编组作业的调车场尾部牵出线的编组能力，可采用直接计算法或利用率计算法进行计算，直接计算法按下式计算：

$$N_{编} = \frac{(1\,440M_{机} - \sum t_{固}^{编}) \cdot (1-\alpha_{妨})}{t_{编组}} + N_{摘}$$

$$B_{编} = N_{编} m_{编}$$

式中 $N_{编}$——牵出线编组能力，列/天、辆/天；

$M_{机}$——调车场尾部用于编组的调车机车的台数；

$\sum t_{固}^{编}$——尾部调车机车一昼夜的固定作业时间，其计算公式为

$$\sum t_{固} = \sum t_{交接} + \sum t_{吃饭} + \sum t_{整备} + \sum t_{取送} + \sum t_{摘挂}$$

其中 $\sum t_{取送}$——尾部调车机车一昼夜担当取送调车作业的总时间，min；

$\sum t_{摘挂}$——尾部一昼夜编组摘挂列车的总时间，min。

$\alpha_{妨}$——调车机车的妨碍系数，一台调车机车时取 0.06，两台调车机车时取 0.06 ~ 0.08，三台调车机车时取 0.08 ~ 0.12；

$t_{编组}$——平均编组一个车列（摘挂列车除外）占用的时间，min；

$N_{摘}$——一昼夜编组的摘挂列车数，列/天；

$m_{编}$——编组车列的平均编成辆数。

8. 车站改编能力的最终确定

（1）纵列式编组站驼峰担当解体、尾部牵出线担当编组作业时的改编能力，按经过合理调整峰上、峰尾作业负担后的驼峰解体能力、尾部编组能力二者中较小者的两倍计算。

（2）横列式技术站或两端的驼峰和牵出线既编又解时的改编能力，按两端解体、编组能力之和计算。

（3）具有两套解编系统的双向编组站应分别按上、下行系统确定其改编能力，全站的改编能力按两系统改编能力之和计算。

（4）担当重复解体转场车的驼峰，应按含转场车和不含转场车分别表示其解体能力。

【任务实施】

1. 计算确定乙站简易驼峰解体能力

（1）根据资料，乙站调车场一端设有简易驼峰，另一端则没有驼峰，两端各配备一台调机，因此，有驼峰的一端调机以解体为主，另一端则以编组为主。由于调车机车台数只有一台，因此，只能采用单推单溜的作业方案进行解体。

（2）确定一昼夜固定作业占用简易驼峰的总时间。

根据作业规定及每次作业占用的时间标准进行计算，如表 6.5.2 所示。

表 6.5.2　固定作业占用简易驼峰总时间计算表

作业项目	作业次数	每次占用时间标准/min	总占用时间/min
货场取送	6	30	180
站修线取送	2	20	40
整备	2	40	80
交接班	2	30	60
调车人员吃饭	2	25	50
合　计			410

（3）确定解体一个车列平均占用简易驼峰的时间 $t_{解占}^{单单}$。

① 根据行车量、作业时间标准资料，甲、丙两个方向到达乙站的区段列车和摘挂列车需解体，共解体 18 + 4 = 22（列），产生的总时间为 22 × 30 = 660（min）。

② 根据整场的有关规定，每昼夜产生的整场总时间为 6 × 15 = 90（min）。

③ 确定解体一个车列平均占用时间为

$$t_{解占}^{单单}=\frac{660+90}{22}=34.1\text{（min）}$$

（4）$\alpha_{空}$ 为 0.05。

（5）计算简易驼峰的解体能力为

$$N_{解}^{单单}=(1-\alpha_{空})\frac{1\,440-\sum t_{固}^{单单}}{t_{解占}^{单单}}=(1-0.05)\times\left(\frac{1\,440-410}{34.1}\right)=28.7\text{（列/天）}$$

2. 计算确定乙站牵出线编组能力

（1）牵出线上的调车机车台数为 1，$\alpha_{妨}$ 取 0.06。

（2）确定平均编组一个车列（摘挂列车除外）的时间 $t_{编组}$。

根据资料，由乙站编组向甲、丙方向始发的区段列车各 9 列，摘挂列车各 2 列，共 22 列，因此，平均编组一个车列（不包括编组摘挂列车）的时间为

$$t_{编组}=\frac{18\times 30}{18}=30\text{（min）}$$

（3）确定尾部调车机车一昼夜固定作业占用的总时间$\sum t_{固}^{编}$。

根据作业规定及每次作业占用的时间标准进行计算，如表 6.5.3 所示。

表 6.5.3 固定作业占用牵出线总时间计算表

作业项目	作业次数	每次占用时间标准/min	总占用时间/min
编组摘挂列车	4	40	160
专用线取送	4	40	160
机务段取送	2	40	80
整备	2	40	80
交接班	2	30	60
调车人员吃饭	2	25	50
合　计			590

（4）计算乙站牵出线编组能力为

$$N_{编}=\frac{(1\,440M_{机}-\sum t_{固}^{编})\cdot(1-\alpha_{妨})}{t_{编组}}+N_{摘}=\frac{(1\,440\times1-590)\times(1-0.06)}{30}+4$$
$$=26.6+4=30.6\text{（列/天）}$$

3. 确定乙站改编能力

根据车站最终改编能力确定的规定，乙站为横列式区段站，其改编能力应按两端解体、编组能力之和计算，因此，乙站改编能力为

$$N_{解}^{单单}+N_{编}=28.7+30.6=59.3\text{（列/天）}$$

【拓展提高】

1. 使用两台调车机车实行双推单溜的驼峰解体能力

当调车场同一端配备有两台及以上调机工作时，这些调机不应安排同时进行整备和取送，但是吃饭和交接班应安排同时进行。

使用两台调车机车解体时，驼峰解体能力由两部分组成：一是当两台调车机车均在场工作，而驼峰未中断使用时，可进行双推单溜解体作业；二是当其中一台调车机车去干其他工作（如一台调车机车去整备或去取送车时），只有一台调车机车在场工作，且驼峰未中断使用时，只能进行单推单溜解体作业，因此，计算公式如下：

$$N_{解}^{双单}=(1-\alpha_{空})\cdot\left(\frac{1\,440-\sum t_{解固}^{双单}}{t_{解占}^{双单}}+\frac{2\sum t_{整备}+\sum t_{未占}^{取送}}{t_{解占}^{单单}}\right)$$

$$B_{解}^{双单}=N_{解}^{双单}m_{解}$$

式中　$\sum t_{解固}^{双单}$——两台调车机车双推单溜时固定作业占用的时间，其计算方法为

$$\sum t_{解}^{双单}=\sum t_{交接}+\sum t_{吃饭}+2\sum t_{整备}+\sum t_{客妨}+\sum t_{占}^{取送}+\sum t_{未占}^{取送}$$

$t_{解占}^{双单}$——采用双推单溜的作业方案时，解体一个车列平均占用驼峰的时间，min，其计算公式为

$$t_{解占}^{双单}=t_{分解}+t_{禁溜}+t_{整场}+t_{妨}+t_{间隔}$$

其中　$t_{间隔}$——驼峰间隔时间，min。

2. 使用三台及以上调车机车实行双推单溜的解体能力

使用三台及以上调车机车解体时，总能保证同时有两台调车机车在场，因此，只要驼峰未中断使用，就可进行双推单溜解体作业，计算公式如下：

$$N_{解1}^{双单}=(1-\alpha_{空})\frac{1\,440-\sum t_{解固1}^{双单}}{t_{解占}^{双单}}$$

$$B_{解1}^{双单}=N_{解1}^{双单}m_{解}$$

式中　$\sum t_{解固1}^{双单}$——三台以上调车机车采用双推单溜的固定作业时间，其计算公式为

$$\sum t_{固}^{双单}=\sum t_{交接}+\sum t_{吃饭}+\sum t_{客妨}+\sum t_{占}^{取送}$$

3. 既担当解体又担当编组作业的简易驼峰或牵出线的改编能力

既担当解体又担当编组作业的简易驼峰或牵出线的改编能力，可以采用利用率计算法，其计算步骤和方法如下：

（1）计算确定一昼夜占用简易驼峰（或牵出线）的总时间 $t_{总}$。

$$t_{总}=n_{解}t_{解}+n_{编}t_{编}+n_{调}t_{调}+\sum t_{固}+\sum t_{整场}+\sum t_{妨}$$

式中　$n_{解}$、$n_{编}$——一昼夜简易驼峰或牵出线解体、编组的列车数（不包括摘挂列车），部分改编中转列车按其作业时间折合列数计算；

$t_{解}$、$t_{编}$——平均解体、编组一个车列（不包括摘挂列车）的作业时间，min；

$n_{调}$、$t_{调}$——除解体、编组作业以外占用简易驼峰或牵出线的其他调车（如送禁溜车、转场车交换、不定时取送等）的作业次数及平均每次作业占用时间，min。

（2）计算简易驼峰或牵出线改编能力利用率 K。

$$K=\frac{t_{总}-\sum t_{固}}{(1\,440M-\sum t_{固})\cdot(1-\alpha_{空费})}$$

式中　$\alpha_{空费}$——简易驼峰或牵出线空费系数，取值 0.05 ~ 0.10。

（3）计算简易驼峰或牵出线改编能力，计算公式如下：

$$N_{解} = \frac{n_{解}}{K}$$

$$B_{解} = N_{解} m_{解}$$

$$N_{编} = \frac{n_{编}}{K} + N_{摘}$$

$$B_{编} = N_{编} m_{编}$$

4. 提高车站能力的措施

提高车站通过能力和改编能力的措施有技术组织措施和改建措施两大类。

（1）提高车站能力的技术组织措施。

根据车站通过能力和改编能力的计算公式，对影响车站能力的各种因素进行分析，其主要技术组织措施有：

① 调整车站技术设备使用方案，均衡设备作业负担。

如调整车场分工和到发线使用方案，重新分配驼峰、牵出线工作，调整调车机车分工及其作业区域，调整咽喉道岔的作业负担，使各项技术设备的作业负担均衡并减少敌对进路的干扰，从而提高和协调车站咽喉通过能力、到发线通过能力和驼峰、牵出线的改编能力。

例如，按照乙站目前到发线使用方案规定计算的乙站接车能力为 65.8 列/天；若将 1 道调整为客货列车共用，则计算的乙站接车能力将为 40.0 + 40.0 = 80.0（列/天），即通过调整到发线使用方案，接车能力提高了 14.2 列。

可见，能力与技术设备使用方案关系很大，但必须注意，在到发线通过能力重新调整计算后，应根据新的线路使用方案，对咽喉道岔组的作业占用时分予以验算，检查咽喉通过能力有无变化。同理，对咽喉道岔组也可通过充分利用平行进路来调整原来的接车、发车和调车径路，减轻该咽喉道岔组的作业负担，达到提高车站通过能力的目的。

当驼峰或牵出线的改编能力紧张，或遇车流增大时，可以有计划地调整驼峰、牵出线的作业负担，根据技术设备条件，活用固定线路，合理固定调车作业区域，充分发挥调车设备的效能，提高其改编能力。

② 压缩各项作业占用技术设备的时间。

采用先进的工作方法，改进各种列车的技术作业过程和调车作业方法，采取解体照顾编组、解体照顾送车、取车照顾编组、解编结合等方法，利用车辆集结过程预编、预检车组等，实现流水作业和最大限度地平行作业，在压缩单项作业时间的同时，减少或消除等待和妨碍作业时间。

③ 改进运输组织工作。

加强车站作业计划与调度指挥工作，根据列车编组内容和到发时间，有预见有计划地组织车流和装卸作业，合理组织调车机车工作，充分发挥调车机车效率，减少固定作业占用时间。改善车流组织方法，结合车流到发规律，大力组织挂线装车，组织成组装车和直达列车，扩大技术站无调中转列车的比重。改善劳动组织，加强联劳协作，使各部门、各工种之间作业紧密配合，以提高工作效率，大力压缩各种非生产等待时间。

④ 对车站现有设备进行小量技术改造。

在工程量和投资不大的情况下，可在咽喉区增铺或改铺道岔，移设信号机，增加咽喉平行进路，延长牵出线，增加辅助调车机车等，以加强车站通过能力和改编能力。

（2）提高车站能力的改建措施。

① 改造车站咽喉。

改进车站咽喉布置，增设联络线，增加平行进路。在必要和可能时，采用立体交叉，以疏解列车进路，使各方向客货列车接发、机车出入段、解编和取送调车等作业能够最大限度地平行作业。

② 改建或扩建站场线路。

改进车场布置，增加或延长到发线、调车线，分别设置货物列车到达场、出发场，或在办理无调中转货物列车较多的车站增设直通车场等。

③ 改造现有固定调车设备。

改造牵出线、驼峰设备的平纵断面，增设预推线、禁溜线和尾部牵出线，抬高驼峰高度，采用先进的峰下制动设备，如采用减速器、加减速顶调速设备等。

④ 采用各种新技术，装设先进的信、联、闭设备。

⑤ 修建自动化驼峰，实现编组站作业自动化，全面提高车站改编能力。

项目七 车站工作日计划图

【项目概述】

车站工作日计划图是车站对各种列车和车辆在站进行的全部技术作业过程及各项技术设备运用情况的详细图解。

编制车站工作日计划图的主要作用有：检查车站各项技术作业过程之间、车站作业与列车运行图之间是否协调；设备运用与作业组织是否合理；查明车站作业最繁忙的阶段及薄弱环节，以便针对发现的问题提出解决的办法；确定货车在站停留时间标准、调车机车台数及车站运用车标准数。

为保证车站各项作业过程及其与列车运行图之间的协调配合，当列车编组计划、列车运行图、车站技术设备和技术作业过程发生变更时，应重新编制车站工作日计划图。另外，当车站通过能力利用率达到 85%，改编能力利用率达到 90% 时，应按阶段或小时计算能力并绘制车站工作日计划图进行验算分析，有针对性地采取加强能力的措施。

【教学目标】

1. 技能目标

具备编制和填画车站工作日计划图的能力，具备计算车站工作日计划图指标的能力。

2. 知识目标

了解车站工作日计划图的主要内容，熟悉车站工作日计划图的组成、格式和填画图例，掌握计算车站工作日计划图指标的方法。

任务一 填画车站工作日计划图

【任务介绍】

已知：

（1）乙站衔接甲、丙两个方向，由甲至丙为下行方向，乙站平面布置情况如图 7.1.1 所示。

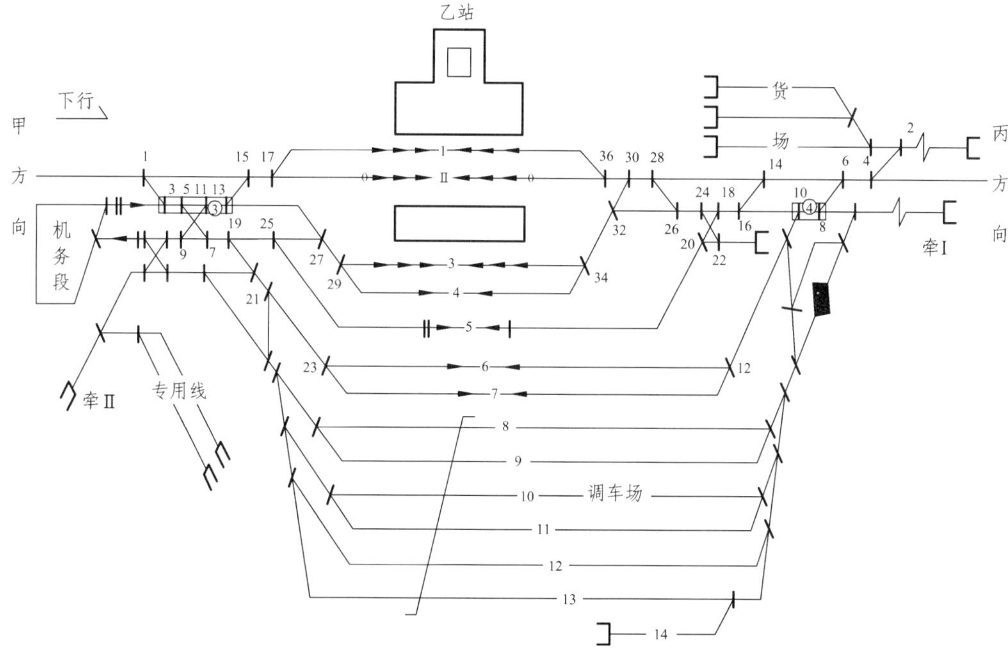

图 7.1.1　乙站平面布置示意图

（2）乙站线路使用方案见附页“18:00～0:00 车站工作日计划图”。

（3）列车编组计划及编组辆数规定如表 7.1.1 所示。

表 7.1.1　列车编组计划及编组辆数

自—至	车　次	编组内容	编组辆数
甲—丙	20109～20115	丙及其以远	50
丙—甲	20110～20116	甲及其以远	50
乙—丙	30131～30137	1. 丙及其以远 2. 空车	50
乙—丙	40101	乙—丙间	≤50
乙—甲	30052～30058	甲及其以远	50
乙—甲	40102	乙—甲间	≤50

（4）乙站 18:00～0:00 到达、出发列车具体情况如表 7.1.2 所示。

表 7.1.2　列车到达、出发情况

到达车次	到达时刻	编组内容					
		甲	乙—甲	丙	乙—丙	空车	乙站卸
30051	18:25			25		C10	C15（货场）
20110	19:20	50					
30138	20:00	45	5				
20111	22:00			50			
30053	23:20			35	15		

续表

出发车次	出发时刻	编组内容
30052	19:20	按列车编组计划规定
20110	20:10	原列
30131	21:45	按列车编组计划规定
20111	22:45	原列
30054	23:45	按列车编组计划规定

（5）乙站各项技术作业时间标准如表 7.1.3 所示。

表 7.1.3　各项作业时间标准　　单位：min

<table>
<tr><td>作业项目</td><td>时间标准</td><td>作业项目</td><td colspan="2">时间标准</td></tr>
<tr><td>到　达</td><td>35</td><td>卸车（一批，不分辆数）</td><td colspan="2">180</td></tr>
<tr><td>出　发</td><td>25</td><td>装车（一批，不分辆数）</td><td colspan="2">240</td></tr>
<tr><td>解　体</td><td>30</td><td rowspan="2">取　送
（不分地点、辆数）</td><td>单取或单送</td><td>50</td></tr>
<tr><td>编　组</td><td>30（区段列车）
40（摘挂列车）</td><td>取送结合</td><td>80</td></tr>
<tr><td>吃饭</td><td>30</td><td>双重作业调移</td><td colspan="2">15</td></tr>
<tr><td>无调中转列车作业</td><td>45</td><td>交接班（两次）</td><td colspan="2">30</td></tr>
<tr><td>整　场</td><td>20～30</td><td>机车整备</td><td colspan="2">50</td></tr>
</table>

（6）各种作业占用咽喉道岔及机走线的时间标准如表 7.1.4 所示。

表 7.1.4　各种作业占用咽喉道岔、机走线时间标准　　单位：min

作业项目	每次占用时间标准	作业项目	每次占用时间标准
开始准备进路至列车到达	7	单机走行	3
开始准备进路至列车起动	3	下行列车机车出入段走行占用机走线	10
列车起动至进路道岔解锁	4	取送车	5
解体及编组转线	10		
注意：1.到达列车停妥 3 min 后机车可入段，出发列车起动前 10 min 机车必须挂上； 2.取车开始即占用相关道岔，取车结束前 15 min 开始占用相关道岔； 3.送车开始 5 min 后占用相关道岔，送车结束前 5 min 开始占用相关道岔。			

（7）无调中转货物列车在乙站换挂机车。

（8）乙站在Ⅰ牵和Ⅱ牵上各配备一台调车机车：Ⅰ调负责解体和货场取送车作业；Ⅱ调负责编组及机务段、专用线取送车作业。

（9）乙站 18:00～0:00 调车机车作业安排及 18 点结存车情况见附页“18:00～0:00 车站工作日计划图”。

要求：

根据乙站 18:00～0:00 列车到发、调车机车解编取送情况，在附页中填画“18:00～0:00 乙站工作日计划图”。

【任务分析】

完成该项任务，需要解决以下问题：

（1）车站工作日计划图包括哪些内容？

（2）车站工作日计划图的填画图例是怎样的？如何填画？

【相关知识】

1. 车站工作日计划图的内容

车站工作日计划图的主要内容包括：

① 到达和出发列车的车次、时刻及编组内容；

② 列车占用到发线的情况；

③ 车辆在调车场集结的情况；

④ 牵出线和驼峰被解体、编组及其他作业占用的情况；

⑤ 调车机车工作的情况；

⑥ 本站货物作业车在装卸地点停留及取送作业的情况；

⑦ 列车到发和各种调车作业占用咽喉的情况等。

2. 车站工作日计划图的填画方法及图例

（1）接车占用相关道岔如图 7.1.2 所示。

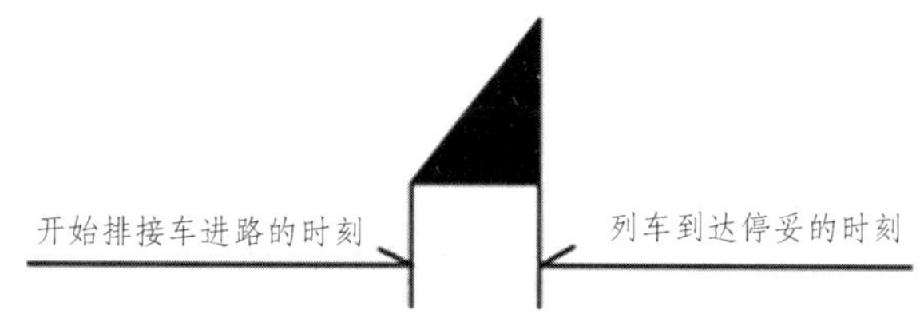

图 7.1.2　接车占用相关道岔的画法

（2）发车占用相关道岔如图 7.1.3 所示。

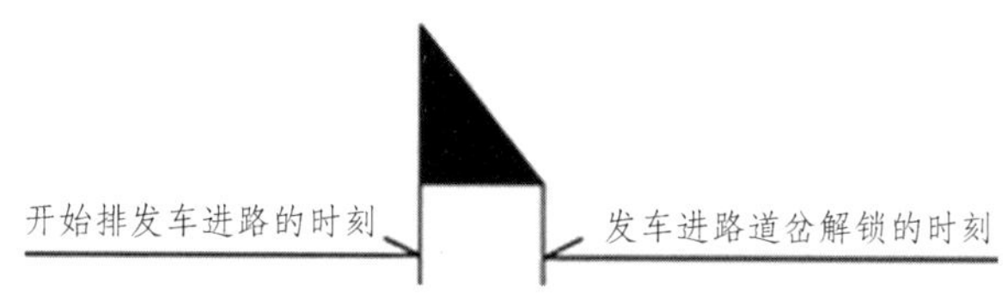

图 7.1.3　发车占用相关道岔的画法

（3）机车出、入段占用相关道岔如图 7.1.4 所示。

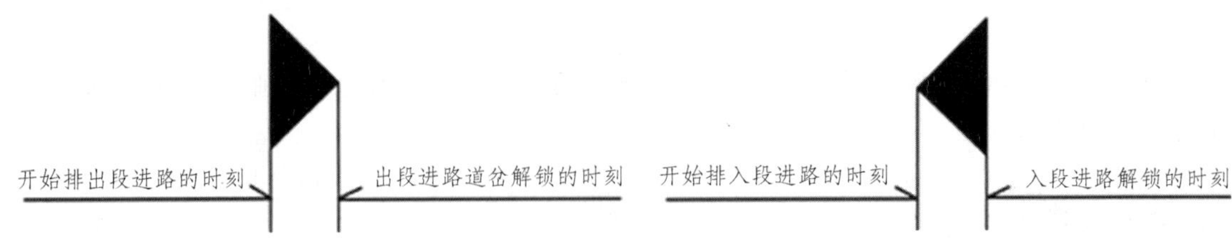

图 7.1.4 机车出入段占用相关道岔的画法

（4）若机务段在第三象限时，下行机车出、入段占用机走线及相关道岔的关系如图 7.1.5 所示。

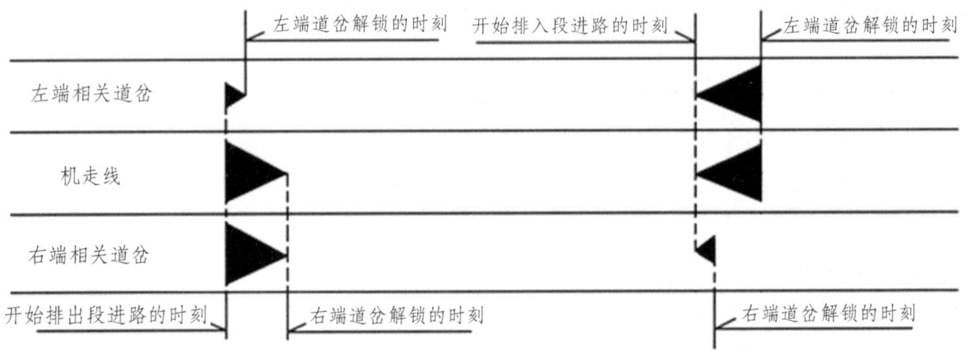

图 7.1.5 机车出入段占用机走线及相关道岔的画法

（5）解体、编组转线占用相关道岔和到发线如图 7.1.6 所示。

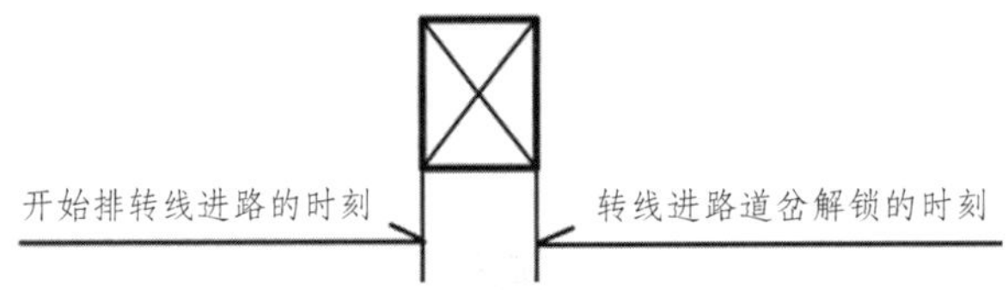

图 7.1.6 解体、编组占用相关道岔及到发线的画法

（6）取送车占用相关道岔如图 7.1.7 所示。

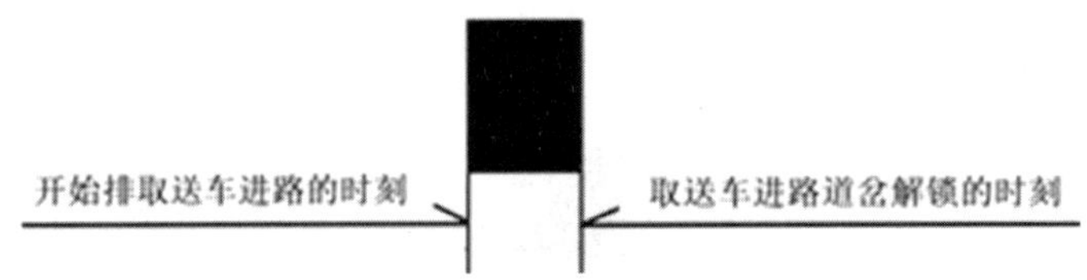

图 7.1.7 取送车占用相关道岔的画法

（7）解体、编组占用调车机车、驼峰、牵出线如图 7.1.8 所示。

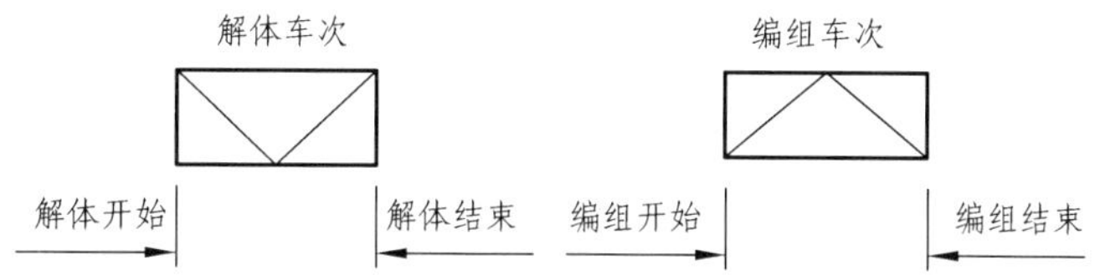

图 7.1.8　解体、编组占用调车机车、驼峰、牵出线的画法

（8）各种列车占用到发线。

① 无调中转列车占用到发线如图 7.1.9 所示。

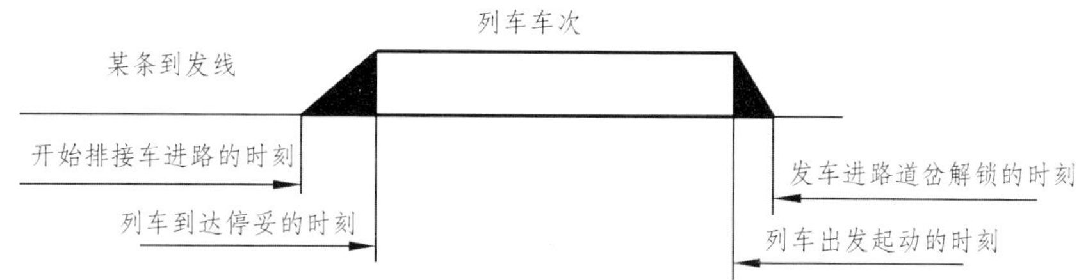

图 7.1.9　无调中转列车占用到发线的画法

② 到达解体列车占用到发线如图 7.1.10 所示。

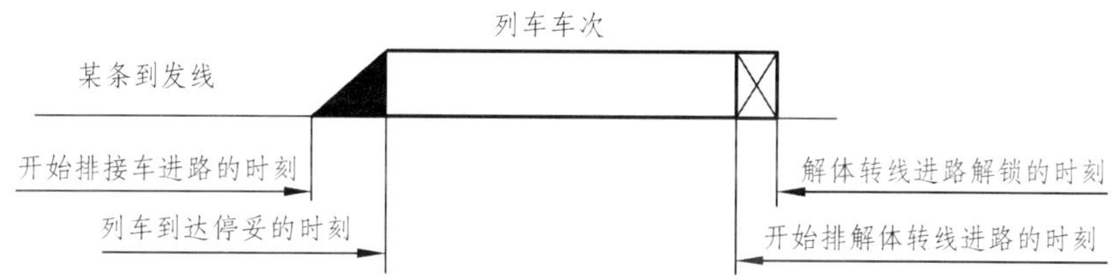

图 7.1.10　到达解体列车占用到发线的画法

③ 编组始发列车占用到发线如图 7.1.11 所示。

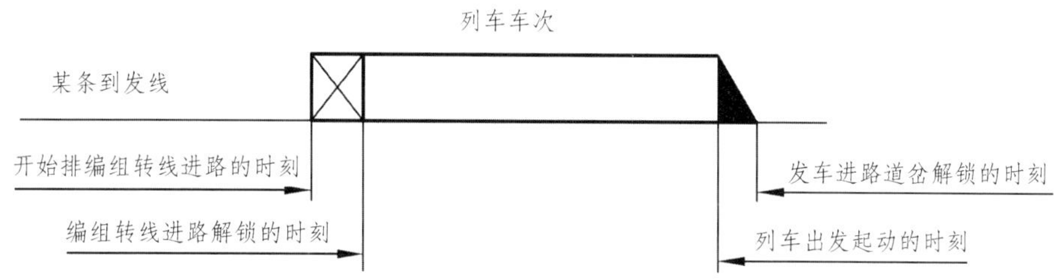

图 7.1.11　编组始发列车占用到发线的画法

（9）调车线上的车辆集结和编组及车数变化如图 7.1.12 所示。

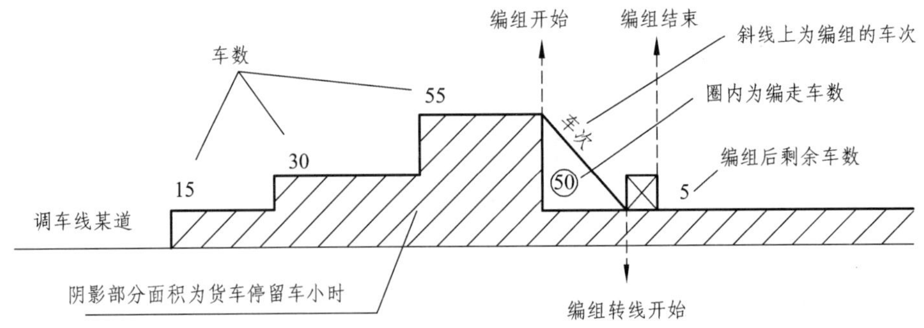

图 7.1.12 调车线上车辆集结、编组及车数变化情况的画法

（10）取送车占用调车机车及取送车数、取送地点如图 7.1.13 所示。

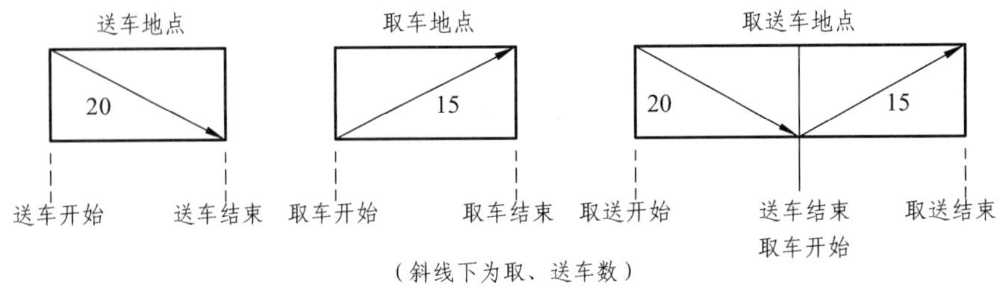

图 7.1.13 取送车占用调车机车、取送车数、取送地点的画法

（11）取送车占用相关道岔如图 7.1.14 所示。

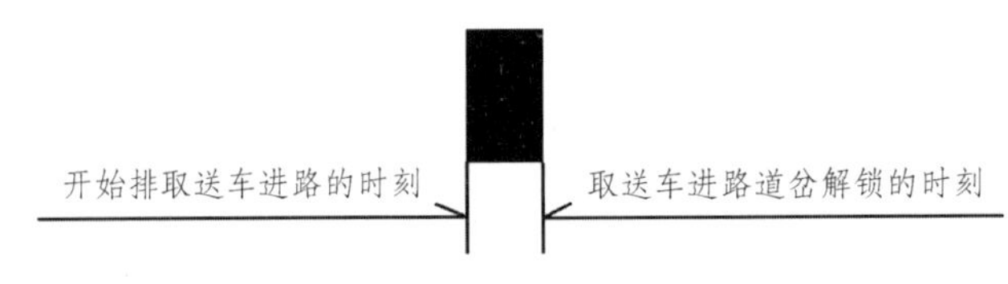

图 7.1.14 取送车占用道岔的画法

（12）送车作业相关情况如图 7.1.15 所示。

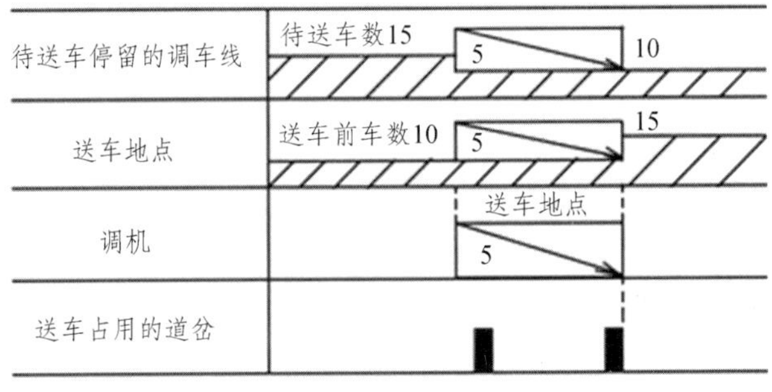

图 7.1.15 送车作业的画法

（13）取车作业相关情况如图 7.1.16 所示。

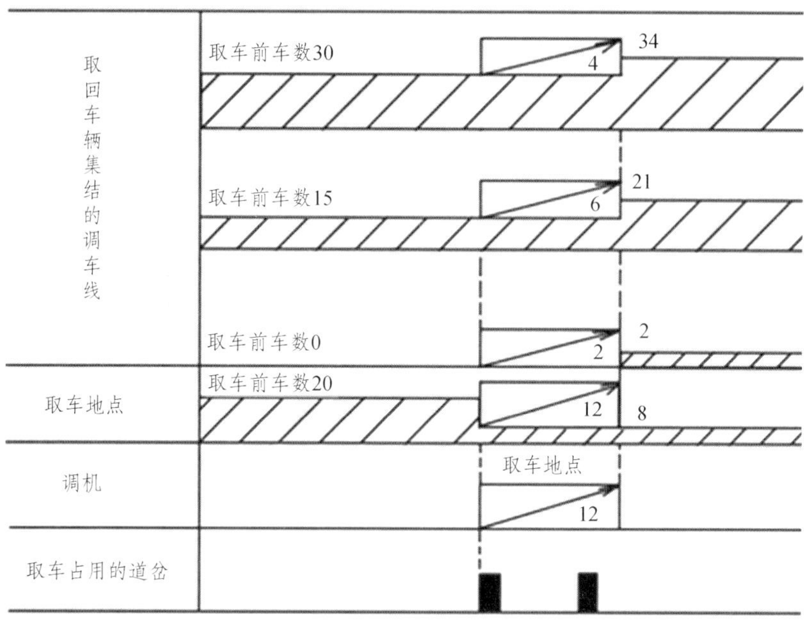

图 7.1.16　取车作业的画法

（14）取送车作业相关情况如图 7.1.17 所示。

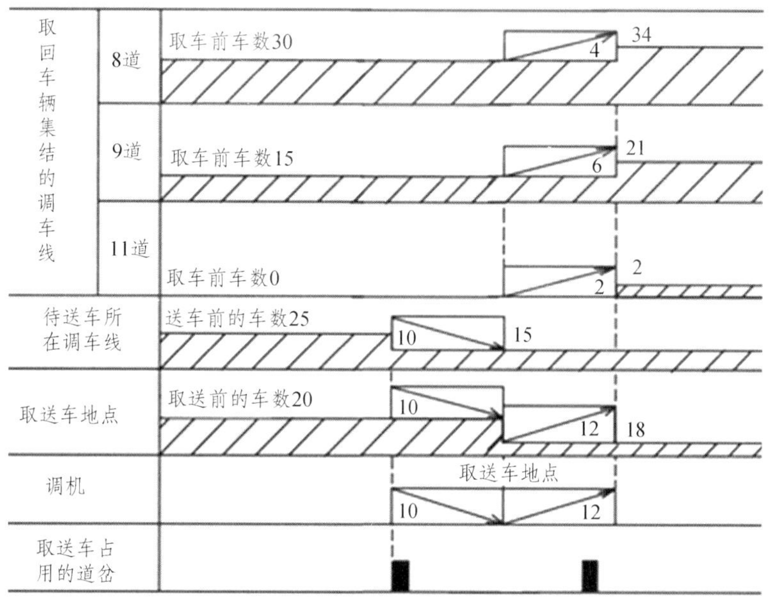

图 7.1.17　取送车作业的画法

（15）调车机车交接班、整备、调车组及机车乘务组吃饭如图 7.1.18 所示。

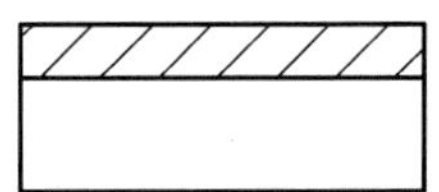

图 7.1.18　调机交接班、整备、有关人员吃饭的画法

【任务实施】

（1）根据所给资料，首先填画甲方向和丙方向到发列车运行线。

（2）根据线路使用方案、调车机车作业安排和作业时间标准等资料，按时间顺序在附页“18:00～24:00 车站工作日计划图”中填画各种作业占用设备的情况及相关线路上车数的变化情况。

以下举例说明：

① 填画到达解体列车。

以 30051 次到达解体列车为例，30051 次列车 18:25 到达乙站，应接入 6 道或 7 道。

a. 接车时需占用③号道岔组。

自准备接车进路时起至列车到达停妥进路解锁时止需 7 min，因此，占用③号道岔组的起止时间为 18:18～18:25。

b. 自准备接车进路时起至解体转线结束时止列车需占用到发线。

解体转线时间包括在解体作业时间里，调车机车安排在 19:00～19:30 解体 30051 次，转线时间标准为 10 min，因此，解体转线起止时间为 19:00～19:10，即 30051 次列车占用到发线的起止时间为 18:18～19:10。

c. 解体转线时需占用④号道岔组。占用起止时间为 19:00～19:10。

d. 30051 次为下行列车，其机车出入段时需占用机走线，同时还需占用④号道岔组但不占用③号道岔组。

按规定列车到达 3 min 后可安排入段，占用机走线时间标准为 10 min，假设咽喉道岔组有空闲，即 30051 次列车机车占用机走线的起止时间为 18:28～18:38（若咽喉道岔组无空闲，入段时间可往后延）。

入段开始时起还需占用④号道岔组，占用时间标准为 3 min，即 30051 次列车机车入段占用④号道岔组的起止时间为 18:28～18:31。

e. 解体占用调车机车的同时还需占用简易驼峰。

解体作业时间标准为 30 min，即解体 30051 次占用简易驼峰的起止时间为 19:00～19:30。

f. 30051 次解体完毕后，相关调车线内车数变化情况如下：

30051 次列车编组内容为丙/25，空/C10，到达乙站货场卸/C15。因此，解完 30051 次后，调车线 10 道、12 道、13 道将在原有车数基础上分别增加 25 辆、10 辆和 15 辆，在解体完毕时刻即 19:30 填记各调车线上车数变化情况。

至此，30051 次填画完毕。30051 次填画情况如图 7.1.19 所示。

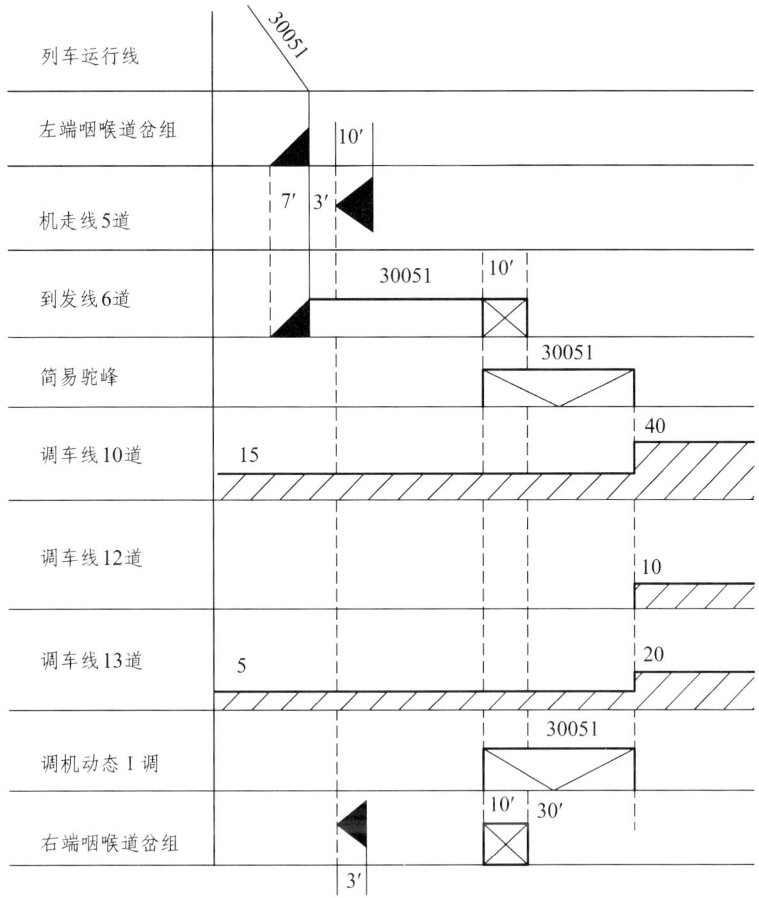

图 7.1.19　30051 次填画情况

② 填画编组始发列车。

以乙站自编始发的 30052 次列车为例，30052 次列车 19:20 由乙站 6 道或 7 道出发。

a. 编组时需同时占用调车机车和牵出线。

调车机车安排在 18:25 ~ 18:55 编组 30052 次，编组时间标准为 30 min，即占用调车机车和牵出线的起止时间为 18:25 ~ 18:55。

b. 自编成转线时起至列车出站进路解锁时止需占用到发线。

编成转线时间包括在编组时间内且在编组结束前，标准为 10 min，即 18:45 分开始转线，同时开始占用到发线。

列车起动时间为发车时间 19:20，列车起动至进路上道岔解锁的时间标准为 4 min，即 19:24 占用到发线结束。

因此，30052 次列车占用到发线的起止时间为 18:45 ~ 19:24。

c. 30052 次列车机车出段不需占用机走线和④号道岔组，但需占用③号道岔组。

按规定列车出发前 10 min 机车必须挂上，因此，最晚 19:10 机车必须到位，在此时间之前应安排机车出段，即 30052 次列车机车出段占用③号道岔组的起止时间为 19:07 ~ 19:10

（若咽喉道岔组无空闲，可安排机车提前出段）。

d. 自准备发车进路时起至列车出发进路解锁时止需占用③号道岔组。

列车出发起动前需准备发车进路，准备发车进路至列车起动的时间标准为 3 min，即 19:17 开始准备进路，此时开始占用③号道岔组。列车起动至列车出发进路上道岔解锁的时间标准为 4 min，即 19:24 道岔解锁。因此，30052 次列车出发占用③号道岔组的起止时间为 19:17 ~ 19:24。

e. 30052 次编组时相关调车线情况如下：

30052 次列车的编组内容为甲及其以远，编组辆数为 50 辆，因此，需动用调车线 8 道的 50 辆车进行编组，编完 30052 次后，8 道在编组前车数的基础上减少 50 辆，在编组开始时刻填记车数变化情况。

至此，30052 次填画完毕。30052 次填画情况如图 7.1.20 所示。

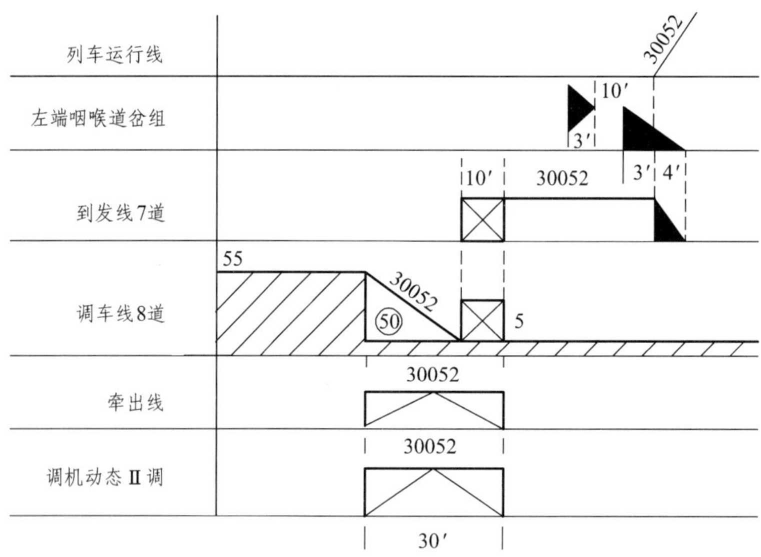

图 7.1.20　30052 次填画情况

③ 填画无调中转列车。

以 20110 次无调中转列车为例，20110 次 19:20 到达，20:10 出发，占用 3 道或 4 道。

a. 接车时不占用④号道岔组，发车时需占用③号道岔组。根据上面的例子，20110 次发车占用③号道岔组的起止时间为 20:07 ~ 20:14。

b. 自准备接车进路时起至列车出发进路上道岔解锁时止占用到发线，即 20110 次占用到发线的起止时间为 19:13 ~ 20:14。

c. 20110 次机车在乙站换挂，机车出入段不占用机走线，入段时不占用③号道岔组，但是出段时需占用③号道岔组。20110 次列车机车出段占用③号道岔组的起止时间为 19:17 ~ 20:00（若道岔组无空闲可提前出段）。

至此 20110 次填画完毕。20110 次填画情况如图 7.1.21 所示。

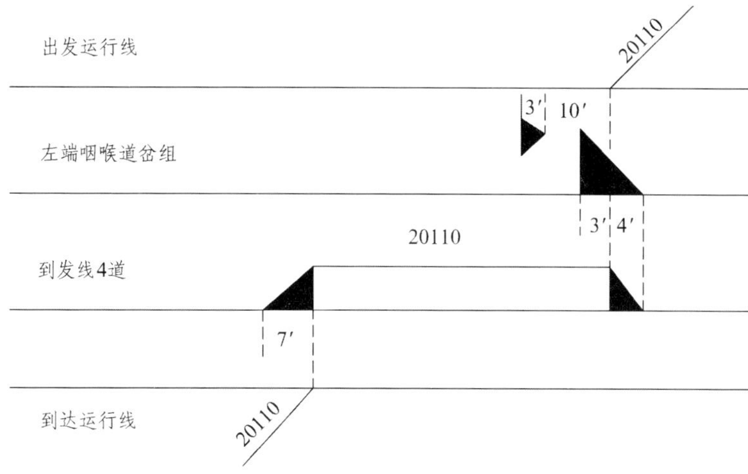

图 7.1.21 20110 次填画情况

④ 填画取送车。

根据安排，I 调在 21:05～22:25 进行货场取送车作业。

a. 货场取送车需占用④号道岔组。

按规定，取送作业开始后 5 min 占用，作业结束前 15 min 开始占用，每次占用时间标准为 5 min，因此本次货场取送车占用④号道岔组的起止时间分别为 21:10～21:15 和 22:10～22:15，来回各占用一次。

b. 取送车根据具体情况可占用驼峰也可不占用，本例假设取送车不占用简易驼峰。

c. 取送作业时相关线路车数变化情况如下：

作业要求将 13 道当时待送的所有车送到货场卸车，并将货场待取的车取回至对应调车线，假设此时 13 道有 20 辆待送车，货场有 5 辆待取车（为去向丙的重车），取送车结束后，13 道将减少 20 辆，货场将净增 15 辆。

取送车开始时填记待送车所在线路的车数变化情况，取送车结束时填记取回车所在相关线路的车数变化情况，取送车中间时刻填记作业地点车数变化情况。

至此，货场取送车填画完毕。本次货场取送车具体填画情况如图 7.1.22 所示。

乙站 18:00～0:00 的车站工作日计划图填画结果如图 7.1.23 所示。

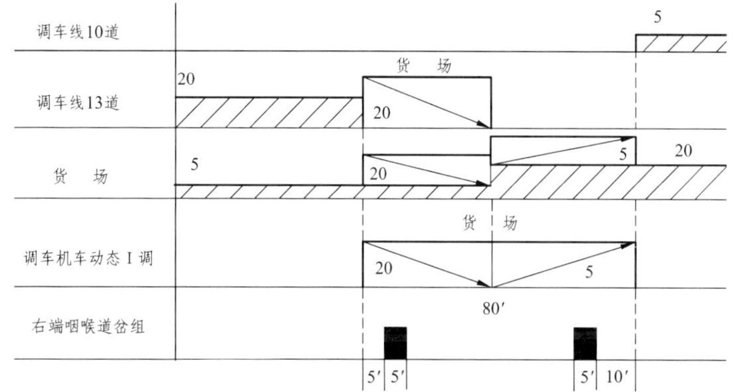

图 7.1.22 货场取送车填画情况

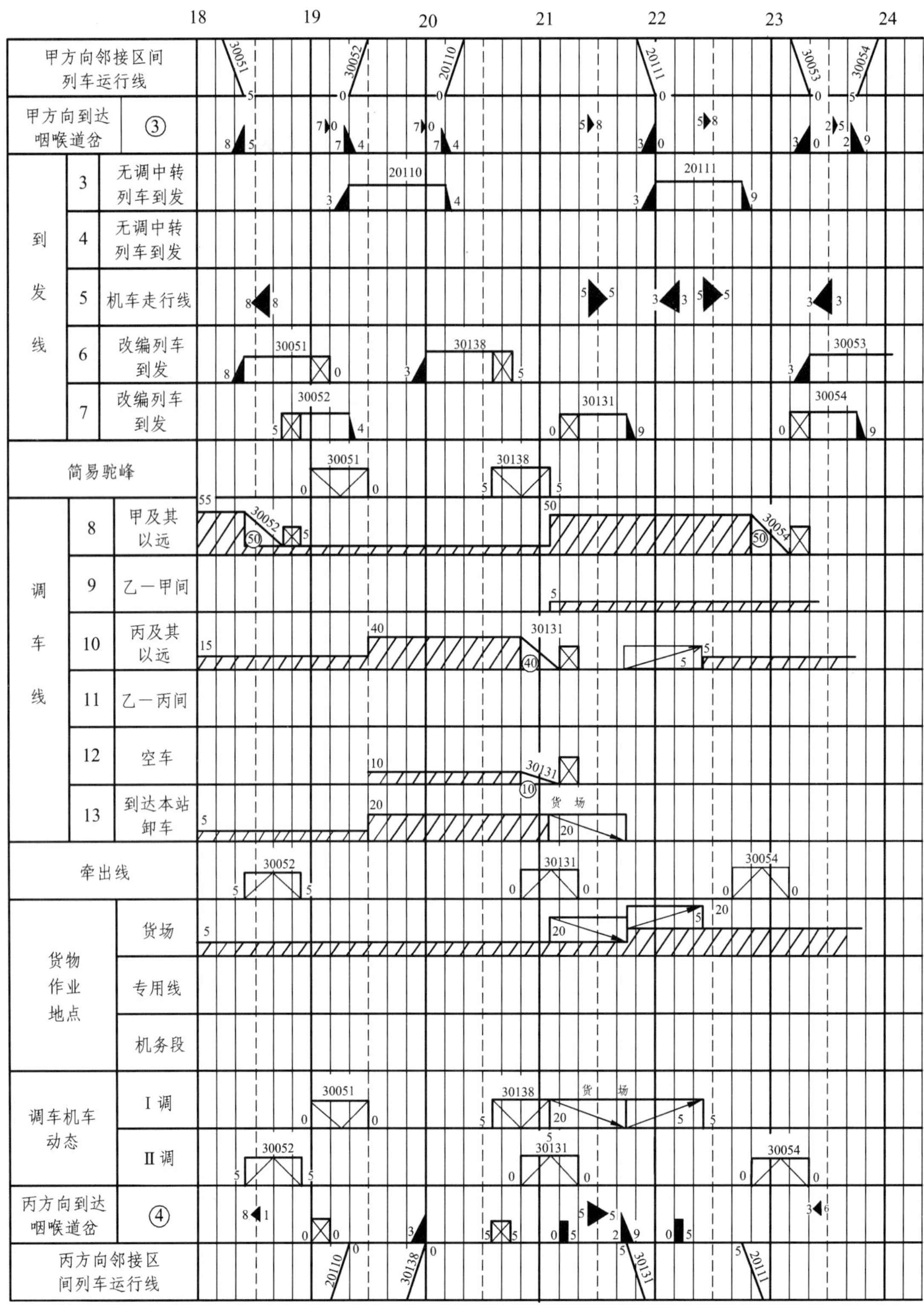

图 7.1.23　18:00～0:00 车站工作日计划图

任务二　编制车站工作日计划图

【任务介绍】

已知：

（1）乙站衔接甲、丙两个方向，由甲至丙为下行方向。

（2）邻接区段情况及平面布置情况如图 7.1.1 所示。

（3）乙站线路使用方案见附页“乙站工作日计划图”。

（4）列车编组计划及编组辆数规定如表 7.1.1 所示。

（5）乙站全天列车出发时刻如表 7.2.1 所示。

表 7.2.1　列车出发时刻表

出发车次	30052	20110	30131	20111	30054	30133	40102	20112	40101
出发时刻	19:20	20:10	21:45	22:45	23:45	1:25	2:05	3:40	5:30
出发车次	20113	20114	30135	30056	20115	20116	30058	30137	20109
出发时刻	6:05	8:55	9:00	9:55	11:20	14:15	15:00	16:15	17:00

（6）乙站全天列车到达情况如表 7.2.2 所示。

表 7.2.2　列车到达情况表

到达车次	到达时刻	编组内容					
		甲	乙—甲	丙	乙—丙	空车	乙站卸
30051	18:25			25		C10	C15（货场）
20110	19:20	50					
30138	20:00	45	5				
20111	22:00			50			
30053	23:20			35	15		
30140	1:05	35	10				G5（机务段）
20112	2:55	50					
30055	3:15			30	5	P10	C5（专用线）
20113	5:00			50			
40112	5:20	20	5				
20114	7:55	50					
40111	8:05			10		C15	P5（货场）

续表

到达车次	到达时刻	编组内容					
		甲	乙—甲	丙	乙—丙	空车	乙站卸
30142	10:30	40	10				
20115	10:55			50			
20116	13:25	50					
30057	13:40			40	5	C5	
30144	15:50	45					P5（货场）
20109	16:15			50			

（7）乙站装卸车情况如表 7.2.3 所示。

表 7.2.3　装卸车情况表

	地点	品名	车种车数	到达车次	卸后用途
卸车	货场	建材	C15	30051	装甲
		棉花	P5	40111	装丙
		粮食	P5	30144	装丙
	专用线	原木	C5	30055	
	机务段	柴油	G5	30140	
装车	地点	品名	车种车数	装车去向	空车来源
	货场	铝锭	C15	甲	30051 次到卸
		百货	P5	丙	40111 次到卸
		农药	P5	丙	30144 次到卸

（8）乙站各项技术作业时间标准如表 7.1.3 所示。

（9）各种作业占用咽喉道岔及机走线的时间标准如表 7.1.4 所示。

（10）有关作业规定。

① 乙站在Ⅰ牵和Ⅱ牵上各配备一台调车机车：Ⅰ调负责解体和货场取送车作业；Ⅱ调负责编组及机务段、专用线取送车作业。

② 交接班每昼夜两次，分别在 8:00 ~ 8:30 和 20:00 ~ 20:30，要求两台调车机车同时进行。

③ 调车机车每昼夜整备一次。

④ 调车组及乘务组每昼夜吃饭两次，分别在 11:00 ~ 13:00 和 23:00 ~ 1:00。

⑤ 每昼夜货场取送 3 次，专用线和机务段取送各 2 次。

⑥ 无调中转货物列车在乙站换挂机车，旅客列车有关资料略。

要求：

在附页中编制并填画“乙站工作日计划图”。

【任务分析】

完成该项任务，需解决以下问题：

（1）如何编制车站工作日计划图？

（2）如何确定日初结存车数？

【相关知识】

（1）编制车站工作日计划图的步骤及方法。

车站工作日计划图应根据列车编组计划规定的列车编组内容，列车运行图规定的列车重量、长度和到发时间，车站规定的到发线、调车线的固定使用方案，调车机车的分工和技术作业过程规定的作业时间标准等资料进行编制。

编制车站工作日计划图的步骤和方法大致如下：

第一步：根据车站技术设备及其固定使用方案，设计车站工作日计划图表格。

由于车站设备情况各不相同，因此，每个车站的车站工作日计划图表格也不完全相同，但是应该包括车站各邻接区段到发列车运行线和车站所有技术设备，对于咽喉道岔则罗列较繁忙的几组即可。

第二步：确定具有代表性的日均车流量，再结合车流到达规律，将日均车流分配给各次到达列车。

编制车站工作日计划图所用的车流资料，应以编制列车编组计划的计划车流为基础，以列车运行图满表的运量为依据，由于每天到发的车流会有波动，不可能完全相同，因此，编制车站工作日计划图时应确定具有代表性的典型日均车流量，再通过分析本站一段时间以来车流到达的规律，根据各次列车所挂车流，按去向别或车种别的百分比，将典型的日均车流量分配给各次到达解体列车，以此作为编制车站工作日计划图的基础资料。

第三步：确定各去向日初结存车数。

确定日初结存车数的过程，实质上是按去向逐列落实编组始发列车车流来源的过程。调车场内各个去向的日初结存车数，以保证当日各次始发列车都能满轴（摘挂列车和小运转列车除外）为前提，自 18 点开始按时间先后顺序由前向后逐列推算确定。当编组所需车流不够时，可认为所缺的车在 18 点时就有，即包括在日初结存车数中，无论缺多少都计算在日初结存车中。因为日初结存车是在 18 点前到达车站的，所以，日末结存车与日初结存车数应相等。

需要注意的是，推算日初结存车数还必须结合各作业地点取送车情况进行，即编组所需车流除由到达解体列车带来的有调中转车外，还有可能是在本站各作业地点作业完了取回的重、空车，因此，推算各去向日初结存车数时，同时也确定了其他地点的日初结存车数。

第四步：编制及填画车站工作日计划图。

填画车站工作日计划图与填画车站技术作业图表的方法、步骤相似，但是各项作业占用设备的图例不同，且增加了一项列车到发、机车出入段占用咽喉道岔的内容，因此，车站工作日计划图比车站技术作业图表更直观。

（2）填画车站工作日计划图的步骤及方法。

① 根据列车运行图规定的各次列车到发时刻，填画邻接区间列车运行线；

② 根据到发线固定使用和列车运行进路，填画各次列车占用咽喉道岔组和到发线的顺序和起止时分；

③ 根据始发列车编组的需要，合理安排调车机车解体、编组、取送作业，并按规定符号填画调车作业和调车机车占用各项设备的起止时分；

④ 根据列车到发、解体、编组、取送作业进展情况，随时填画调车场、货物作业地点等处车流变化情况；

⑤ 填画机车出入段占用机车走行线和咽喉道岔组情况。

【任务实施】

（1）根据车站设备的具体情况，设计车站工作日计划图表格，见附页“乙站工作日计划图”。

（2）确定日均车流量，并将日均车流分配给各次到达列车，见任务二已知资料中全天列车到达情况。

（3）根据列车到发情况，填画邻接区间到发列车的运行线。

（4）根据列车到发情况和到发线使用方案安排，填画列车占用到发线情况。

（5）根据作业要求和车站作业规律，安排调车机车的解体、编组和取送工作，并填画调车机车动态情况及占用驼峰或牵出线的情况。

注意：安排调车机车作业时，到达列车应考虑必需的到达作业时间后方可安排解体，以此确定最早允许解体的时间；编组始发列车应考虑列车编完后必需的出发作业时间后方可出发，以此确定最晚必须开始编组的时间；货物作业车应考虑在作业地点停留的时间应满足作业需要，以此确定取送车时间等。

（6）根据各项作业的进路，确定各项作业占用的咽喉道岔组和占用的其他设备并按规定图例填画。

（7）根据以上情况全面填画车站工作日计划图。

车站工作日计划图没有唯一的答案，附页“车站工作日计划图”是其中的一种。

任务三 计算车站工作日计划图指标

【任务介绍】

已知：

编制及填画完成的乙站工作日计划图见附页“车站工作日计划图”。

要求：

根据附页“车站工作日计划图”计算乙站工作日计划图的中转车平均停留时间、货物作业车平均停留时间、一次货物作业平均停留时间、车站运用车标准数四项指标。

【任务分析】

完成该项任务，需要解决以下问题：

如何根据填画完成的车站工作日计划图计算各种指标？

【相关知识】

车站工作日计划图主要指标有：中转车平均停留时间、货物作业车平均停留时间、一次货物作业平均停留时间、车站运用车标准数、调车机车需要台数等。

（1）中转车平均停留时间 $t_{中}$。

① 无调中转车平均停留时间 $t_{无调}$。

$$t_{无调}=\frac{\sum Nt_{无调}}{\sum N_{无调}}$$

式中 $\sum N_{无调}$ ——无调中转车总数；

$\sum Nt_{无调}$ ——无调中转车总停留车小时。

无调中转车总数和无调中转车总停留车小时均可从车站工作日计划图中逐列查出，并利用表格进行计算。

② 有调中转车平均停留时间 $t_{有调}$。

根据有调中转车在车站的技术作业过程可知，有调中转车在车站需办理到达、解体、集结、编组及出发五项作业，因此，有调中转车平均停留时间 $t_{有调}$，可分别求出到达、解体、集结、编组、出发五项作业的平均停留时间（包括待解、待编、待发时间），然后将五项作业的平均时间加总求得。五项作业的平均时间也可分别从车站日计划图中查出，并利用表格进行计算。

③ 中转车平均停留时间 $t_{中}$。

$$t_{中}=\frac{\sum Nt_{无调}+\sum Nt_{有调}}{\sum N_{无调}+\sum N_{有调}}$$

（2）货物作业车平均停留时间 $t_{货车}$ 和一次货物作业平均停留时间 $t_{货}$。

求算货物作业车平均停留时间 $t_{货车}$ 和一次货物作业平均停留时间 $t_{货}$ 的方法有两种：

① 从日计划图中单独查出货物作业车总停留车小时 $\sum t_{货车}$ 和货物作业车数 $\sum N_{货车}$，并根据车流汇总表确定货物作业次数，代入公式即可求出一次货物作业平均停留时间 $t_{货}$ 和一车平均停留时间 $t_{货车}$：

$$t_{货} = \frac{\sum Nt_{货车}}{u_{装} + u_{卸}}$$

$$t_{货车} = \frac{\sum Nt_{货车}}{\sum N_{货车}}$$

但是，这种方法比较费时，一般不采用。

② 在求得有调中转车五项作业平均停留时间的基础上，从日计划图中单独查出货物作业车在调车场待送、在装卸地点停留的时间（包括待装、待卸、待取时间）及取送车时间，利用表格进行计算，然后按下式加总求得

$$t_{货车} = t_{到} + t_{解} + t_{待送} + t_{送} + t_{作业} + t_{取} + t_{集} + t_{编} + t_{发}$$

$$t_{货} = \frac{t_{货车} \sum N_{货车}}{u_{装} + u_{卸}}$$

式中 $t_{作业}$——货物作业车在作业地点的平均停留时间，包括待装、待卸、待取时间。

（3）车站运用车标准数 $N_{保}$。

车站运用车标准数（保有量）是指车站应经常保有的运用车数。它是根据各种货车的计划车流量和停留时间标准确定的，即

$$\begin{aligned} N_{保} &= \frac{N_{无调}t_{无调} + N_{有调}t_{有调} + N_{货车}t_{货车}}{24} \\ &= N_{保}^{无调} + N_{保}^{有调} + N_{保}^{货车} \end{aligned}$$

式中 $N_{保}$——车站运用车标准数；

$N_{无调}$、$N_{有调}$、$N_{货车}$——根据车流汇总表确定的无调中转车数、有调中转车数和货物作业车数；

$N_{保}^{无调}$、$N_{保}^{有调}$、$N_{保}^{货车}$——无调中转车、有调中转车及本站货物作业车标准数。

（4）调车机车需要台数。

调车机车需要台数，一般采用分析计算法进行概略计算，并于编制车站工作日计划图时加以验证确定。

利用分析计算法计算调车机车台数时，根据调车驼峰、牵出线及其他调车区一昼夜完成规定的调车作业所消耗的总时间，按下式进行计算：

$$M_{调} = \frac{\sum t_{调}}{1\,440 - t_{整}}$$

式中 $M_{调}$——调车机车需要台数；

$\sum t_{调}$——一昼夜内调车工作消耗的总时间，min；

$t_{整}$——机车整备作业时间，min。

调车工作消耗的总时间包括：解体、编组、摘挂、取送、转线、整场等调车作业消耗的时间。可用下式表示：

$$\sum t_{调} = \sum t_{解} + \sum t_{编} + \sum t_{摘挂} + \sum t_{取送} + \cdots + \sum t_{其他}$$

为了考核调车机车运用效率，一般采用调车工作系数（$K_{调}$）来衡量。调车工作系数是指调车机车每工作一小时平均改编的车数。其值可按下式计算：

$$K_{调} = \frac{60\sum N_{改编}}{\sum t_{调}}$$

式中　$\sum N_{改编}$——一昼夜内改编的车辆总数。

【任务实施】

（1）计算无调中转车平均停留时间 $t_{无调}$。

从附页“车站工作日计划图”中查出所有无调中转列车在到发线上的停留时间及列车的编成辆数，利用表 7.3.1 进行计算。

表 7.3.1　无调中转车平均停留时间计算表

车　次	编组辆数	停留时间/min	停留车分
20110	50	50	2 500
20111	50	45	2 250
20112	50	45	2 250
20113	50	65	3 250
20114	50	60	3 000
20115	50	60	3 000
20116	50	50	2 500
20109	50	45	2 250
全天合计	400		21 000

$$t_{无调} = \frac{21\ 000}{60 \times 400} = 0.9\ \text{（h）}$$

（2）计算到达、解体作业平均停留时间 $t_{到}$、$t_{解}$。

从附页“车站工作日计划图”中查出所有到达解体列车在到发线的停留时间及列车编成辆数，利用表 7.3.2 进行计算。

表 7.3.2 到达、解体作业平均停留时间计算表

车 次	辆 数	到达作业		解体作业	
		作业时分/min	停留车分	作业时分/min	停留车分
30051	50	35	1 750	30	1 500
30138	50	35	1 750	30	1 500
30053	50	35	1 750	30	1 500
30140	50	35	1 750	30	1 500
30055	50	35	1 750	30	1 500
40112	25	35	875	30	750
40111	30	35	1 050	30	900
30142	50	35	1 750	30	1 500
30057	50	35	1 750	30	1 500
30144	50	35	1 750	30	1 500
全天合计	455		15 925		13 650

$$t_{到}=\frac{15\ 925}{60\times 455}=0.6\text{（h）}$$

$$t_{解}=\frac{13\ 650}{60\times 455}=0.5\text{（h）}$$

（3）计算编组、出发作业平均停留时间 $t_{编}$、$t_{发}$。

从附页“车站工作日计划图”中查出所有编组始发列车在到发线的停留时间及列车编成辆数，利用表 7.3.3 进行计算。

表 7.3.3 编组、出发作业平均停留时间计算表

车 次	辆 数	编组作业		出发作业	
		作业时分/min	停留车分	作业时分/min	停留车分
30052	50	30	1 500	25	1 250
30131	50	30	1 500	25	1 250
30054	50	30	1 500	25	1 250
30133	50	30	1 500	25	1 250
40102	30	40	1 200	25	750
40101	25	40	1 000	50	1 250
30135	50	30	1 500	60	3 000
30056	50	30	1 500	25	1 250
30058	50	30	1 500	25	1 250
30137	50	30	1 500	25	1 250
全天合计	455		14 200		13 750

$$t_{编} = \frac{14\ 200}{60 \times 455} = 0.5\ (\text{h})$$

$$t_{发} = \frac{13\ 750}{60 \times 455} = 0.5\ (\text{h})$$

（4）计算集结作业平均停留时间 $t_{集}$。

从附页“车站工作日计划图”中查出每条调车线参加集结的车数及停留时间，利用表 7.3.4 进行计算。

表 7.3.4　集结作业平均停留时间计算表

调车线	参加集结车数	停留车分
8	45 + 35 + 20 + 15 + 40 + 45 = 200	55 × 25 + 5 × 160 + 50 × 105 + 35 × 255 + 55 × 50 + 70 × 95 + 20 × 165 + 60 × 150 + 10 × 170 + 55 × 65 = 43 325
9	5 + 10 + 5 + 10 = 30	25 × 185 + 30 × 235 + 10 × 255 + 15 × 310 + 25 × 385 = 28 500
10	25 + 5 + 35 + 30 + 5 + 10 + 40 = 150	25 × 90 + 50 × 80 + 10 × 95 + 15 × 120 + 50 × 5 + 30 × 175 + 35 × 15 + 10 × 335 + 50 × 35 + 25 × 160 = 24 125
11	15 + 5 + 5 = 25	5 × 385 + 20 × 235 + 25 × 50 + 5 × 195 = 8 850
12	10 + 10 + 5 + 15 + 5 + 5 = 50	10 × 80 + 10 × 160 + 15 × 30 + 15 × 60 + 20 × 275 + 25 × 35 = 10 125
全天合计	455	114 925

$$t_{集} = \frac{114925}{60 \times 455} = 4.2\ (\text{h})$$

（5）计算有调中转车平均停留时间 $t_{有调}$。

$$t_{有调} = t_{到} + t_{解} + t_{集} + t_{编} + t_{发} = 0.6 + 0.5 + 4.2 + 0.5 + 0.5 = 6.3\ (\text{h})$$

（6）计算中转车平均停留时间 $t_{中}$。

$$t_{中} = \frac{无调中转车总停留车小时 + 有调中转车总停留车小时}{无调中转车数 + 有调中转车数} = \frac{0.9 \times 400 + 6.3 \times 420}{400 + 420} = 3.7(\text{h})$$

（7）计算货物作业车的平均待送时间 $t_{待送}$。

从附页“车站工作日计划图”中查出 13 道待送车数及停留时间，利用表 7.3.5 进行计算。

表 7.3.5 平均待送时间计算表

调车线	待送车数	停留车分
13	15+5+5+5+5=35	5×90+20×95+5×5+5×0+5×0+5×65=2 700

$$t_{待送}=\frac{2700}{60\times 35}=1.3\text{（h）}$$

（8）计算货物作业车的平均取车、送车时间 $t_{取}$、$t_{送}$。

从附页“车站工作日计划图”中查出取车和送车的车数及作业时间，利用表 7.3.6 进行计算。

表 7.3.6 平均取车、送车时间计算表

送车数	送车车分	取车数	取车车分
20+5+5+5=35	20×40+5×50+5×50+5×50=1 550	5+20+5+5=35	5×40+20×50+5×50+5×50=1 700

$$t_{送}=\frac{1550}{60\times 35}=0.7\text{（h）}$$

$$t_{取}=\frac{1700}{60\times 35}=0.8\text{（h）}$$

（9）计算货物作业车在作业地点的平均停留时间 $t_{作业}$。

从附页“车站工作日计划图”中查出各货物作业地点参加作业的车数及停留时间，利用表 7.3.7 进行计算。

表 7.3.7 货物作业平均停留时间计算表

作业地点	参加作业车数	停留车分
货场	20+5=25	5×225+20×520+5×480=13 925
专用线	5	5×250=1 250
机务段	5	5×185=925
合计	35	16 100

$$t_{作业}=\frac{16100}{60\times 35}=7.7\text{（h）}$$

（10）计算货物作业车平均在站停留时间 $t_{货车}$。

货物作业车在站内除跟有调中转车一样办理了到达、解体、集结、编组、出发 5 项作业外，还需要办理待送、送车、货物作业、取车作业，则

$$t_{货车}=t_{有调}+t_{待送}+t_{送}+t_{取}+t_{作业}=6.3+1.3+0.8+0.7+7.7=16.8\text{（h）}$$

（11）计算一次货物作业平均停留时间 $t_{货}$。

根据已知资料中的装卸车情况，乙站卸车 35 辆，其中 25 辆卸后装，另外 10 辆卸后空车参加编组出发，因此，作业车数为 35 辆，货物作业次数为 60 次，计算公式如下：

$$t_{货}=\frac{货物作业车总停留车小时}{货物作业次数}=\frac{16.8\times35}{60}=9.8\text{（h）}$$

（12）计算乙站运用车标准数 $N_{保}$。

$$\begin{aligned}N_{保}&=\frac{N_{无调}t_{无调}+N_{有调}t_{有调}+N_{货车}t_{货车}}{24}\\&=\frac{400\times0.9+420\times6.3+35\times16.8}{24}\\&=15+111+25=151\ (车)\end{aligned}$$

附 录

车站作业计划课程设计任务书

已知：

1. 丙站技术特征

（1）丙站邻接方向及设备情况（见图1）。

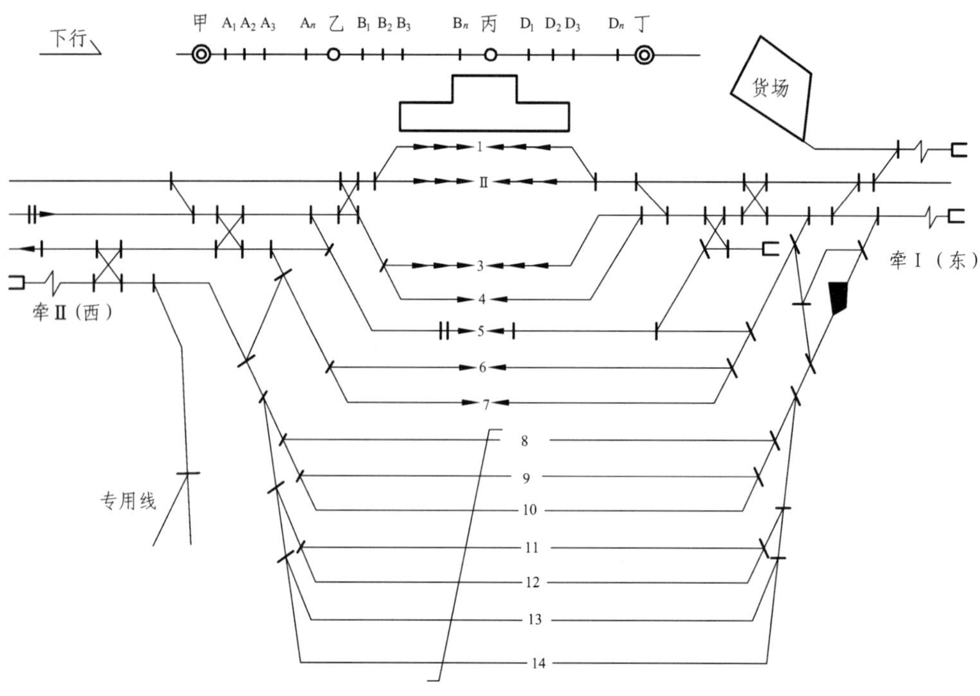

图1 丙站有关情况示意图

（2）丙站采用半自动闭塞设备和集中联锁设备。

2. 丙站《站细》有关事宜

（1）丙站调车机车分工及其作业区域（见表1）。

表1 丙站调车机车分工及作业区域表

调 机	作业区域	固定担当作业
Ⅰ调	驼峰、货场	解体为主，兼货场取送
Ⅱ调	牵Ⅱ、专用线、机务段	编组为主，兼专用线、机务段取送

（2）线路用途及容车数（见表 2）。

表 2 丙站线路使用方案表

股 道	容车数	用 途	股 道	容车数	用 途
1	65	接发旅客列车	8	72	丁及其以远
Ⅱ	65	接发旅客列车	9	68	丙—丁间
3	65	接发货物列车	10	68	空车
4	65	接发货物列车	11	71	本站作业车
5	65	机车走行	12	67	乙及其以远
6	65	接发货物列车	13	67	丙—乙间
7	65	接发货物列车	牵Ⅰ	65	解体
			牵Ⅱ	65	编组

（3）各项作业时间标准（见表 3）。

表 3 丙站各项作业时间标准表

<table>
<tr><th>作业名称</th><th>作业时间标准/min</th><th>作业名称</th><th colspan="2">作业时间标准/min</th></tr>
<tr><td>到达作业</td><td>30</td><td>交接班</td><td colspan="2">30（20:00～21:00）</td></tr>
<tr><td>出发作业</td><td>25</td><td rowspan="5">取送作业
（调移时间不另计算）</td><td>作业地点</td><td>作业时间标准</td></tr>
<tr><td>无调中转列车作业</td><td>40</td><td>货场</td><td>单取或单送 25
取送结合 35</td></tr>
<tr><td>解体作业</td><td>30</td><td>机务段</td><td>单取或单送 30
取送结合 35</td></tr>
<tr><td>编组作业</td><td>（区段列车）30
（摘挂列车）35</td><td>专用线</td><td>单取或单送 30
取送结合 35</td></tr>
<tr><td>装车作业</td><td>（每批不论多少）
150</td><td>机车整备</td><td colspan="2">50</td></tr>
<tr><td>卸车作业</td><td>90</td><td>吃饭</td><td colspan="2">20～30</td></tr>
</table>

3. 列车运行图、编组计划有关事宜

（1）与丙站有关的列车编组计划（见表 4）。

表 4 丙站列车编组计划表

发 站	到 站	编组内容	列车种类	车 次
丙	乙	乙及其以远	区段	32002～32016
丙	乙	丙—乙间按站顺	摘挂	43142～43148
丙	丁	1. 丁及其以远 2. 空车	区段	32101～32115
丙	丁	1. 丙—丁间按站顺 2. 空车	摘挂	43131～43237
甲	丁	丁及其以远	直通	21115～21121
丁	甲	甲及其以远	直通	21112～21118

（2）列车运行图规定的丙站邻接区段列车牵引定数：上行 3 200 t（不分重空 53 辆），下行 3 000 t（不分重空 50 辆）；计长均为 70.0（甲—丁间开行的直通列车在丙站不进行增减轴作业）。

（3）列车运行图规定的丙站邻接区间列车运行时分：旅客列车 12 min，货物列车 14 min（上下行均同）。

4. 铁路局调度所下达的第一班班计划任务

（1）旅客列车到发时刻（略）。

（2）货物列车出发计划有关事项（见表 5）。

表 5 货物列车出发计划有关事项表

方 向	车 次	出发时刻	方 向	车 次	出发时刻
乙方向	32002	18:15	丁方向	32101	18:55
	21118	20:30		32103	20:20
	32004	22:20		21115	20:40
	43142	23:10		21117	21:10
	21112	0:15		32105	0:20
	32006	0:55		21119	0:50
	21114	2:05		43131	1:35
	32008	3:35		21121	3:30
	43144	4:40		32107	4:00
	32010	5:35		43133	5:50
	21116	5:55			

（3）货物列车到达计划有关事项（见表 6）。

表 6 货物列车到达计划有关事项表

方 向	车 次	到达时刻	编组内容	其中到达丙站卸车		
				货场	专用线	机务段
乙方向	32009	18:05	丁/20，丙—丁/7，丙/23	C3		油 G20
	21115	19:45	丁/50			
	21117	20:15	丁/50			
	43145	21:15	丁/30，丙—丁/11，丙/2		P2	
	32011	21:40	丁/25，丙—丁/14，丙/11		P6N5	
	21119	0:10	丁/50			
	43147	1:30	丁/20，丙—丁/10，丙/9	C9		
	21121	2:45	丁/50			
	32013	3:25	丁/26，丙/24	P4		油 G 20
	32015	4:35	丁/35，丙—丁/15			

续表

方向	车次	到达时刻	编组内容	其中到达丙站卸车		
				货场	专用线	机务段
丁方向	32108	18:40	乙/30，乙—丙/15，丙/8	C5	P3	
	21118	19:30	甲/53			
	43132	19:55	乙/22，乙—丙/5，丙/9	P9		
	32110	22:15	乙/39，乙—丙/10，丙/4	C4		
	21112	23:35	甲/53			
	32112	23:55	乙/48，乙—丙/5			
	21114	1:15	甲/53			
	32114	2:10	乙/29，乙—丙/8，丙/16	N11，P5		
	43134	2:40	乙/21，乙—丙/5，丙/7		N7	
	21116	5:10	甲/53			

（4）装车、卸车及排空任务。

① 装车 35 辆（P17，C15，N3），具体要求（见表 7）。

表 7　装车计划有关事项表

地点＼去向	乙	乙—丙	丁	丙—丁
货　场	C5，P3		P9	
专用线		B_1/C3，B_3/P5	C5	D_1/N3，D_5/C2

② 卸车 90 辆。

③ 排空任务：32103 次挂运空 N10，43131 次挂运空 G20。

5. 丙站 18 点现在车情况

丙站 18 点毛玻璃板现车摘录（由西至东）（见表 8）。

表 8　丙站 18 点毛玻璃板现车情况记载表

股道	8 丁	9 丙—丁	10 空车	11 本站卸车	12 乙	13 乙—丙	货场	专用线
现车	丁/25 中 丁/10 作 丁/30 中 6 道：32002 次待发乙/53（其中本站作业车 8）	D_5/3 作 D_1/3 中 D_4/1 中	N5 作 P3 作 C5 作 P7 作 C5 作	待送专 N3	乙/10 中 乙/5 作	B_6/3 作 B_1/1 作 B_3/2 作 B_1/1 中 B_4/2 中 B_2/2 中 B_3/3 中	丁/P3（18:05 装完）；B_1/P1，B_5/P2（18:00 前装完待取）	待卸/N5（18:05 卸完）；空/C5（作），丁/C5（18:05 装完）

注：“中”、“作”、“专”分别表示中转车、货物作业车、专用线。

要求：

（1）编制丙站 18:00 ~ 6:00 的班计划（班计划表另发）。

（2）编制丙站 18:00 ~ 6:00 的阶段计划，并填画丙站技术作业图表（车站技术作业图表另发）。

参考文献

[1] 中国铁路总公司. 铁路运输调度规则（普速铁路部分）[M]. 北京：中国铁道出版社，2017.

[2] 中华人民共和国铁道部. 铁路货车统计规则[M]. 2版. 北京：中国铁道出版社，2008.

[3] 中华人民共和国劳动与社会保障部. 国家职业标准 车号员（长）[M]. 北京：中国铁道出版社，2007.

[4] 中华人民共和国劳动与社会保障部. 国家职业标准 调车区长（站调助理）[M]. 北京：中国铁道出版社，2007.

[5] 中华人民共和国劳动与社会保障部. 国家职业标准 车站调度员[M]. 北京：中国铁道出版社，2007.